- 本书由教育部人文社会科学研究一般项目：粤港澳大湾区养老保障跨境可携性模式研究（20YJC840018）项目资助
- 本书由广东省普通高校创新团队项目"农村普惠金融减贫与乡村振兴发展创新团队（2021WCXTD011）"资助

养老保障
跨境可携性研究

YANGLAO BAOZHANG
KUAJING KEXIEXING YANJIU

李佳 著

中国纺织出版社有限公司

内 容 提 要

人口老龄化是全球趋势,而此现象会引起社会各界对退休保障的关注。此外,流动劳动者人数因全球化而急速上升。劳动者跨境流动给社会保障带来新的挑战。作为社会的一份子,每个人都应享有社会保障的权利,但流动劳动者可能会遇到与本地劳动者存在退休保障差别待遇的问题,甚至有可能同时失去本地及就业地的保障。劳动者个人的流动量越大,对其退休保障所造成的影响就会越大。此问题可以通过订立社会保障协议解决,劳动者即使离开本地工作也可以维持获取退休保障的权利。社会保障的可携性,特别是退休保障,不仅对劳动者有利,对经济发展也是有益处的。

图书在版编目(CIP)数据

养老保障跨境可携性研究 / 李佳著. --北京:中国纺织出版社有限公司,2022.5
ISBN 978-7-5180-9537-7

Ⅰ. ①养… Ⅱ. ①李… Ⅲ. ①养老保险制度—研究—中国 Ⅳ. ①F842.612

中国版本图书馆CIP数据核字(2022)第083755号

责任编辑:林 启 责任校对:高 涵 责任印制:储志伟

中国纺织出版社有限公司出版发行
地址:北京市朝阳区百子湾东里A407号楼 邮政编码:100124
销售电话:010—67004422 传真:010—87155801
http://www.c-textilep.com
中国纺织出版社天猫旗舰店
官方微博 http://weibo.com/2119887771
唐山玺诚印务有限公司印刷 各地新华书店经销
2022年5月第1版第1次印刷
开本:710×1000 1/16 印张:15.5
字数:163千字 定价:96.00元

前　言

　　由于科技与医学的极速发展，人类平均寿命变得越来越长。与此同时，出生率下降，因而引发人口老龄化等社会问题。人口老龄化是一个全球性的趋势，由于老年人比例上升，年轻一代更难支持退休人士的生活。这一社会现象引起各界对老年人士社会保障的关注，如老年人福利及医疗津贴等。良好的社会保障制度可以为老年人提供一个基本生活保障，以免其退休后陷入老年贫穷等问题。此外，建立一项完善的退休制度可辅助劳动者在退休后仍能维持自己的基本生活开销，从而大幅减轻政府对老年贫穷人口福利辅助的压力。

　　随着科技的进步，人类现在只需要花较短的时间便能轻松地穿梭于世界各国。收入水平的差异、社会产业结构的改变、职业生涯的发展等都是劳动者流动的原因。根据联合国 2021 年底的统计，全球现在约有 1.7 亿流动人口，其中半数为劳动者❶。跨国流动的劳动者数量增加，会为社会保障带来新的挑战。世界各国都有自己的社会保障制度，而劳动者跨国流动可能会带来缺乏养老保障权利的问题。养老保障的携带性损失将会对流动劳动者的退休造成很大影响，而劳动者流动量越大，对其退休保障所造成的损失就越大。

　　携带性损失是指劳动者转换工作时造成的在退休金额度上的缩减。从经济学角度来看，携带性损失越大，劳动者转换工作的可能性就越小，这最终会影响市场效率及职业匹配的程度。从社会的角度来看，作为社会的一份子，每个人都应该享有社会保障的权利。然而劳动者的流动有可能令其同时排除于本国及就业国的社会保障制度或者只能获得扣减后的社会保障。

　　有效的社会保障制度可以为劳动者提供退休的收入保障，同时可以降低老年贫穷等社会问题，从而减轻政府负担老年福利津贴的压力。然而，劳动

---

❶　联合国新闻. 国际移民组织：移民在全球劳动力和发展中的作用越来越重要[EB/OL]. （2021-12-16）[2022-02-08] https://news.un.org/zh/story/2021/12/1096202.

者的流动为现行的社会保障制度带来新的挑战，因为有些劳动者牵涉至少两个国家或地区的社会保障制度。目前流动的劳动者可能与本国劳动者在社会保障上存在差别待遇的问题，甚至有可能同时失去本国及就业国的社会保障的权利。因此，如何为流动的劳动者维持其应有的退休保障权利，确保劳动者不会因为变更劳动地点而在退休保障权益方面受到损害，是一个非常重要的课题。因此，本研究将以中国的大湾区流动的劳动者为例，对养老保障可携性进行研究。

《粤港澳大湾区发展规划纲要》于 2019 年 2 月正式发布，大湾区发展战略成为全国经济发展战略，具体来说，大湾区包括香港特别行政区、澳门特别行政区和珠三角 9 个区域（广州、佛山、肇庆、深圳、东莞、惠州、珠海、中山及江门），合计约 56000 平方公里。到 2020 年，大湾区人口超过 8600 万，区域总产值达到 16888 亿美元。

大湾区发展是中国的一项重要发展战略，但其实这个观点早就被提出来了。自 1978 年中国改革开放以来，港澳企业家就率先在内地投资，为中国经济发展做出重要贡献，当时由于国家政策的鼓励，大部分资金都集中在人口密集的珠三角地区。2003 年，为了进一步推动两地资源流通，签订了《内地与香港关于建立更紧密经贸关系的安排》。随着两地经济交流不断增加，以及中国内地在 2001 年加入世界贸易组织等因素，两地经济发展的长远合作需要更清晰的定位。中共广东省委书记于 2003 年首次提出泛珠三角区域融合发展的概念，也叫"泛珠三角经济区"。当时的构想是涵盖 9 个省份及两个特区（福建、广东、广西、贵州、海南、湖南、江西、四川、云南、香港和澳门）。

过去 20 年，随着大珠三角地区发展，中央和地方政府多次推出规划，致力完善大珠三角地区的经济规划；主要的官方文件包括：2004 年《珠三角城镇群协调发展规划（2004—2020）》、2008 年《珠三角规划纲要》、2009 年《大珠江三角洲城镇群协调发展规划研究》及 2010 年《环珠江口宜居湾区建设重点行动计划》。2016 年，国务院宣布《关于深化泛珠三角区域合作的指导意见》；同年，广东省"十三五"规划纲要、国家"十三五"规划纲要也先后提出发展粤港澳大湾区。2017 年，粤港澳大湾区发展规划列入李克强总理汇报的中央政府工作报告。粤港澳大湾区发展规划已经提升到国家政策层面，务求中国也要发展出像旧金山湾区等能有牵头作用、力度强劲的经济引擎。

《粤港澳大湾区发展规划纲要》指出，要"深化养老服务合作"。只要粤港澳大湾区内的各大城市，通过改善福利医疗及交通等安排，以及在省内邻近城市提供更多设备完善的养老院，香港及澳门的长者则可以更便宜或相近的价钱，享受更优质的环境和养老服务。探讨粤港澳退休保障可携性，可以帮助解决或至少减低三地间流动劳动者的退休保障携带性损失。本书对如何推动在大湾区内的跨境养老事宜，提出一系列重要建议，将助力大湾区建设成世界一流的养老之地。

本书共分为八章。

第一章是绪论。分析了本书的研究背景，目前港澳长者福利过境难、医疗福利难迁移，以及医养结合机制尚未完善；阐述了研究目的及意义，有利于实现大湾区社会保障体系的统筹化发展，降低区域内社会保障不平衡的状态，促进跨境保险和养老服务的合作，加快推进大湾区社会保障一体化；梳理了相关的理论基础，包括人权理论、社会流动理论和跨域治理理论；最后分析了在新冠肺炎疫情的冲击下对流动人口的挑战和国际社会目前对流动劳动者的保护。

第二章是养老保险可携性相关文献综述。探讨了本书的分析逻辑，即世界银行 2005 年提出的养老金制度的五支柱模式，建议各国用五支柱模式来评估目前的退休制度，因此，本书对粤港澳养老保险制度的分析都是采用五支柱模式，对每一支柱的可携性问题进行了分析，并且进一步分析了国际流动劳工的定义、携带性损失的定义、退休保障可携性的近况及原则，最后讨论了当前可携性问题的重要解决办法，即可携性协议，并整理了中国目前已与12 个国家签订的社会保障双边协议状况。

第三章是养老保险可携性国内外借鉴。本书从国内京津冀蒙协同发展区域的养老保险一体化进行介绍，该发展区以"政策随老人走"的原则推动一系列措施，包括政策规划引导、财政支持、医养结合与异地结算和发展生态养老区。接着，又介绍了欧洲联盟成员国养老金可携性，其养老金转移遵循分段记录、累计缴费年限、最后接管、按比例支付的原则。最后是美国不同雇员系统之间养老保险可携性。美国制订了不同部门的养老金计划，为保护不同部门之间劳动者养老金转移不受损害，制定了一套切合实际的养老金转移接续政策，为中国的养老保险对接提供了有益的参考。

第四章是大湾区养老保险制度。采用世界银行的五支柱模式进行探讨，首先是对广东省的养老保险制度进行介绍，具体包括第零支柱的城乡最低生活保障制度、农村五保供养制度和高龄津贴；第一支柱的职工养老保险和城乡居民社会养老保险；第二支柱的企业年金和职业年金；第三支柱的个税递延型养老保险、养老目标基金和专属商业养老保险；第四支柱的养老扶助计划、居家社区养老服务、农村养老服务和老年人优待卡。其次是对香港进行五支柱养老模式的介绍，具体包括第零支柱综合社会保障援助计划和公共福利金计划；第一支柱香港尚未提供；第二支柱包括强制性职业计划，即强制性公积金计划和公务员退休保障计划；第三支柱包括自愿或储蓄计划，即强积金计划的自愿供款计划、公共年金计划和养老按揭（逆按揭）计划；第四支柱为公共或慈善组织提供的福利。最后是对澳门进行五支柱养老模式的介绍，具体包括第零支柱的援助金和敬老金，第一支柱的澳门社会保障制度，第二支柱的公务员公积金制度，第三支柱的非强制性公积金制度和第四支柱的免费初级保健、65 岁以上居民的免费医疗、长者公寓房屋和颐老卡。

第五章是大湾区养老保险转移接续的现状，具体分为大陆地区养老保险接续现状、中国香港养老保险转移接续现状和中国澳门养老保险转移接续现状。内地在 2019 年 11 月，人力资源和社会保障部、国家医疗保障局联合发布了《香港澳门台湾居民在内地（大陆）参加社会保险暂行办法》，明确了在内地（大陆）居住、就业和就读的港澳台居民的参保要求和参保待遇，是中国在"一国两制"原则下，明确港澳台居民与内地（大陆）居民享受同等权利、履行同等义务的体现。同时，对于已在港澳台参加当地社会保险并保留社保关系的港澳台居民，符合相关要求可不在内地（大陆）参加养老和失业保险，充分考虑了港澳台居民实际情况和诉求，减轻企业和个人的负担。而香港地区目前只有综援计划及公共福利金计划下的长者福利可携至内地两个省份（即广东及福建），而在医疗上于 2015 年 10 月推出香港大学深圳医院长者医疗券试点计划，让符合资格的长者可以使用医疗券支付香港大学深圳医院指定科室提供的门诊医疗护理服务费用。澳门地区也提出了回内地定居计划，凡是年满 65 岁及长期无工作能力的澳门社会工作局援助金受益人，如果选择返回中国内地生活，可以继续收取社会工作局所发放的经济援助。

第六章是大湾区养老保险可携性影响因素分析。第一节是养老保险可携性基础，建立可携带性需要关注一些共同的属性。具体包括身份管理基础设施，发送、接收和积累信息的共同定义和标准，个人信息的保护，法律权威和业务连续性和网络安全。第二节是养老保险可携性影响因素的实证分析。本书通过调查问卷的数据，分析养老保险行政费用、养老信息的可衔接性、养老金计划、个体因素，以及经济因素对大湾区养老金可携性的影响。相关调查结果及论证表明，影响养老金可携性的最核心因素就是个体因素，此外是经济因素和养老金计划本身的影响。第三节是养老保险可携性制约因素分析，包括经济发展水平、医疗制度、法律管理制度、汇率制度、供款率与税收制度、行政费用等都是阻碍养老保险转移接续的主要因素。

第七章是大湾区养老保障可携性探讨。具体是从养老保障不同支柱的可携性问题进行探讨。第零支柱相对是可携性最好的支柱，无论是香港还是澳门的长者，其第零支柱的福利到广东省后并不受影响。第一支柱香港尚未提供，而澳门第一支柱的社会保障制度目前可以在广东省领取，但要提供生存证明。第二支柱的制度覆盖是非常困难的，因为保费缴纳只能于企业注册或所在地进行，虽然制度覆盖很难携带，但是退休给付相对容易。此支柱为确定缴费制而劳动者的退休给付为累计供款加上投资盈亏。第三支柱为个人自愿性储蓄，比起第一及第二支柱，此支柱的携带性更高。此支柱没有年限或覆盖的问题，而携带则单纯为于就业地及本地的金钱转账。因此只会牵涉资金流动的问题，如兑换率及汇款手续费等。

第八章是完善大湾区养老保险可携性建议，包括分析大湾区养老保险可携性优势，具体包括建立统一的养老保险云中央数据库、扩大养老保险福利可携性范围、推动大湾区智能养老服务和提升大湾区医疗及养老服务。

本书是教育部人文社会科学研究一般项目，粤港澳大湾区养老保障跨境可携性模式研究（20YJC840018）的阶段性研究成果。

李　佳

2022 年 3 月

目　录

第一章 绪论

第一节 研究背景

《粤港澳大湾区发展规划纲要》（以下简称《纲要》）在 2019 年 2 月 18 日正式发布，其中提出粤港澳合作将会更加深入，将三地的综合实力发挥到极致，促进区域深度融合，建设一个宜居、宜业、宜游的世界级湾区❶。在《纲要》第八章第六节中，只有 280 字是涉及社会福利的，但是其中 6 次提到"养老"，并突出港澳居民的跨境养老这一问题，专门提到"加强跨境公共服务和社会保障的衔接，探索澳门社会保险在大湾区内跨境使用，提高香港长者社会保障措施的可携性"以及"为港澳居民在广东养老创造便利条件"。这说明，对于日益合作紧密的大湾区来说，如何解决港澳居民的跨境养老问题，成为国家、政府以及居民关注的养老热点。

首先，港澳居民跨境养老的需求与日俱增。

根据香港统计处 2020 年 9 月发布的《香港人口推算 2020~2069》资料显示，香港 65 岁以上的老年人口将会在未来 20 年增加接近 1 倍，老年人口由 2019 年的 132 万（占总人口的 18.4%）上升至 2039 年的 252 万（占总人口的 33.3%），而且未来老年人口超过 250 万的情况将维持最少 30 年，至 2069 年，老年人口推算达 258 万（占总人口的 38.4%）❷。与此同时，香港的生育率仍维持低水平，将导致香港未来的总抚养比由 2019 年的 441 持续上升至 2069

---

❶ 中华人民共和国中央人民政府.粤港澳大湾区发展规划纲要[Z]. 2019.

❷ 香港特别行政区政府统计处. 香港人口推算2020~2069[R]. 香港：政府统计处网站，2020：5-6.

年的 853❶。

一方面，香港人口老龄化趋势日趋严重；另一方面，香港本地养老服务供给严重不足。香港劳动者及福利局长公开表示，按照目前的养老服务需求推算，到 2026 年政府应为长者建立 46200 个资助床位，但实际上，在 2026~2027 年，再加上目前的建设和计划中的养老公寓，香港仍然欠缺 11567 个资助床位，缺少 62~70 家养老院❷。

澳门的人口老龄化趋势相比香港较为缓和。澳门特区统计政府暨普查局 2021 年 3 月公布的资料显示，截至 2020 年底，澳门总人口为 68.3 万人，其中 65 岁及以上人口占 12.9%，上升 1 个百分点，人口老龄化情况持续，老龄化指数❸上升至 97.1%。澳门的老年人口抚养比为 229，即大约五名成年人抚养一名老年人❹。据《澳门人口预测 2016~2036》，澳门特区长者人口（65 岁及以上）比例将在 2026 年上升到 16.0%，在 2036 年将会上升到 19.9%。根据 1956 年联合国《人口老龄化及其社会经济后果》确定的划分标准，2019 年澳门特区仍处于"老龄化社会"阶段，2026 年会进入"老龄社会"，2036 年后会进入"超老龄化社会"❺。同时，由于澳门也是全球生育率最低的地区之一，2020 年全年新生婴儿共 5545 名，出生率为 8.1‰，较 2019 年下降 0.8 个千分点，反映了澳门居民生育意愿的下降。2020 年，这一出生率在全世界

---

❶ 同上页注2，其中总抚养比是15岁以下和65岁以上人口数目相对每千名15～64岁人口的比例，因此441表示每千名就业人口（15～64岁）抚养441名未成年及老年人口。

❷ 张锐. 大湾区"跨境养老"实验[EB/OL].（2019-03-02）[2022-10-01]. http://www.eeo.com.cn/2019/0302/349112.shtml.

❸ 老龄化指数是年龄在65岁及以上的人口与14岁以下人口的比。

❹ 联合早报.澳门人口68.3万 老龄化持续[EB/OL].（2021-03-08）[2021-12-02]. https://www.zaobao.com/realtime/china/story20210308-1129741.

❺ 该标准将65岁人口占总人口比例达到7%、14%和20%，分别称为老龄化社会、老龄社会和超老龄社会。

227 个国家和地区中排名倒数第四❶。

与此同时，澳门的养老及医疗服务相对于膨胀的老年人口也明显不足。截至 2019 年，澳门共有 21 家养老院（包括 11 家受资助养老院，10 家非受资助养老院），一共提供 2015 个床位，而 65 岁及以上的老年人数量将近 9 万人，这就导致澳门老年人轮候养老院的平均时间为 16 个月❷。根据《澳门特别行政区养老保障机制及 2016~2025 年长者服务十年行动规划》的安排，政府准备将床位提高到 2400 个，但是这也远低于社会实际需要。同时，澳门统计局资料显示，2020 年，澳门 4 家医院一共提供 1715 张住院病床，按年增加 87 张，平均留院 7.6 日，病床使用率为 66.2%❸。医疗资源也相对紧张，民间不少意见反映，无论是一般医疗服务还是专科服务，排期都相当困难，至少需提前 1~2 个月预约，患上胸肺科一类相对紧急的疾病，也需要排期半年才可以见医生。在每次会诊之后，卫生中心通常会提供三个月至半年的药物。老人长期轮候而无人跟进用药及病情，增加病情反复风险。

由此可见，无论是香港还是澳门本地养老，都无法满足日益严重的人口老龄化需求，本地逼仄狭窄的床位、日益高涨的养老费用使港澳居民跨境养老成为一种现实需求。

其次，跨境养老现实目前存在很多难题。

第一，养老福利难以过境。现在，在港澳地区的老人享有不少福利，但是如果跨境在中国内地居住养老，部分福利难以享受。例如，香港长者可以在境外享有俗称"生果金"的高龄津贴以及"综援"津贴等❹。而且目前

❶　新华澳报. 澳门出生率持续下降困局如何解[EB/OL].（2021-07-14）[2021-12-02]. https://www.waou.com.mo/2021/07/14/澳门出生率持续下降困局如何解.

❷　澳门月刊. 澳门宿位需求因人而异[EB/OL].（2020-05-25）[2021-12-02]. https://m.fx361.com/news/2020/0525/3562532.html.

❸　澳门特别行政区政府统计暨普查局. 2020 年医疗统计[EB/OL].（2021-05-25）[2021-12-02]. https://www.dsec.gov.mo/Statistic/Social/HealthStatistics/2020年医疗统计.aspx.

❹　关于"生果金"和"综援"津贴的详细内容请参考香港养老金现状部分。

香港长者在内地的医疗券只能在香港大学深圳医院使用，每年医疗券金额为2000港币，未使用完可以累积到以后年份使用，但是累积上限为8000港币，而且医疗券不能用于长者的住院服务。因此，福利难以跨境成为阻碍港澳长者来内地养老的重要原因。

香港新家园协会在2014年发布了《港归长者在穗养老状况研究》报告，结果显示，由于福利过境政策并不全面，居住内地的香港长者既无法再享受香港的许多福利，又因无内地户口而无法享受医保和社保等福利，这使长者处于两难的境地，情况极不理想❶。

第二，医疗福利难以迁移。老人选择养老地区的重要条件之一，就是要有高水平的医疗服务。长者在港澳地区的公立医院就诊，可享有政府的大量补贴，但在内地医院就诊，若没有社保只能支付原价，不少有意到内地养老的港澳老人因而却步。

最后，中央政府有意将粤港澳大湾区打造为港澳居民"医养结合"的新养老模式。

近年来，"医养结合"已成为长者养老的一个重要模式，此模式是指将社会资源中的医疗资源与养老资源相结合，为老年人提供全方位的医疗照护及养老服务❷。机构利用"医养一体化"的发展模式，将医疗、康复、养生、养老等结合为一体，为长者提供优质的养老环境。

《纲要》提出，要"推进医养结合，建设一批区域性健康养老示范基地"，由于广东地区土地资源较为丰富，人手调配灵活，再加上中医疗养处于世界前列，故而在长者医养结合机制发展方面有较大优势。只要粤港澳三地有关职能部门加强协调，加快相关政策的推进，有望将大湾区打造成国际知名的长者医养结合机制示范区。

---

❶ 新家园协会. 港归长者在穗养老状况研究[R]. 香港：新家园协会社会政策中心，2014.

❷ 民主建港协进联盟. 粤港澳大湾区跨境养老规划建议书[R]. 香港：民建联网站，2019：4.

第二节　研究目的及意义

《纲要》明确指出，要将粤港澳大湾区打造成具有全球影响力的世界级城市群，具有全球影响力的科技创新中心，内地与港澳深度合作示范区，以及宜居、旅游、宜居、旅游的高质量生活圈。要实现这一发展目标，必须对粤港澳大湾区一体化发展所面临的机遇进行深入分析，构建大湾区合作发展平台，促进大湾区的发展。由于语言、生活习惯的相近、经济自由化、资本、贸易流动的频繁，在大湾区内流动的劳动者越来越多。截至 2021 年 10 月，在内地参加基本养老保险的港澳居民达 16 万人，参加工伤保险的超 8 万人，参加失业保险的超 7 万人。而且，由于港澳居民对内地的社会保险知晓度不高，因此参保率还较低❶。在劳动力流动和经济交往日趋频繁的今天，中国养老保障体系的衔接将是不可避免的。

从制度衔接的必要性来看，近年粤港澳之间的经济合作进一步密切，各地对人才的需求殷切，劳动力的流动日趋活跃，生活和工作超出了地域的限制。人才的流动是很正常的现象，健全的社会保障制度是吸引各类人才留下来长期发展的主要因素。他们退休后也不一定在原居住地或工作地养老，这为养老保障体系带来一些问题，诸如在何地供款、供款额、供款年期、可移植性及退休后给付水平等一系列问题日益受到关注，确保不会因为人们变更工作地而损害其权益。人们在原来的工作地中建立的养老保险得到的各项权益应该能够在新的工作地或退休地予以承认和延续，这就需要不同地区之间的养老保险容许衔接的空间，提供可以让各地政府执行并实现人们权益的基本制度框架。

2020 年第七次人口普查显示，居住在内地省份并接受普查登记的香港居

---

❶ 新华社. 港澳居民在内地参加基本养老保险达16万人[EB/OL].（2021-11-15）[2021-12-02]. http://www.locpg.gov.cn/jsdt/2021-11/15/c_1211446311.htm.

民超过 37 万人，台湾居民超过 35 万人❶。大湾区人员流动的频繁性要求考虑目前现行养老保险制度的对接问题。大湾区养老保险制度接续制度的构建，不仅对于促进劳动力流动具有重要意义，一定程度上甚至有助于解决现在海峡两岸存在的其他问题。养老保险制度的不对接会造成人员流动的障碍，而人是经济发展的主要动因，如果人员流动不畅，就势必影响经济的进一步发展。除此之外，如果能够使养老保险制度形成对接，人员更加自由地流动，不仅会促进经济进一步发展，也会使大湾区更紧密地联系在一起。

养老保障体系资金来源并不只是政府及劳动人士，私人机构也扮演相当重要的角色。不少地区，私人机构在养老保障供款远比个人或政府高。随着越来越多跨区企业出现，基于企业本身发展需要，跨区调动本身人力资源也甚为常见；这些跨区企业为了争取所需各地人才，除了薪酬外，退休福利也被广泛视为吸引人才的法宝。不少地方养老保障都是以社会保险为主，而保险的主要功能是分散风险，资源越多，分散风险的效果就越强，因此整合各方资源（包括公共及私人），可能是未来养老保障的重要发展方向。由于跨区机构通常是较大的机构，各区养老保障制度衔接便成为整合私人及公共机构退休体系的重要一环。

从制度衔接的可能性来看，大湾区的养老保障体系存在着共性，这为其制度的衔接创造了条件。大湾区养老保险制度在保险项目设计上具有相似的支柱；在目标人群定位上，内地的社会保障主要针对劳动群体，而香港和澳门则是基于救助和福利保障，优先解决穷人和老年人的养老保障问题，并重视就业者的职业养老金问题；在责任主体方面，粤港澳均十分注重政府的责任，根据不同群体的养老风险和承受力情况，进行差异化的养老保险制度设计，使政府承担起基本养老保险的职责。大湾区在各自的制度最优的基础上，寻求共同点，成为连接的桥梁，探索缴费比例与筹资责任分担的衔接渠道。

---

❶ 新华社."微信群人数，不断在壮大"——大湾区发展见闻[EB/OL].（2021-07-26）[2021-12-02]. https://www.ndrc.gov.cn/ xwdt/ ztzl/ygadwqjs1/202107/ t20210726_1291545.html?code=&state=123.

此外，粤港澳地区在"人人享有养老保险"的战略目标下，越来越注重居民的养老保险覆盖面，并不断提高老年人的养老保险待遇，在筹资主体结构相近的前提下，尽管粤港澳地区的经济发展程度存在差异，但整体社会保障体系的建立，有利于实现流动人口的养老金转移。

考虑到大湾区在基础设施、人才资源和产业发展经验方面拥有较强的差异性和互补性，协同发展养老服务业产业或可解决大湾区的养老问题。在大湾区内促进养老资源和需求的更高效匹配是大湾区养老一体化发展的关键。一方面，广东省丰富的基础设施可为港澳相对缺乏的医疗硬件形成补充。受限于地理条件，港澳面临基础设施供应与老龄人口猛增的双重压力；而广东省在基础设施供应方面则具有较大优势。另一方面，港澳丰富的资金和技术资源，对提升行业生产效率与养老产业经济结构升级、促进技术革新都将发挥重要作用。

近年来，大湾区的养老一体化已受到国家相关部门的强力支持和各部门的积极配合。推动养老服务、商业保险和社会保障的合作已成为大湾区养老的发展重点。相关政策措施的落实将有利于实现粤港澳大湾区社会保障体系的统筹化发展，降低区域内社会保障不平衡的状态，推动健康养老服务要素的有效流动，促进跨境保险和养老服务的合作，加快推进粤港澳大湾区社会保障一体化。

第三节　养老保障可携性理论基础

为应对全球化对劳动市场所带来的冲击，流动劳动者社会安全保障权益受到国际社会组织的重视，养老保障可携性问题（pension portability）开始进入学者的研究视野，具体的相关理论依据包括：

一、社会保障是每个人的基本人权

（一）联合国相关规定

社会保障安全对劳动者、其家庭成员以及社会而言都是非常重要的。1948 年的联合国《国际人权宣言》（*Universal Declaration of Human Rights*）第二十二条规定，"每个人，作为社会的一员，有权享受社会保障……"另外，1966 年的《经济、社会与文化权利国际公约》（*International Covenant on Economic, Social and Culture Rights*）第九条规定，"本公约缔约各国确认人人有权享受社会保障，包括社会保险。"从这两条条约可看出，联合国清楚表明社会保障是每个人该有的权利。据此，联合国明确宣示社会保障是每个人的基本人权。

此外，联合国于 1990 年 12 月 18 日通过《保护所有流动劳动者及其家庭成员权利国际公约》（*International Convention on the Protection of the Rights of Migrant Workers and Members of their Families*），此公约非常重要，因为这次公约提出以下基本事实：

（1）流动劳动者不应仅被视为劳动者或经济体。他们是有家庭的人，因此相对也有权利，包括家庭的重聚。

（2）它承认流动劳动者及其家庭成员未被保护。他们的权利在本国或就业国都没有受到法律的重视，因此，国际社会必须提供保障措施。

（3）它建立支持流动劳动者及其家庭成员人权的国际标准。

（4）它企图阻止以及消除对所有流动劳动者及其家庭成员的剥削。

（5）它企图建立流动劳动者保障的最低标准。

该公约针对的对象包括所有正规和非正规流动劳动者，它保证了流动劳动者在培训、住房和行动自由方面的平等权利，其目的是消除非法就业并禁止集体驱除。但是，与其他一些主要人权公约不同，该公约仅得到 45 个国家的批准，主要是中高收入国家的批准，但不包括大型中等收入国家，如中国、印度、巴西和南非，因为该公约给予非正规流动劳动者相对较强的权利。

（二）国际劳工组织（International Labour Organization，ILO）

国际劳工组织对流动劳动者的社会保障也相当重视，在 1949 年就通过《就业移民公约（修正，第 97 号）》［*Migration for Employment Convention (Revised, No.97)*］、《就业移民建议书（修正，第 86 号）》［*Migration for Employment Recommendation (Revised, No.86)*］，1975 年通过了《流动劳动者（补充条款）公约（第 143 号）》［*Migrant Workers (Supplementary Provisions) Convention (No.143)*］、《流动劳动者建议书（第 151 号）》［*Migrant Workers Recommendation (No.151)*］，以尊重基本人权及确保所有流动劳动者均获得平等的机会及待遇。

另外，国际劳工组织又通过三项公约来规定在社会保障方面，流动劳动者应该享有与本地劳动者相同的待遇。第一项为 1925 年通过的《平等待遇（意外补偿）公约（第 19 号）》［*Equality of Treatment (Accident Compensation) Convention (No.19)*］，主张在工伤补偿方面，本国劳动者与外籍劳动者应享受平等待遇。

第二项为 1952 年通过的《社会保障（最低标准）公约（第 102 号）》［*Social Security Minimum Standards (No.102)*］，此公约是唯一对社会保障的九项分支设置全球最低标准的国际工具。根据此公约第六十八条第一项，非本国居民应享有与本国居民同样的权利，除非对本国国民出生在成员国领土以外的本国居民就其完全或主要由公共基金支付的全部津贴或部分津贴问题和就过渡方案问题作出特殊规定。此外，该公约也规定缴费型社会保障方案下，如劳动者已承担相关的缴费义务，则应与有关成员国国民享受同样的权利，除非两国已签订双边或多边互惠协议。

第三项为 1962 年通过的《平等待遇（社会保障）公约（第 118 号）》［*Equality of Treatment (Social Security) Convention (No. 118)*］，国际劳工组织明确说明外籍劳动者在社会保障事项上，应与本国劳动者享有平等待遇。此公约建立了外籍劳动者在社会保障事项上的一般框架和国际商定原则，具体有 5 项：

（1）平等待遇原则（equality of treatment）：流动劳动者应在最大的可

能程度内与一般居民具有相同的权利与义务。

（2）单一适用立法原则（determination of the applicable legislation）：建立适用的社会安全保障立法，使流动劳动者在所在国家的任何时点都可以被保障。

（3）国外权利与给付的保留（maintenance of acquired rights and provision of benefits abroad）：流动劳动者在任何地方所获得的权利均应给予保留，也不影响其给付权益。

（4）给付年限的维持（maintenance of rights in course of acquisition）：若给付必须符合资格期间的规定，则流动劳动者在每个国家的工作期间均应计算在内。

（5）互惠（reciprocity）：国家之间平等待遇是相互的，如一国拒绝给他国劳动者平等待遇，则也不可能期待本国劳动者去他国工作时获得平等待遇。

2012年6月通过的国际劳工组织《关于国家社会保护底线的建议书》是朝着移民及其家庭的社会保障权迈出的重要一步❶。该建议书着重于扩大社会保护底线的定义，包括对国家社会保障、教育、供水和卫生、住房和食品的建议，同时从社会服务的四方面进行评价，包括服务的可获得性、可及性、可接受性和质量标准。该建议书的第六条将个人覆盖的范围定义到"至少向国家法律法规所规定的所有居民和儿童提供本建议书中提及的基本社会保障担保"，但随后增加了一个条件：政府应"根据其现有的国际义务"提供社会保障。因此，各国关于流动劳动者及其家庭的保险，在很大程度上取决于各国是否批准了联合国和国际劳工组织关于流动劳动者的合约。

---

❶ 国际劳工大会. 关于国家社会保护底线的建议书[R]. 日内瓦：国际劳工组织大会第101届会议，2012.

二、社会流动理论

社会成员或社会群体从一个社会阶级或阶层转到另一个社会阶级或阶层，从一种社会地位向另一种社会地位，从一种职业向另一种职业转变的过程叫作社会流动[1]。社会流动大致可以分为两类，一类是积极的、主动的；另一类是消极的、被动的。积极的动机在于寻求更好的生活与工作，这一点，与社会主流目标相吻合。根据社会流动动机的不同，社会流动理论可分为：

（一）"推—拉"理论

Ravenstein 最早说明社会流动的动机在改善经济环境，人口从贫穷的地区流向有机会的地区，由乡村或小镇逐步流向大都市[2]。Everett Lee 则认为社会因素影响社会流动，他假设每一移出地（origin）和移入地（destination）均分别有一组积极因素吸引人口及一组消极因素影响人口外移，这些因素差异越大，社会流动越多，因此两地间的社会流动涉及两地的"推—拉因素（Push–Pull factors）"，社会流动是移出地的推力或排斥力和移入地的拉力或吸引力共同作用的结果[3]。Micheal P. Todaro（1969）的社会流动（乡村往都市）经济理论，则采纳另一观点，他认为人口从乡村移往都市的主要理由是都市工资较高，但此处的工资是预期工资（expected wage），并非真实工资[4]。Zipf 将"推—拉"理论量化，把"万有引力定律"引入"推—拉"理论，认为两地之间流动人口与两地人口规模成正比，与两地距离成反比，并基于此提出了引力模型（gravity model）[5]。此后，许多学者对引力模型做出改进，

---

[1] 席恒教授研究团队. 两岸三地养老保险可携性研究报告[R]. 两岸三地养老保险研究团队，2012: 8.

[2] RAVENSTEIN E G. The Laws of Migration[J]. Journal of the Royal Statistical Society, 1885, 48(2): 167–235.

[3] EVERETT L A. Theory of Migration[J]. Demography, 1966, 3(1): 47–57.

[4] TODARO M P. A Model of Labor Migration and Urban Unemployment in Less–Developed Countries [J]. The American Economic Review, 1969, 59(1): 138–148.

[5] ZIPF G K. The P1 P2/D Hypothesis: On the Intercity Movement of Persons[J]. American Sociological Review, 1946, 11(6): 677–686.

引入收入、失业率、教育水平、年龄结构等社会经济因子。

（二）发展经济学的社会流动理论

发展经济学理论以刘易斯模型和托达罗模型为代表。美国经济学家刘易斯为发展中国家的劳动力转移建立了二元经济模式。他把发展中世界的经济分为两大部分：一是人口众多、劳动力普遍过剩的传统农业，二是现代产业。所谓经济增长，就是指在没有边际生产力的情况下，以固定的工资率吸纳劳动力的过程。现代工业逐步吸纳了农业部门的剩余劳动力，直至全部吸纳。但是，刘易斯模型并不能解释现实中的问题，因为工业化进程中出现了大量的资金流入，以及城市中的就业问题。但是，刘易斯模型首次在宏观层面上对劳动力的迁移进行了科学的描述。

刘易斯模型能够说明部分劳动力迁移的规则，却不能说明为什么在城市中，尽管有一定的失业率，但仍有可能导致农村劳动力的迁移。Todaro 认为：

（1）劳动力流动的动力来自期望的工资收入，而不是即时的绝对收入。

（2）个人的流动决定是基于个人人力资本、进城后就业的可能性、收入、实际转移成本、机会成本等因素的综合考虑。如果期望的收益高于搬迁费用，就做出搬迁决定，不然就不搬迁。

（3）在进行移民决策时，人们不仅要考虑短期的收入和费用，还要考虑长远的收益和费用，甚至还要考虑到他们的整个生活过程。

（4）由于个人特点的差异，同一时期或区域内的人口流动趋势也不尽相同。

（三）双重劳动力市场理论

劳动力市场分割理论（labour market segmentation theory）认为，与其他要素市场相比，劳动力市场具有较明显的非竞争性。劳动力市场分割理论强调了劳动力市场分割的属性，强调制度和社会因素对劳动报酬和就业的影响，因此，它具有很强的实际解释力，而双重结构是劳动力市场分割理论的代表。

双重结构论最早是由新结构主义社会学家 Michael J. Piore 提出的，他将劳动力市场划分为一级（primary）市场和二级（secondary）市场❶。一级市场具有工资高、工作环境较好、升迁机会多、健全的福利保障以及稳定的就业等特征；二级市场提供的是较低的工资、恶劣的工作环境、有限的升迁机会和不稳定的就业等特征。绝大多数情况下，一级劳动力市场被人力资本相对较高的城镇本地居民所占据，而从落后地区迁入的移民则只能在次要劳动力市场谋生，填补本地劳动力的结构性空缺❷。

（四）世界系统理论

1976年，Wallerstein提出从经济全球化角度来认识和解释人口迁移问题。他认为，世界系统是一种社会系统，它具有边界、结构、成员群体、合法性规则和连贯性，它具有生命周期，其特征在某些方面会发生变化，而在其他方面则保持稳定，世界系统的发展很大程度上是内部的❸。Wallerstein称世界体系为"世界经济"，它通过市场而不是政治中心进行整合。随着全球经济一体化进程的加快，世界范围内的市场规模不断扩张，最终导致了大多数发展中国家被边缘化，其发展进程被打断，沦为某些核心国（发达国家）的附庸。

发达国家的资金已经渗透到发展中国家的每一个角落，对土地、原材料、劳动力、市场进行了控制，这就必然导致人口的双向流动。这并非工资差距造成的，而是由于市场竞争和全球经济一体化。Wallerstein设想了社会主义世界政府的出现，这是唯一可以通过整合政治和经济决策水平来维持高生产率和改变分配的世界体系。

---

❶ MICHAEL J P. The Dual Labor Market: Theory and Implications[C]//DAVID B G. Social Stratification: Class, Race, and Gender in Sociological Perspective, 2001: 435–438; GLEN G C. The Challenge of Segmented Labor Market Theories to Orthodox Theory : A Survey [J] Journal of Economic Literature, 1976, 14（4）: 1215–1257.

❷ 朱杰. 人口迁移理论综述及研究进展[J]. 江苏城市规划，2008（7）: 40–44.

❸ WALLERSTEIN I. The Modern World System I: Capitalist Agriculture and the Rigins of the European World–Economy in the Sixteenth Century [M]. New York: Academic Press, 1974: 347.

三、养老保险跨域治理理论

大湾区养老保险的跨境可携性研究当然涉及广东、香港和澳门地区的跨区域、跨部门、跨主体的跨域性公共事务。跨域治理理论起源于西方的治理实践，在理论上具有很强的阐释力，曾被视为跨域公共事务的管理准则。20世纪90年代以后，随着西方国家治理与善治理论的发展，跨域治理吸收了治理理论的成果，并逐渐形成了一整套不同的治理理论体系❶。跨域治理相关理论包括"传统改革主义者（traditional reformist）""公共选择理论（public choice theory）"与"新区域主义（new regionalism）"。"传统改革主义者"从结构途径促成合作，强调从政府组织的角度，以县市合并、多层级体制与联盟政策来进行政府结构改革，促进跨域治理❷。"公共选择理论"则主张民众能从众多竞争的公共服务提供商中做出选择，来提升城市预期的效率与民众需求，促进跨域治理❸。"新区域主义"则认为应重视地方政府、企业与非营利组织所构成地方策略性伙伴关系，强调通过审议形成共识或协调所产生的协议，才能有效处理跨域治理问题❹。上述理论主要讨论地方与地方政府透过外部协调来达成跨域治理，但除了地方与地方政府间的水平网络关系外，也有地方政府内部整合，以及地方与中央政府间的垂直网络关系❺。

地方政府内部整合的跨域治理，主要有"城市成长联盟（urban growth coalition）"与"都市政权（urban regime）"两种理论。"城市成长联盟"

---

❶ 武俊伟，孙柏瑛. 我国跨域治理研究：生成逻辑、机制及路径[J]. 行政论坛，2019（1）：65-72.

❷ HAMILTON D K. Governing Metropolitan Areas: Response to Growth and Change[M], New York: Garland Publishing, 1999: 28.

❸ OSTROM E. Metropolitan Reform: Propositions Derived Two Traditions[J], Social Science Quarterly, 1972，53: 474-493.

❹ TIEBOUT C M. A Pure Theory of Local Expenditures[J], Journal of Political Economy, 64(5): 416-424.

❺ BENZ A. From Associations of Local Governments to "regional governance" in Urban Regions[J]. German Journal of Urban Studies, 2014, 40(2): 172-185.

理论重点在地方政府的最具影响力的领导者，通常为地方领导，能引领与影响地方政府的决策与执行❶。"城市政权"理论则以地方整理权力结构来解释地方政府内部整合，认为地方政府决策是公共部门与私人部门相互协调、整合的结果；每次合作加深彼此互相依赖，促成下次双方的交换活动，形成因果循环，并构成公私部门领导者间的非正式治理联盟❷。然而，无论是"城市成长联盟"理论还是"都市政权"理论，都受限于单一管辖区政治治理联盟思维，对于政府跨域治理现象的解释仍有不足。

地方政府与中央政府的垂直网络关系的治理，则以"政策网络理论"为代表。"政策网络理论（policy network theory）"依照成员组成、相互依赖程度与成员间资源分配分成五种类型政策网络，包括：政策社群型（policy community），指中央与地方政府执行的政策领域，为垂直的互相依赖关系；专业网络型（professional networks），是专业团体所支配的网络，具有高度稳定性与限制性的成员形成垂直互相依赖的关系；政府间网络型（intergovernment networks），指代表地方政府利益的网络，通过有限垂直的互相依赖关系，广泛地水平连结；生产者网络型（producer networks），指经济团体所扮演主要角色的网络；议题网络型（issue network），为水平网络，网络整合度最低，相对最不稳定❸。这五种类型政策网络的差异在于网络结构的开放性与稳定性，需要视议题性质以及牵涉的利害关系人特征，采用不同政策的网络治理模式。政策网络理论主要描述公私部门、利益团体、小区组织与非营利组织的各种跨域治理模式，针对公共事情进行参与、意见与资源交换，

❶ ANDREW C, GOLDSMITH M. From Local Government to Local Governance—and Beyond?[J].International Political Science Review, 1998, 19(2): 101−117.

❷ DEAS I, LORD A. From a New Regionalism to an Unusual Regionalism? The Emergence of Non−standard Regional Spaces and Lessons for the Territorial Reorganisation of the State[J], Urban Studies, 2006, 43(10): 1847−1877.

❸ RHODES R A W. Control and Power in Central−local Government Relations[M]. Brookfield: Athenaeum Press, 1999: 128−130.

达成共识并给予解决，主要以协议为治理的基础❶。

目前，中国对跨国治理机制的研究多集中在制度集体行为框架（Institutional Collective Action，ICA）上，从经济交易成本与风险的角度来认识其行为的逻辑，指出了不同的治理机制具有不同的交易费用，而跨域治理机制则是基于理性计算的结果，因此具有合理性。锁利铭（2018）通过对制度性经济行为框架的分析，得出了影响政府合作机制的主要因素是成本和合同风险，而在这两种机制的形成过程中，自主程度的差异也是二者共同作用的结果。同时，对不同层级的政府间数据进行分析，结果显示，政府间合作的正规性与互信程度呈倒"U"型，并随着跨区域治理的发展，其信任度也在逐步提高，并逐步从正式机制走向非正式机制。一些学者认为，由垂直行政的高位推进的跨区域治理不能打破区域保护的困境，应该以横向合作为重点，激活横向政府基于自身的合作需要和动力而自发构建的内源型政府间合作机制❷。

养老保险跨境可携属于社会保险关系跨域治理机制。在分税制的财政体系下，社会保险关系跨域转移的主要阻碍是转入地与转出地、中央政府与地方政府间的利益博弈；社会经济发展差距、城乡二元结构，以及统筹层次较低是造成转移困难的根本原因；现行各地不同的转移程序和规定、社保信息网络的缺失构成社会保险关系跨域转移操作层面的障碍。因此，可以借鉴欧盟的做法：劳动者在不同的国家就业，无论在哪个国家工作缴费，都可以在当地进行权益记录，将来在任何一个国家退休都可以通过相关凭证享受养老保障。欧盟在不同国家实现的跨域治理制度，大湾区可以借鉴。

❶ RHODES R A W. Policy Networks in British Political Science[C]//RHODES R W. Understanding Governance: Policy Networks, Governance, Reflexivity, and Accountability. Philadelphia: Open University Press, 1997: 30.

❷ 朱成燕. 内源式政府间合作机制的构建与区域治理[J]. 学习与实践，2016（8）：55-62.

第四节　新冠肺炎疫情对流动人口的冲击

2019 年末暴发的新型冠状病毒（Coronavirus Disease 2019，COVID-19）肺炎疫情是一项重大的公共卫生挑战，对于流动劳动者及其家庭、企业及经营活动以及国家层面都造成了严重的经济和社会影响。国际劳工组织估计，全球新冠肺炎疫情产生的封锁措施可能会影响近 22 亿劳动者，占全球劳动力的 68%[1]。众所周知，流动劳动者是社会经济和社会发展的贡献者之一，但此次新冠肺炎疫情的冲击暴露了流动劳动者在医疗保健、收入保障等方面的不足，对整个卫生公共系统构成巨大的挑战。

一、流动劳动者及其家庭应对新冠肺炎疫情的挑战

1. 流动劳动者及其家庭感染新冠肺炎疫情的风险可能更高

在此次危机中，受危机影响最严重的部门是卫生保健部门，据国际劳工组织统计，截至 2020 年 4 月 9 日，全球卫生工作者有 14066 例确诊 COVID-19，感染率超过 10%[2]。因此，尽管新冠肺炎疫情对所有流动劳动者及其家庭都有影响，但是要特别注意女性流动劳动者，因为女性占卫生及护理人员的 70%[3]，但很多女性工作时长较长、工资收入较少，并且在工作中缺少适当的个人防护设备，面临着感染 COVID-19 的巨大风险。

2. 流动劳动者在就业国的医疗保障不足

在大多数国家的社会保障体系中，只有具有正规移民身份的流动劳动者才能获得就业国社会保障的平等待遇，除了少数国家的基本和紧急医疗，非

---

[1] ILO. COVID-19 and the World of Work, Third Edition: Updated Estimates and Analysis[R]. ILO Monitor, 2020.

[2] ILO. COVID-19 and the Health Sector[R]. ILO Sectoral Brief, 2020: 2.

[3] ILO. Social Protection Responses to the COVID-19 Pandemic in Developing Countries: Strengthening Resilience by Building Universal Social Protection[R]. Social Protection Spotlight, 2020: 5.

正规移民基本被排除在就业国社会保护范围之外。非正规流动劳动者在新冠肺炎疫情中，生存环境急剧恶化。一方面，许多国家封锁边境，许多流动劳动者在就业国失业后，可能无法回到本国，或在本国受到歧视或骚扰；另一方面，留在就业国的非正规流动劳动者可能由于害怕驱逐，即使具有资格也不敢寻求医疗保障。

同时，由于非正规流动劳动者通常缺少技能，生活环境较差，无法获得基本的卫生设施和足够的空间进行隔离，这导致 COVID-19 在流动劳动者中的传播比例要远高于本地劳动者[1]。

3. 流动劳动者失业上升，收入不足

在新冠肺炎疫情中，酒店业、家政工作业、旅游业等是受影响最大的行业，而根据调查，流动劳动者在酒店业和家政工作领域任职人数很多[2]，这导致很多流动劳动者面临失业、减薪，甚至停薪等工作条件恶化的情况。这会使流动劳动者的收入大幅减少，直接影响劳动者的社会保障，同时，失业也可能影响其移民身份，迫使流动劳动者从正规变为非正规流动劳动者。

收入的损失还导致流动劳动者寄回家的款项大幅减少，这增加了留在原国的家庭成员的脆弱性，导致其家属只能获得较少的医疗保障以及较低的收入[3]。

二、国际社会目前对流动劳动者的保护

国际劳工组织为了应对新冠肺炎疫情，提出了劳动者应获得一定的社会保护，并给出社会保护的具体标准，包括：能够获得负担得起的医疗保障；生病期间能够获得带薪病假和疾病津贴；在失业期间能够获得现金转移或其

---

[1] GAMMARANO, R. COVID-19 and the New Meaning of Safety and Health at Work[EB/OL]. （2020-04-30）[2020-05-26]. ILOSTAT Blog.

[2] ILO. ILO Global Estimates on Migrant Workers: Results and Methodology: Special Focus on Migrant Domestic Workers[R], 2015.

[3] World Bank. Potential Responses to the COVID-19 Outbreak in Support of Migrant Workers[R]. Living Paper Version 8, 2020.

他津贴收入 ❶。社会保护系统应当充当社会和经济的自动稳定器，有效应对疫情带来的风险，提高劳动者抵御风险的能力，促进劳动者重新进入劳动力市场 ❷，同时社会保护应特别关注处于相对弱势的流动劳动者。

为了在新冠肺炎疫情暴发期间对流动劳动者全面保护，应结合使用各种社会保护机制，逐步建立普遍的社会保护体系。根据 1952 年国际劳工组织发布的《社会保障（最低标准）公约（第 102 号）》，社会保障的国家底线是确保对所有人的基本保护，例如无论居民的身份是什么，都应对其提供最基本的紧急医疗保障。具体来说，国际社会为应对此次疫情提出了以下长短期应对措施：

1. 短期应对措施

鼓励就业国可根据平等待遇和不歧视原则采取单方面应对措施，包括病毒的预防、个人保护与宣传措施，以解决流动劳动者的紧迫需求。但具体使用哪种应对措施以及措施的实施范围，还是取决于就业国自身的社会保护发展体系以及其财政能力。根据国际劳工组织的调查，如伊拉克、约旦、黎巴嫩等国，目前针对流动劳动者和难民工人，采取了相对措施加强对其保护 ❸。

2. 获得医疗保障

在新冠肺炎疫情期间，社会保护的一个重要方面，是获得优质的医疗保护。流动劳动者应获得与就业国国民平等的医疗保障服务，并至少包括对 COVID-19 的测试和治疗，这对于维护和改善一个国家的公共卫生至关重

---

❶ ILO. Social Protection Responses to the COVID-19 Pandemic in Developing Countries: Strengthening Resilience by Building Universal Social Protection[R]. Social Protection Spotlight, 2020.

❷ ILO. World Social Protection Report 2017-19: Universal Social Protection to Achieve the Sustainable Development Goals[R].[S. L. : s. n.], 2015.

❸ ILO. Social Protection Responses to the COVID-19 Pandemic in Developing Countries: Strengthening Resilience by Building Universal Social Protection[R]. Social Protection Spotlight, 2020.

要 ❶。根据联合国 2020 年颁布的《国际人权文书》，非正规流动劳动者至少应作为社会保护底线的一部分，获得基本的卫生保健，而不必担心被移民局谴责或驱逐出境 ❷。

为了保护流动劳动者的基本权利，不少国家在新冠肺炎疫情期间，扩大社会健康保护机制覆盖范围，例如，葡萄牙在 2020 年 6 月 30 日之前将非国民的流动劳动者身份正规化，这将使这部分劳动者获得医疗保障、就业和住房补贴，此外，葡萄牙还宣布在新冠肺炎疫情期间，外国居民将获得与国民同等的社会保护服务和待遇。加拿大的不列颠哥伦比亚省在 2020 年 7 月 31 日前，为流动劳动者提供医疗服务计划，为具有 COVID-19 症状的移民和难民提供免费医疗咨询；在沙特阿拉伯，所有感染 COVID-19 的病例都将免费接受检测和治疗 ❸。

部分国家甚至对流动劳动者提供收入补贴，以缓解就业中断带来的收入损失，例如：意大利推出了"意大利援助法案（Decreto Cura Italia）"这一特殊的 COVID-19 经济刺激计划，向包括流动劳动者在内的工人提供 600 欧元的补贴；新西兰则宣布国际季节性流动工人如果感染 COVID-19，则必须进行自我隔离，但是政府将在隔离期间对其进行资助；爱尔兰则推出了 COVID-19 大流行性失业金，每周为雇员及自雇工人提供 350 欧元，最长持续 12 周 ❹。

---

❶ ILO. Social Protection Responses to the COVID-19 Pandemic in Developing Countries: Strengthening Resilience by Building Universal Social Protection[R]. Social Protection Spotlight, 2020.

❷ WHO. Interim Guidance for Refugee and Migrant Health in Relation to COVID-19 in the WHO European Region[R].[S. L. : s. n.], 2020.

❸ World Bank. Potential Responses to the COVID-19 Outbreak in Support of Migrant Workers[R]. Living Paper Version 8, 2020.

❹ ILO. COVID-19 and the World of Work, Third Edition: Updated Estimates and Analysis[R]. ILO Monitor, 2020.

3. 帮助劳动者获得足够的救治信息

确保流动劳动者在 COVID-19 危机期间了解病毒预防、自我保护和治疗措施的信息。例如，告知流动劳动者可以享受的社会保护权利以及如何获得这些权利；提高流动劳动者及其家庭成员的健康保护措施，减少感染和传播 COVID-19 的风险；还应考虑以流动劳动者可以理解的语言提供信息。例如：意大利的在线"JUMA"门户网站为流动劳动者提供了有关 COVID-19 的 15 种不同语言信息，包括医疗保障、行动限制和可用服务等；波兰也以多种语言向流动劳动者所在的社区和工作场所发放传单，宣传 COVID-19 相关知识和治疗措施；加拿大以多种语言提供由于受 COVID-19 面临经济困难的流动劳动者信息，为其提供财务援助❶。

三、结论

在当前危机中，流动劳动者为社会和经济做出了重要的贡献，并担任了重要的工作，但是，流动劳动者却缺乏充分和全面的社会保障，在这种情况下，世界应确保包括流动劳动者在内的所有工人在工作中有足够的健康和安全，并获得社会保障❷。尽管许多国家已经制定了短期社会保障措施来支持流动劳动者，但是并非所有流动劳动者都能从这些措施中受益。随着新冠肺炎疫情的过去，各国应反思此次疫情中的做法，给予流动劳动者更多的社会保护，来支持本国经济发展和社会复苏，增强未来发生危机的应对能力。

---

❶ ILO. COVID-19 and the World of Work, Third Edition: Updated Estimates and Analysis[R]. ILO Monitor, 2020.

❷ ILO. Social Protection Responses to the COVID-19 Pandemic in Developing Countries: Strengthening Resilience by Building Universal Social Protection[R]. Social Protection Spotlight, 2020.

第二章 养老保险可携性相关文献综述

第一节 养老保险可携性发展的历史背景

随着科技的进步，人类现在只需花很短的时间就能轻松穿梭于世界各国。加上全球化和一体化的因素，世界各地的劳动者流动量均大幅上升。跨国（地区）劳动者流动量的增加，为各国（地区）社会保障带来新的挑战。有效的社会保障制度可以为劳动者提供退休后的收入保障，同时也可以减轻老年贫困等社会问题，从而减轻政府负担老年福利的津贴压力。然而，劳动者流动为现行的社会保障带来新的挑战，因为流动劳动者会牵涉至少两个国家（地区）的社会保障制度。跨国劳动者可能会面临着与就业国劳动者社会保障存在差别待遇的问题，甚至有可能同时失去本国与就业国的社会保障权。因此，如何为跨国劳动者维持应有的职业退休保障权利，确保劳动者不会因为改变工作地点而使其退休保障权益受到损害，是一个非常重要的课题。

相比起整个职业生涯都固定在同一国家工作的本地劳动者，跨国流动劳动者往往只能得到较为不利的社会保障覆盖和较少的福利给付权[1]。原因主要有：

（1）地缘原则（principle of territoriality）。社会保障制度的适用范围是基于地缘原则，只适合颁布国家或地区的范围内，基于此原则，跨国（地区）劳动者将不再享受本国（地区）的社会保障制度。

（2）国籍原则（principle of nationality）。社会保障制度还会受国籍原则的影响，某些国家的社会保障会排除某些特定群组，甚至将外籍劳动者整体

---

[1] KENICHI H, NIKAC M, TAMAGNO E. Social Security for Migrant Workers: A rights-based approach[M]. Geneva: International Labour Organization, 2011: 2.

排除在本国的社会保障制度覆盖范围外，或只给外籍劳动者相对本国劳动者较差的福利待遇❶。基于此原则，流动劳动者会在就业国损失自己应有的社会保障权利。

在流动劳动者社会保障受限的课题上，又以养老保险跨国给付影响最为深远，因为养老保险给付，具有长期累积的效果，一般而言，对于领取养老保险的劳动者，均有领取条件以及最低缴费年限的规定，给付的水平与缴费长短有关❷。对于迁移劳动者而言，很可能出现无法达到本国与就业国养老保险最低缴费年限，从而无法在任何一国领取退休金的尴尬局面。因此，跨国的退休保障的可携性渐渐受到学者的关注❸。Beveridge（2014）指出，令流动劳动者避免遭受社会保障损失，以及允许在前一个国家取得的某些权利被携带至下一个国家，是一个实质问题❹。然而，保护流动劳动者的权益不只是允许其受社会保障制度覆盖，同时也需要给予流动劳动者与本地劳动者一样的平等待遇。

有效的社会保障制度是提供收入保障、预防及减少贫困及贫富差距、促进社会包容和尊严的强大工具。换言之，退休保障跨国可携带性不只对流动劳动者有益处，也有利于政府。因为此举可帮助减少老年贫穷人口，从而减轻政府负担老年人社会福利的压力。

---

❶ KENICHI H, NIKAC M, TAMAGNO E. Social Security for Migrant Workers: A rights-based approach[M]. Geneva: International Labour Organization, 2011: 3.

❷ Social Security Administration. Social Security Programs Throughout the World[M]. Switzerland: ISSA, 2012.

❸ FORTEZA A. The Portability of Pension Rights: General Principals and the Caribbean Case（SP Discussion Paper No.0825）[C]. Washington, D.C.: Social Protection and Labor, Human Development Network, The World Bank, 2008: 15.

❹ BEVERIDGE W. Beveridge Report-social Insurance and Allied Services[M]. Beijing: Chinese Labor and Social Security Publishing House, 2014: 4.

第二节　社会保障五支柱模式介绍

根据国际劳工组织于 2011 年发表的《致力于社会正义和公平全球化的社会保障》（*Social Security for Social Justice and A Fair Globalization*）报告，社会保障涵盖了所有措施，无论是以现金还是以实物，提供津贴，以确保保护，特别是在下列情况下 ❶：

（1）由于疾病、残疾、生育、工伤、失业、老年或一名家庭成员死亡的原因，缺少与工作相关的收入（或收入不足）。

（2）得不到或无法承担医疗保健。

（3）家庭无力支持，特别是其子女和成年受赡养者。

（4）普遍的贫困和社会排斥。

社会保障方案可以是缴费（社会保险）或非缴费性质的。长期性福利（long–term benefit）是一种延迟支付给付的福利，当符合某些资格或条件时，受益人按照预先承诺的时间或条件获取给付的权利 ❷，老年养老及医疗保障是最为常见的项目。

世界银行（World Bank）于 1994 年发表的《扭转老年危机：保障老人及促进增长的政策》（*Averting the Old-Age Crisis: Policies to Protect the Old and Promote Growth*）报告书提出退休保障的三大支柱结构 ❸。世界银行随后在 2005 年发表的《21 世纪的老年收入保障：养老金制度改革国际比较》（*Old Age Income Supporton the 21st Century: An International Perspective on Pension*

---

❶　ILO. Social Security for Social Justice and a Fair Globalization（Report Ⅵ Prepared for the 100th Session of the International Labour Conference）[R]. Geneva: ILO, 2011: 9.

❷　HOLZMANN R, KOETTL, CHERNETSKY D. Portability Regimes of Pension and Health Care Benefits for International Migrants—An Analysis of Issues and Good Practices（Social Protection Discussion Paper, No.0519）[C]. Washington, D.C.: Social Protection, Human Development Network, The World Bank, 2005: 5.

❸　The World Bank. Averting the Old–Age Crisis: Policies to Protect the Old and Promote Growth[M]. Washington D.C.: Oxford University Press, 1994.

Systems and Reform）的报告书提出一个五层支柱架构的新概念❶，对三层支柱再增加两层支柱（第零及第四支柱）。该方案的设计是基于这样的观点：一个多样化的系统可以更有效和高效地提供退休收入。多支柱设计比单支柱提供了更多的灵活性，因此通常能够更好地满足人口中主要目标群体的需求，并为养老金体系面临的经济、人口和政治风险提供更多保障。

五层支柱架构为❷：

第零支柱［zero (basic) pillar］：最基本的非缴费性支柱，主要目的是在财政条件允许的情况下，为长者提供最低程度的保障。例如，人口补贴、社会养老金或一般社会援助的形式，通常由地方、地区或国家政府资助，明确扶贫目标，以便为所有老年人提供最低水平的保护。这可以确保终生收入低的人在老年时得到基本的收入。具体的形式、水平、资格和福利的发放取决于其他弱势群体的普遍性和需求、预算资源的可得性以及对老年人的影响。此支柱为社会救助的性质，给付可以是广泛发放或需要通过资产审查。

第一支柱（first pillar）：强制性特点，其缴款在不同程度上与收入挂钩，目的是取代一生中退休前收入的一部分。第一支柱主要针对以下风险：由于预期寿命不确定性以及金融市场的风险性，导致个人短视、低收入和不恰当的一生收入规划。它们通常以现收现付的方式融资，因此特别受到人口和政治风险的影响。

第二支柱（second pillar）：强制性特点，通常是个人储蓄账户（即固定缴费计划，defined contribution），有一系列广泛的设计选择，包括主动或被动投资管理，选择投资和投资经理的选择参数，以及退出阶段的选择。缴费

❶ HOLZMANN R, HINZ R. Old-Age Income Support in the 21st Century: An International Perspective on Pension Systems and Reform[M]. Washing ton D.C.: The World Bank, 2005.

❷ HOLZMANN R, HINZ R. Old-Age Income Support in the 21st Century: An International Perspective on Pension Systems and Reform[M]. Washing ton D.C.: The World Bank, 2005: 2-3.

确定型计划在缴费、投资业绩和福利之间建立了明确的联系，支持可执行的产权，并支持金融市场的发展。与固定收益计划（defined benefit）相比，它们可能会因为私人资产管理而使参与者面临财务和机构风险，交易和管理成本高的风险，以及长寿风险。

第三支柱（third pillar）：自愿性退休储蓄，有多种形式（例如，为退休、残疾或死亡的个人储蓄，雇主赞助，固定收益或固定缴费），但基本上是灵活和自由选择的性质。第三支柱弥补了其他制度设计上的僵化，但包括与第二支柱类似的风险。

第四支柱（forth pillar）：非金融的支柱，包括获得非正式支持（如家庭支持）、其他正式社会项目（如医疗保健和／或住房），以及其他个人金融和非金融资产（如房屋所有权和反向抵押贷款）等。

某些支柱更适合于解决终身贫困者、一旦停止工作就有可能成为贫困者的非正规部门工人，以及由正规养老金安排覆盖的工人的需求，同时也为所有收入群体提供多样化的服务。例如，第零支柱的社会养老金非常适合解决终身贫困者的基本收入支持的需求，同时也提供了一个基础，涵盖了具有强制性的第一和第二支柱计划的覆盖面和福利的充分性的差距。由于他们进出正规就业，可能无法覆盖工人的整个工作生涯。同样，在那些只能实现强制性第一和第二支柱计划有限覆盖的社会中，制订自愿性的第三支柱计划可以有效地覆盖非正规部门，并为高收入群体提供补充和多样化福利的有效手段。最后，支持家庭财富转移的公共政策，如通过土地和资产所有权、登记和继承法，可以加强终身贫困者和非正规部门的老年收入保障。

而每一层的支柱的退休保障中都包括不同类型的方案，例如，不同的融资方式、公营机构或私营机构管理、需要缴费或不需要缴费、提供定期现金给付或一次性给付、给付金额是根据以往的收入或现时的收入等❶。

因此，在本书随后的讨论中，将以世界银行的五支柱方式为架构，对粤

---

❶ KENICHI H, NIKAC M, TAMAGNO E. Social Security for Migrant Workers: A rights-based approach[R]. Geneva: International Labour Organization, 2011: 5.

港澳三地社会保障项目的可携性进行讨论，探讨每一支柱下粤港澳各地的具体形式以及是否可携。

第三节　流动及流动劳工定义

按照国际人口学会组织（International Union for the Scentific Study of Population，IUSSP）编写的《多种语言人口学辞典》的定义，人口迁移（population migration）是指人口在两个地区之间的地理流动或者空间流动，它通常包括从原住地或移出地迁到目的地或移入地的永久性住地的变动❶；美国人口咨询局出版的《人口手册》将迁移定义为"人们为了永久或半永久定居的目的，越过一定边界的地理移动"❷。总体来说，学术界无外乎从三个属性对迁移加以界定：时间属性、空间属性和目的属性。时间属性，即是否属于永久性迁移或暂时性迁移，从人口学角度来看，居住超过一年（或半年）就算永久性迁移；空间属性，即居住地是否发生了改变；目的属性，即是否以居住为目的。

但人口迁移不同于劳动者迁移（Labor migration），因为后者主要着重在经济及工作因素所引起的迁移。本书根据研究目的将人口迁移根据性质分为两类：一类是劳动者迁移，即探讨大湾区的劳动者就业状态下的养老保障可携性问题❸；另一类是长者迁移，主要是探讨港澳长者居粤养老的福利可携性问题。以下将分别介绍两类迁移的不同。

一方面，谈到劳动者迁移，首先至少涉及两个国家或地区，即劳动者输

---

❶ IUSSP. Multilingual Demographic Dictionary[M]. New York: United Nations, 1980: 11.

❷ ARTHUR H, THOMAS T K. Population Handbook[M]. Washington D.C.: Population Reference Bureau, 2000: 43.

❸ 但文中的"劳动者"并不是传统一般大众所认知的蓝领工作者，是指广义的劳动人口，即就业者（包括雇主、受雇者、自营业者及无酬家属）以及失业者。

出地与劳动者输入地。根据联合国（United Nations）的定义，原籍国（state of origin）是指当事人被视为国民的国家，即流动劳动者来源地的国家，而就业国（state of employment）是指流动劳动者将要从事、正在从事或已经从事有报酬活动的国家❶。而国际劳工组织指出，本国或来源国（source countries）即是输出国，而目的地国家（countries of destination）或东道国（host countries）即代表输入国❷。Jousten 和 Pestieau 指出，劳动者迁移可以分为三个阶段：工作生涯刚开始时、工作生涯期间以及工作生涯即将结束时。而劳动者于不同阶段流动的原因以及对退休金额度的影响也会不一样❸。

经济全球化步伐的加快，造就了比以往任何时候都多的流动工人。失业和日益严重的贫困促使许多发展中国家的工人到别处寻找工作。据估计，73% 的移民是工人❹。在工业化国家，对劳动力，尤其是非熟练劳动力的需求有所增加。结果，数以百万计的工人及其家庭成员前往本国以外的国家寻找工作。国际劳工组织公布了流动工人的全球和区域估计数：2019 年，全世界有 1.69 亿国际流动工人，占目的地国全球劳动力的 4.9%，约占世界劳动年龄（15 岁及以上）国际流动人口的 69%❺。跨越国界去工作是国际移民背后的主要动机之一，无论是由于经济不平等、寻求就业，还是两者兼而有

---

❶ United Nations. 保护所有迁徙工人及其家庭成员权利国际公约[R].纽约，1990：10.

❷ WICKRAMASEKARA P. The Views of the International Labor Organization[R]. Korea: Conference on "Demographic Change and International Labor Mobility in the Asia Pacific Region: Implications for Business and Cooperation", 2008: 2.

❸ JOUSTEN A, PESTIEAU P. Labor Mobility, Redistribution, and Pension Reform in Europe[C]. //FELDSTEIN, M, SIEDERT, H.Social Security Pension Reform in Europe. Chicago: University of Chicago Press, 2002: 95−98.

❹ ILO. International Labour Standards on Migrant Workers[EB/OL].（2020−05−30）[2021−12−09]. https://www.ilo.org/global/standards/subjects−covered−by−international−labour−standards/migrant−workers/lang−−en/index.htm.

❺ ILO. Labour migration[EB/OL].（2021−07−07）[2021−12−09]. https://www.migrationdataportal.org/themes/labour−migration.

之。经济、政治和环境危机的额外影响以及不断变化的人口结构，加上世界某些地区人口老龄化，而其他地区出现"青年人口暴增"，导致劳动力流动增加。

根据国际劳工组织的数据，2019年全球三分之二以上的流动工人集中在高收入国家，大约60.6%分布在三个次区域：北欧、南欧和西欧24.2%，北美22.1%，阿拉伯国家14.3%。就接收国际流动工人的人数而言，这三个次区域的重要性并未随着时间的推移而减少。根据以前的估计，这三个次区域的流动工人所占份额最大：2013年为60.2%，2017年为60.8%❶。

2019年，全世界所有流动工人中，有7000万（约占41.5%）为女性。男性流动工人有9900万，占总数的58.5%。妇女在国际流动工人总数中所占份额较小，因为她们在国际流动者总数中所占份额较低（47.9%），而且与男子相比，她们在劳动力市场的参与率较低（59.8%对77.5%）。然而，在流动工人总数中，妇女所占的比例存在着一些重大的区域差异。在北欧、南欧和西欧，妇女占所有流动工人的50.0%以上；在阿拉伯国家，这一比例低于20.0%。青壮年（25~64岁）占所有流动工人的86.5%。2019年，大约10%的流动工人年龄为15~24岁。老年工人（65岁及以上）占流动工人的3.6%（国际劳工组织，2021）。

服务部门是流动工人的主要雇主，雇用的流动工人占所有流动工人的66.2%，几乎占全世界流动女工总数的80%。护理经济（包括保健和家务工作）对劳动力的需求日益增加，这种经济中的劳动力主要是女性，这在一定程度上解释了服务部门女性流动工人比例高的原因。至于其余的流动工人，26.7%从事工业，7.1%从事农业（国际劳工组织，2021）。

然而，移民工人往往受益于不充分的社会保护，并且容易受到剥削和人口贩运。技术移民工人不太容易受到剥削，但他们的离开剥夺了一些发展中国家自身经济所需的宝贵劳动力。国际劳工组织的移民标准为原籍国

---

❶ ILO. Labour migration[EB/OL].（2021-07-07）[2021-12-09]. ttps://www.migrationdataportal.org/themes/labour-migration.

和目的地国提供了管理移民流动和确保对这一弱势工人类别的充分保护的工具。

另外，对于长者迁移，最主要的是要考虑社会福利的可携性问题。这一问题不仅发生在港澳长者身上，国内跨省养老的老人同样会遇到这样的问题。目前可供借鉴的包括京津冀地区，鼓励北京户籍老人前往天津市和河北省养老，北京市在 2016 年，与天津和河北省签订了《京津冀养老工作协同发展合作协议》，以"政策随老人走"的原则推动一系列措施，为北京市长者提供更多、更好的养老选择，鼓励和便利他们安排最适合自己的城市异地养老❶。国外跨境养老比较典型的例子是欧盟，欧盟的公共和私人退休计划都允许个人的社会福利计划独立于其在欧盟的居住地，可在欧盟各地甚至远超欧盟的范围领取养老福利❷。由此可见，异地养老甚至跨境养老已逐渐成为现实需求，并引起当地政府甚至国际社会的广泛重视。

第四节　养老保险可携性损失

根据 Turner, Doescher & Fernandez（1993）的定义，可携性损失（portability loss）为实际领取的退休给付比起没有转换工作所能领取的给付之间的差异❸。Andrietti & Hildebrand（2001）定义携带性损失为比起没有因为转换工

---

❶ 北京、天津和河北民政部. 京津冀养老工作协同发展合作协议（2016—2020年）[Z]. 2016.

❷ 更为详细的关于京津冀地区异地养老及欧盟的跨境养老说明请见其后的国际经验介绍。

❸ TURNER J A, DOESCHER T A, FERNANDEZ P A. Job Mobility and Pension Portability[C]//TURNER J A. Pension Policy for a Mobile Labor Force. Kalamazoo, MI: W.E. Upjohn Institute for Employment Research, 1993: 6.

作而转换退休制度，所能领取的退休给付减少的部分❶。席恒研究团队（2012）则认为携带性损失指参保人在不同的养老项目之间以及统筹区域由于流动性进出所损失的养老保险权益❷。简单来说，养老保险的可携性损失即劳动者因为转换工作而减少的其养老保障部分。该损失越大，劳动者转换工作的意愿就越低，即养老保险的携带性损失会削弱劳动力的流动性，从而影响地区的市场效率。而退休给付损失是因为劳动者在没有退休制度可携性下转换工作，所以不能请领养老金的给付。当劳动者转换工作，包括国内及国外，均有可能产生携带性损失。

更重要的是，学者们已经认识到，即使在归属确定的情况下，离职者的福利也会因为通货膨胀而贬值，从而降低归属养老金福利的实际价值。因此，可携带性的概念已经扩大到指流动劳动者在退休前结束工作时保存养老金的实际价值。可携带性损失是指实际退休福利与工作没有改变工作的情况下所支付的福利之间的短缺。

Forteza（2008）根据损失的来源与性质，将养老保险的可携性损失分为四类❸：

归属损失（vesting losses）：如果劳动者未完成当地养老保险制度所规定的养老保险最低领取资格所要求的年限便离职，则领取不到任何养老金，此损失为归属损失。

最后工资损失（final wage losses）：大部分待遇确定型（defined benefit plan）的给付计算是基于最后的工资。根据这一原则，提前离职的劳动者所

❶ ANDRIETTI V, HILDEBRAND V. Pension Portability and Labour Mobility in the United States[C].New Evidence from SIPP Data（SEDAP Research Paper No.42）. Hamilton: McMaster University, 2001: 6.

❷ 席恒教授研究团队. 两岸三地养老保险可携性研究报告[R]. 两岸三地养老保险研究团队，2012: 2.

❸ FORTEZA A. The Portability of Pension Rights: General Principals and the Caribbean Case（SP Discussion Paper No. 0825）[M]. Washington, D.C.: Social Protection and Labor, Human Development Network, The World Bank, 2008: 7.

获得的养老金给付是以离职时的工资计算的，而这一工资通常远低于职业生涯结束时的工资。因此，由于最后工资与退休年工资差异造成的损失被称为最后工资损失部分。

后置性损失（backloading losses）：大部分待遇确定型的养老金采用增长式的计算比率，即养老金多少与缴费年限具有高度的相关关系，缴费年限越长，养老金增加的幅度越高，而缴费时间越短，则领取的养老金就越少。因此，转换工作的劳动者由于缴费年限无法累积，所能领取的养老金相对较低，这类由于工作年限无法累积导致的损失叫作后置性损失。

罚性损失（penalties losses）：部分国家的退休制度允许累计其他国家的养老制度的权益（如缴费年限等），但需要劳动者缴纳罚款。还有些地方会对在本国以外支付退休金征收罚款，例如，对离开本国的退休人员的退休金进行扣减。这类由于两国制度转换衔接等造成的损失叫作处罚性损失。

当讨论退休给付的权利时，通常会提到归属（vesting）一词，归属是指劳动者对于领取未来的给付有着不可剥夺的权利[1]。

根据 Turner（2003）的说法，养老保险的可携性损失主要有两个原因：一是因缺乏归属而造成的损失，二是在待遇确定型的养老保险中缺少劳动者迁移时的工资与领取退休时工资之间的通货膨胀指标[2]。在待遇确定型养老保险中，劳动者越早离职，所承受的损失就越大。因为这种类型的养老金给付计算是基于离职时的工资以及缴费年限，就会导致最终无法领取或领取较少的退休金。因此，在待遇确定型养老保险下，劳动者越常转换工作，所领取的退休给付金越低。相反，对于缴费确定型（defined contribution plan）的养老保险，劳动者转换工作对将来领取的退休金给付金额的影响相对较少，因为这种类型的退休给付金额是基于缴费额和缴费期的投资

---

[1]　TURNER J. Pension Portability—Is this Europe's Future? An Analysis of the United States as a Test Case[M]. Washington, D.C.: AARP Public Policy Institute, 2003: 2.

[2]　TURNER J. Pension Portability—Is this Europe's Future? An Analysis of the United States as a Test Case[M]. Washington, D.C.: AARP Public Policy Institute, 2003: 4.

回报。

当然，养老保险除了携带性损失外，也有机会发生携带性收益的问题。根据 Hernaes，Piggott，Vestad & Zhang（2011）的定义，养老金的携带性收益是假设新、旧工作的工资相同，劳动者最后退休得到的养老金，相对于原先不转换时退休可得的养老金的增加部分，这部分携带性收益随劳动者的年龄、工资和缴费时间的多少而不同，用年金终值的形式表示 ❶。

最后，是关于养老保险可携性损失影响大小的争论。Forteza（2008）指出，劳动者会有可能会因携带性损失而较少转换工作，尤其是待遇确定型养老保险制度下的劳动者更不太可能迁移 ❷。然而 Andrietti & Hildebrand（2001）指出，待遇确定制下养老保险的携带性损失似乎对于劳动者转换工作的选择没有显著的影响 ❸。Hernaes，Piggott，Vestad & Zhang（2011）也指出，劳动者并不会因为养老保险存在携带性收益而增加转换工作的倾向，而且养老保险携带性收益或损失对劳动市场流动性的影响是微不足道的 ❹。

从经济的角度来看，劳动者个人的移动决定不应该被缺乏社会保障可携性而影响。从社会政策的角度来看，这应是劳动者的既得权利，是劳动者职业生涯规划及社会风险管理的重要因素。从人权的角度来看，每个人都应该

---

❶ HERNAES E, PIGGOTT J, VESTAD O, et al. Labour Mobility, Pension Portability and The Lack of Lock-in Effects（Australian School of Business Research Paper No. 2011 AIPAR 01）. Australia: The University of New South Wales, 2011: 3-4.

❷ FORTEZA A. The Portability of Pension Rights: General Principals and the Caribbean Case（SP Discussion Paper No.0825）[C]. Washington, D.C.: Social Protection and Labor, Human Development Network, The World Bank, 2008: 12.

❸ ANDRIETTI V, HILDEBRAND V. Pension Portability and Labour Mobility in the United States: New Evidence from SIPP Data（SEDAP Research Paper No.42）[Z]. Hamilton: McMaster University, 2001: 5.

❹ HERNAES E, PIGGOTT J, VESTAD O, et al. Labour Mobility, Pension Portability and Thelack of Lock-in Effects（Australian School of Business Research Paper No. 2011 AIPAR 01）[Z]. Australia: The University of New South Wales, 2011: 1.

有获得社会保障的权利，而且离开国家时这些权利应当可以被带走[1]。劳动者跨国界工作有可能会面对携带性损失，而退休保障可携性则可帮助劳动者把此类损失减低。

Turner，Doescher & Fernandez（1993）指出，退休保障可携性是把退休福利从一个工作带至另一个工作的能力[2]。Andrietti & Hildebrand（2001）定义退休保障可携性为把雇主提供劳动者的退休计划的实际给付价值从一个工作携带至下一个工作的能力[3]。而 Turner（2003）的定义为劳动者转换工作而无须损失退休给付的能力[4]。Cruz 的定义为流动劳动者转换工作时，无论国籍及居住国家，能保存、维护及转移获得累计退休给付权利的能力[5]。席恒研究团队（2012）认为养老保险可携性为转换工作时可以保留积累的养老保险受益（精算值）[6]。总结来说，退休保障可携性为劳动者离开本国工作时仍能维持其退休保障的能力。

Holzmann，Koettl & Chernetsky（2005）指出劳动者于就业国获得社会保

[1] Holzmann R, Koettl J. Portability of Pension, Health, and Other Social Benefits: Facts, Concepts, and Issues（CESifo Working Paper No. 4002）[Z]. Munich: CESifo, 2012: 2.

[2] TURNER J A, DOESCHER T A, FERNANDEZ P A. Job Mobility and Pension Portability[C]//TURNER J A. Pension Policy for a Mobile Labor Force. Kalamazoo, MI: W.E. Upjohn Institute for Employment Research, 1993: 6.

[3] ANDRIETTI V, HILDEBRAND V. Pension Portability and Labour Mobility in the United States. New Evidence from SIPP Data（SEDAP Research Paper No.42）[Z]. Hamilton: McMaster University, 2001: 6.

[4] TURNER J. Pension Portability—Is this Europe's Future? An Analysis of the United States as a Test Case[M]. Washington, D.C.: AARP Public Policy Institute, 2003: 1.

[5] CRUZ A T. Portability of Benefit Rights in Response to External and Internal Labor Mobility: The Philippine Experience[C]. Paper presented at the International Social Security Association（ISSA），Thirteenth Regional Conference for Asia and the Pacific in Kuwait, 2010: 1.

[6] 席恒教授研究团队. 两岸三地养老保险可携性研究报告[R]. 两岸三地养老保险研究团队，2012: 2.

障以及将应享有的权利带回本国制度的情况，主要可分为四种❶：

第一种制度（携带性）（portability）是通过本国及就业国签订双边或多边协议来达到退休给付完全可携性，适用于在就业国获得社会保障的合法流动劳动者。正规社会保障中，这一制度对劳动者而言是最为有利的。这类制度常在欧盟（European Union）及其他社会保障制度发展较完善的高收入国家中发现。然而，每项协议中所订立的社会保障制度覆盖以及应用规则的深度并不一样。

第二种制度（出口能力）（export ability）是本国与就业国未签订养老保险可携性的情况下，劳动者仍能获得就业国的社会保障权利，适用于该类就业国的合法流动劳动者。例如，劳动者可以领取在本国以外发放的养老金给付，但不能享受其他一些能在本国范围内享受的福利，如在本国内居民的生活补贴、医疗服务等，即其他社会福利不能携带。给付出口程度的规定并不会由国家法律所规范，而且就业国与本国并没有签订双边或多边协议。而此种制度是牵涉最多的跨国流动劳动者。

第三种制度（排除接触）（access exclusion）是针对某些就业国不接受非本国居民的社会保障，因此劳动者在就业国无法参加政府的社会保障制度，这类劳动者仍然是该类就业国的合法流动劳动者。该类劳动者不需要对就业国的退休养老制度做出缴费，只能参加就业国的私人退休计划或仍继续在本国缴费养老保险制度，享受本国的养老保险保障。

第四种制度（非正规式）（informality）针对所有非法流动劳动者，该类劳动者由于自身或社会、政治、经济、制度以及文化等因素沦为非法劳动者，只能在没有检查或规范的劳动市场环境中工作，不能或只能获得有限度的社会保障。

Holzmann & Koettl（2012）指出，支持退休保障完全可携性的需求有两

---

❶ HOLZMANN R, KOETTL J, CHERNETSKY D. Portability Regimes of Pension and Health Care Benefits for International Migrants—An Analysis of Issues and Good Practices（Social Protection Discussion Paper, No.0519）[Z]. Washington, D.C.: Social Protection, Human Development Network, TheWorld Bank, 2005: 5.

大核心概念[1]：

（1）公平性原则。公平性可以分为个人层面以及国家层面。若劳动者个人有对社会保障制度做出缴费（无论是强制性或自愿性），基于公平性原则，劳动者退休给付的既得权利应该无论时间或地区都是可以携带的。至于国家层面的公平也是相同，若劳动者跨国迁移时不能将本国的养老权利带走，虽然本国能享有一笔意外收入，但是会对就业国造成潜在的养老负担。

（2）效率原则。效率与与劳动力市场有紧密的联系。在缺乏养老保险完全可携性的情况下，劳动者（及其家属）可能会决定不移民或不归国，或决定在非正规部门工作，影响了本国或就业国的劳动力市场效率，进而影响两国的长期经济增长。因此，养老保险的完全可携性应独立于劳动迁移、劳动力供应以及居民身份等因素独立存在。

Koettl（2003）认为增加退休保障可携性可以增加劳动者返回原来国家的意愿[2]。而 Dorsey（1995）认为增加退休保障可携性可以帮助增加劳动者退休后的收入，以及减少不确定因素[3]。另外，退休保障可携性可以保障曾转换多个工作的劳动者获取足够的退休收入[4]。

Turner（2003）分别在养老保险的缴费确定型（DC 计划）和待遇确定型（DB计划）下探讨退休保障的可携性，对于 DC 计划来说，虽然其日常缴费确定，将投资风险和账户的通货膨胀风险等都转嫁于雇员，但是由于该计划性劳动者

[1] HOLZMANN R, KOETTL J. Portability of Pension, Health, and Other Social Benefits: Facts, Concepts, and Issues（CESifo Working Paper No.4002）[Z]. Munich: CESifo, 2012: 8.

[2] KOETTL J. The Relative Merits of Skilled and Unskilled Migration, Temporary and Permanent Labor Migration, and Portability of Social Security Benefits（SP Discussion Paper No.0614）[Z]. Washing D.C.: The World Bank, 2006: 6.

[3] DORSEY S. Pension Portability and Labor Market Efficiency: A Survey of the Literature[J]. Industrial and Labor Relations Review, 1995, 48（2）: 276.

[4] ANDRIETTI V, Hildebrand, V. Pension Portability and Labour Mobility in the United States. New Evidence from SIPP Data（SEDAP Research Paper No.42）[Z]. Hamilton: McMaster University, 2001: 31.

有明确的个人账户，因此，就养老保险的可携性来说，DC 计划是优于 DB 计划的[1]。在 DB 计划下，由于事先确定了劳动者未来的待遇水平，有三种方式可以实现养老保险的可携性：保留单个雇主计划中福利或资产的实际价值（single employer plan）；在多雇主计划中将各个雇主的养老金资产汇总（multiemployer plan）；于各计划中转移退休给付以及服务年限（transfers plan）[2]。

第五节　养老保险可携性协议

一项社会保障协议规定了两个或多个国家（地区）的社会保障计划，以便在对等的基础上克服，可能会阻碍流动劳动者及其家庭成员在任何一个国家（地区）的制度下获得福利，这些障碍可能包括如下形式：根据个人的国籍或居住国限制获得福利的权利，或者要求劳动者在获得应享权利之前长期加入该国的社会保障体系[3]。

社会保障协议还确保流动劳动者不必为同一工作而为两个或多个国家（地区）的社会保障体系做出贡献，此外，协议还规定了不同国家的社会保障当局和机构相互协助的条款和条件，使流动劳动者及其家庭成员能够申请和获得福利。

可以看出，社会保障协议协调两个或更多国家的社会保障体系的运作，其中，"协调"一词是很重要的。根据 Forteze（2008）的解释，调和（harmonization）

---

[1] TURNER J. Pension Portability—Is this Europe's Future? An Analysis of the United States as a Test Case[R]. Washington, D.C.: AARP Public Policy Institute, 2003: 11.

[2] TURNER J. Pension Portability—Is this Europe's Future? An Analysis of the United States as a Test Case[R]. Washington, D.C.: AARP Public Policy Institute, 2003: 12−14.

[3] HOLZMANN R, KOETTL J. Portability of Pension, Health, and Other Social Benefits: Facts, Concepts, and Issues（CESifo Working Paper No.4002）[Z]. Munich: CESifo, 2012: 8.

主要是通过调整（甚至改革）以减低国家之间制度差异的过程[1]。然而，调和可能会导致国家社会保障体系上的变化，而且将来修改制度时也会引起国家主权的问题[2]，因此许多国家并不愿意与其他国家以调和的方式达到退休保障可携性的目的[3]。

协调（coordination）是指引用一套法规，在不改变国家制度中参数的原则下达到退休保障可携性[4]。而 Hirose，Nikac & Tamagno（2011）指出，协调是建立一套机制，让不同国家的社会保障制度可以共同合作，并在维护和尊重每个系统单独定义和规则下实现共同的目标[5]。由于此方法不需要对原有的退休制度做出重大的变更，因此更为容易被各国所接受。事实上，调和并不是必须的，因为在没有调和的前提下，仍可应用协调的方式以避免养老保险携带性损失[6]。而签订协议是协调国家之间的退休保障计划中最常用的工具。

社会保障协议通常追求五个目标，来保护流动劳动者及其家庭成员的社

---

[1] FORTEZA A. The Portability of Pension Rights: General Principals and the Caribbean Case（SP Discussion Paper No.0825）[C]. Washington, D.C.: Social Protection and Labor, Human Development Network, The World Bank, 2008: 11.

[2] 因为调和需要使用共同的规则和定义来替代国家立法中规定的规则和定义，并使国家无法后续对这些共同的规则和定义进行单方面的改变。因此，在大多数情况下，这将导致一国的社会保障制度发生变化，并且一国将来丧失修改该制度的能力，这是大多数主权国家都不愿接受的事实。

[3] KENICHI H, NIKAC M, TAMAGNO E. Social Security for Migrant Workers: A rights-based approach[M]. Geneva: International Labour Organization, 2011: 24.

[4] FORTEZA A. The Portability of Pension Rights: General Principals and the Caribbean Case (SP Discussion Paper No.0825)[C]. Washington, D.C.: Social Protection and Labor, Human Development Network, The World Bank, 2008: 6.

[5] HIROSE K, NIKAC M, TAMAGNO E. Social Security for Migrant Workers[J]. A right-based approach, 2011: 24.

[6] FORTEZA A. The Portability of Pension Rights: General Principals and the Caribbean Case (SP Discussion Paper No.0825)[C]. Washington, D.C.: Social Protection and Labor, Human Development Network, The World Bank, 2008: 16.

会保障权利 **❶**:

（1）平等待遇。一些国家（地区）根据个人国籍来提供社会保障福利的权利。当一个国家的社会保障体系受到这种基于国籍的限制时，非该国国民的劳动者及其家庭成员可能根本没有资格获得任何福利，或者仅有权利获得低于国民的福利，或者可能有比国民更严格的资格要求。无论国家出于何种理由捍卫基于国籍的权利限制，其实际效果就是使流动劳动者及其家庭成员失去获得福利的资格。社会保障协议的主要目标是克服这些基于国籍的限制。通过协议，每个国家承诺以对待本国国民的相同方式对待属于另一方国民的劳动者。

（2）减少福利出口的限制。一个国家的社会保障法规可能会完全禁止向居住在本国境外的人支付福利，或者可能对在国外接受这些福利的要求要比在本国内部接受的要求更为严格。社会保障协议的第二个目标是减少甚至消除对境外福利支付和服务接受的限制。

（3）确定适用规则。某些情况下，流动劳动者需要同时向两个国家的社会保障系统缴费，"双重保险"的情况可能会给工人带来沉重的经济负担。社会保障协议通过制订规则来确定社会保障制度的覆盖范围，避免双重保险或减少社会保障无法覆盖的人群。

（4）确定享受福利的权利。要依靠一个国家的社会保障制度享受福利，劳动者必须符合建立该制度的法律中规定的资格要求。特别是养老金这类长期福利的要求，通常涉及资格期，即必须满足的最短缴费期才能获得福利。但流动劳动者经常会遇到虽然在原国已缴纳足够长的社会保障，但在就业国已没有足够长的时间来满足资格条件的要求。在这种情况下，通常流动劳动者在就业国没有资格获得养老金福利，同样，劳动者的家庭成员也没有资格获得衍生福利，如遗属抚恤金或医疗服务。因此，社会保障协议通过将加入

---

❶ FORTEZA A. The Portability of Pension Rights: General Principals and the Caribbean Case (SP Discussion Paper No.0825)[C]. Washington, D.C.: Social Protection and Labor, Human Development Network, The World Bank, 2008: 25−30.

该协议的所有国家的社会保障体系的缴费期相加，来协助流动劳动者及其家庭成员有资格从他们的就业国受益。

通过累加确定一个国家的福利资格后，通常应根据该国家的社会保障体系缴费期限的长短来确定应付的福利金额。协议中列出了进行计算的确切方法，通常有两类：比例计算和直接计算。

比例计算包括首先确定如果所有国家的社会保障体系下的缴费期累加在一起，仅在每个国家的体系下完成的话，理论上应支付的福利金额。在确定理论收益时，每个国家的社会保障机构都采用自己的立法中规定的收益计算规则。机构支付的实际收益，是通过将理论收益乘以代表该机构管理的系统下完成的期限与所有国家合计的总计期限的比来确定的。

直接计算，顾名思义，每个国家的机构都可以使用其立法中指定的规则来计算将要支付的收益，而无须确定理论收益。由于直接计算是一个直接计算过程，较比例计算更容易管理，因此它是大多数国家（地区）的首选方法。

（5）各国的行政协助。对于任何国家的社会保障机构而言，要确保流动劳动者有资格获得他们所申请的福利，尤其是流动劳动者是否还在本国的领土之内，都不是一件容易的事。社会保障协议的目标之一就是克服或减少福利输出的壁垒。协议中的相关条款处理了社会福利可携性的法律障碍。但是，行政上的困难仍然存在。因此，协议的另一个目标是通过在协议的社保机构和机构之间提供相互行政协助来减少这些行政困难。

一、各国的社会保障协议

如前所述，社会保障协议（social security agreement）是协调两个或多个国家的社会保障制度以克服流动劳动者及其家属于就业国领取给付的障碍的一项协议 ❶。根据联合国 1969 年《维也纳条约法公约》第二条第一项，条约

---

❶ HOLZMANN R, KOETTL J, CHERNETSKY D. Portability Regimes of Pension and Health Care Benefits for International Migrants—An Analysis of Issues and Good Practices（SP Discussion Paper, No.0519）[C]. Washington, D.C.: Social Protection, Human Development Network, The World Bank, 2005: 12.

（treaty）是指各国之间以书面形式缔结的国际协议，并受国际法管辖。有些国家会用协议（agreement）或公约（convention）而非条约。这三项词汇的意思相近，可以互相通用。

双边协议（bilateral agreement）是制订退休保障可携性中最传统、最常用的工具。Holzmann，Koettl & Chernetsky 认为双边协议是目前各国之间可携性的核心。双边协议可以覆盖整个范围内的社会福利出口，主要是长期性福利，如老年、遗属及失能年金，以及医疗福利 [1]。在养老保障可携性上，双边协议可以：

（1）只专注于短暂性的流动劳动者（豁免对就业国的退休计划做出供款，并强制性在本国参保）。

（2）覆盖全部（合法，甚至非法的）已建立既得权利的流动劳动者。

（3）在国家之间有不同的福利种类的情况下建立福利制度。

双边协议包括两个协约国而多边协议（multilateral agreement）牵涉多于两个国家。Holzmann，Koettl & Chernetsky 指出，多边协议是一组国家对所有已建立的社会福利制定一个总体框架的协议 [2]。欧盟成员国之间的多边协议是社会保障协议中最有名及发展最好的。

（一）多边协议现况

多边协议最具代表性的是欧盟，而欧盟国之间对社会保障的合作是从 1958 年开始的 [3]。

---

[1] HOLZMANN R, KOETTL J, CHERNETSKY D. Portability Regimes of Pension and Health Care Benefits for International Migrants—An Analysis of Issues and Good Practices（SP Discussion Paper, No.0519）[C]. Washington, D.C.: Social Protection, Human Development Network, The World Bank, 2005: 11.

[2] HOLZMANN R, KOETTL J, CHERNETSKY D. Portability Regimes of Pension and Health Care Benefits for International Migrants—An Analysis of Issues and Good Practices（Social Protection Discussion Paper, No. 0519）[C]. Washington, D.C.: Social Protection, Human Development Network, TheWorld Bank, 2005: 12.

[3] HOLZMANN R, KOETTL J. Portability of Pension, Health, and Other Social Benefits: Facts, Concepts, and Issues（CESifo Working Paper No.4002）[Z]. Munich: CESifo, 2012: 8.

条例（EEC）No. 1408/71 规定，欧盟居民从一个成员国移至另一个并不会遭受任何社会保障权利上的损失。2003 年，欧盟通过条例（EC）No. 859/2003，将条例（EEC）No. 1408/71 的规定扩展至第三国的国民。即第三国的国民于欧盟成员国之间移动，可以享有与欧盟居民同等的社会保障及给付上的权利。而条例（EC）No. 109/2003 规定，第三国国民（难民除外）在其中一个欧盟成员国居住超过五年，可享有与欧盟居民同等的社会保障的权利与义务。

随着欧盟的不断扩大，为规范社会保障制度，条例（EC）No. 883/2004 被建立，而其执行条例（EC）No. 987/2009 则于 2010 年 5 月 1 日生效。这些新规定专注于国家社会保障行政部门之间的协调与合作，以及改善条例（EEC）No. 1408/71 及其执行条例（EEC）No. 574/72 所建立的基本原则。

欧盟在社会保险上的规定基于三个主要原则[1]：

（1）任何人均只适用一个成员国的法律（双重覆盖于两个成员国是不被允许的）。

（2）给予欧盟居民平等待遇（无歧视）。

（3）欧盟成员国之间的退休保障可携性基于协调而非调和。

（二）双边协议现况

双边社会保障协议反映了缔约双方之间的移民模式。通常情况下，国家在地理、语言或文化上的接近起着至关重要的作用。它们的（非）结论和内容也可能取决于对某些国家和在特定时期的或多或少的限制性移民政策[2]。近年来，作为国际贸易伙伴的国家之间也缔结了双边社会保障协议，如欧盟成员国与亚洲或拉丁美洲主要国家之间。这些协议的驱动力是希望规范经济交流以及劳动和社会保障领域，也与派驻工作和派驻工人有关。

---

❶ JOUSTEN A. The Retirement of the Migrant Labor Force: Pension Portability and Beyond（CESifo Working Paper No.3995）[R]. Munich: CESifo, 2012: 13.

❷ 联合国《世界人权宣言》第22条和《经济、社会、文化权利国际公约》第9条。另见联合国经济、社会和文化权利委员会（CESCR），第19号一般性意见。社会保障权（《公约》第9条）。

对双边协议的审查表明，它们在实践中有很大程度的不同，因为它们是根据缔约方的具体社会保障制度而制订的。然而，可以发现一些共同的特点。它们总是以书面形式缔结，期限不确定（直到它们被修改或终止❶或被欧盟成员国的法律所取代），并且它们必须经过两个缔约方各自的批准程序。此外，它们的基石是对等的原则。

第一个双边社会保障协议是在 19 世纪初（1827 年 8 月 13 日）由法国和帕尔马公爵缔结的。它保证了一个国家向另一个国家的国民支付养老金，但必须遵守互惠原则，并且不以在提供养老金的国家境内居住为条件。

双边协议的演变可以分为三个连续的时期。第一个时期是 1827~1904 年，当时法国和意大利就两个缔约国的国民的社会保险和工人保护达成了协议。在这个"国际社会保障法的前史"时期，只有少数双边协议被缔结。第二个时期是从 1904 年到第二次世界大战结束。在这一时期，缔结社会保障协议的尝试有所加强。直到第一次世界大战前，这些协议主要涉及社会保险中的平等待遇、工伤事故和职业病赔偿的协调。这些协议在不断发展，包括更多的协调原则，如确定适用于流动工人的立法和促进行政援助。第三个时期是从"二战"后到现在，成员国和非欧盟国家之间签订了更多的双边协议。在这一时期，欧盟成立了，并在 1958 年引入了欧盟内部的统一社会保障协调机制。

自 20 世纪 70 年代后期以来，美国就与其他有频繁交易的国家在社会保障问题上进行协商。如今，美国已经与 24 个国家签订双边协议，而美国所签订的双边协议又称"累计协议（totalization agreements）"。第一个协议是与意大利签订并于 1987 年生效的，而最新的一个是与波兰签订并于 2009 年起生效的。

中国也有与其他国家签订在社会保障问题上的双边协议。在 2001 年及

---

❶ 例如，英国和澳大利亚之间的社会保障协议被澳大利亚终止，并在2001年结束。澳大利亚终止了该协议，因为英国拒绝改变其不将澳大利亚的养老金指数化的政策，尽管它确实将在其他一些国家支付的养老金指数化。

2003 年, 分别签订《中华人民共和国与德意志联邦共和国社会保险协议》及《中华人民共和国政府和大韩民国政府社会保险协议》, 以免除协约国的流动劳动者缴纳养老保险费用。随后, 中国又与丹麦、芬兰、加拿大等国签署双边社会保障互免协议。2019 年 4 月 18 日, 中华人民共和国人力资源社会保障部与日本主管机关共同签订《中华人民共和国政府和日本国政府社会保障协定》, 这一协定于 2019 年 9 月 1 日正式生效。这是中国签订的第十个双边社保互免协定。这也是中国与国际惯例接轨, 通过双边协定避免保险双重征收进程中迈出的重要一步。截至 2021 年上半年, 中国已经与 12 个国家式签署了社会保障协定。其中, 除法国以外的 11 个社会保障协定已先后生效实施。具体见表 2-1。

表 2-1　中国与其他国家的社会保险双边协议

国家	生效时间	内地社保 可豁免项目	外国互免险种
德国	2002 年 4 月 4 日	养老保险、失业保险	法定养老保险费、就业促进费
韩国	2013 年 1 月 16 日	养老保险、失业保险	国民年金、政府公务员年金、私立学校教职员工年金、雇佣保险
丹麦	2014 年 5 月 14 日	养老保险	社会养老金、劳动力市场补充养老金
加拿大	2017 年 1 月 1 日	养老保险	老年保障法案及据此制定的法规、养老金计划及据此制定的法规
芬兰	2017 年 2 月 1 日	养老保险、失业保险	与收入相关的年金计划下的老年、残疾和遗属年金, 失业保险
瑞士	2017 年 6 月 19 日	养老保险、失业保险	养老和遗属保险、残疾保险
荷兰	2017 年 9 月 1 日	养老保险、失业保险、养老保险	失业保险、遗属保险
西班牙	2018 年 3 月 20 日	养老保险、失业保险	适用于雇员的缴费型养老金, 其中不包含工伤和职业病保险; 雇员的失业保险缴费与待遇
卢森堡	2019 年 5 月 1 日	养老保险	涉及养老、病残和遗属的养老保险

续表

国家	生效时间	内地社保可豁免项目	外国互免险种
日本	2019 年 9 月 1 日	养老保险	国民年金（国民年金基金除外）、厚生年金（厚生年金基金除外）
法国	已于 2019 年 9 月 16 日签署，具体生效时间待定	具体待定	具体待定
塞尔维亚	2021 年 2 月 1 日	养老保险、失业保险	强制养老和残疾保险；失业保险

《双边社会保障协议》的签订与执行，促进了国际贸易、人员交流，有效地保护了中国离境人员的社会保障权利，减轻了企业在国外的社会保险缴费负担，为服务中国对外开放大局发挥了重要作用。根据不完全统计，2002 年第一个《社保协议》正式生效后，已有五万多名离境员工受益，相关公司为海外社会保险费用节约了近百亿元。

中国签署社会保障协定的出发点是保护在外就业的劳动者的权益，聚焦跨国企业和劳动者在派出国和工作国双重缴纳社会保险费的问题，重点采用互免缴费的方式减轻中国外派企业和人员负担。中国已签署的社会保障协定，从覆盖的人员范围看，主要是派遣人员、船员和航空器上人员、外交官和公职人员等群体；从主要内容来看，主要是双重缴费的豁免；从险种看，主要是养老保险和失业保险，有的只有养老保险。

二、单国自行规范

由于缺少有关的社会安全协定，有些国家通过以下途径，为流动劳动者制定了自己的社会保障制度 ❶：

（1）流动工人和本国工人在参加社会保障资格和支付权利方面是同等的。

---

❶ KULKE U. The Role of Social Security in Protecting Migrant Workers: The ILO approach[R]. New Delhi: ISSA Regional Conference for Asia and the Pacific, 2006.

（2）请雇佣机构的工人在国外工作（如菲律宾和印度尼西亚）将社会保险缴纳给他们的社会保险系统。

（3）赴海外工作的公民可以自愿加入（如法国、约旦、菲律宾）。

（4）赴海外工作的劳动者可将其在海外期间的社会保险费用追溯至该劳动者。

（5）为流动工人的家属提供了社会安全。

如上文所述，移民国家将会采取某些措施，以确保到国外工作的公民的社会安全权。菲律宾规定，外籍船舶在菲律宾雇佣船员时，须经劳动者和就业部的同意，根据法律，雇主每年必须缴纳社会保险，这是合同的一项内容，因此，劳动者仍然可以享受国家的津贴。约旦允许移民以自愿加保的形式继续享受本国的社会保障，这一做法是为移民提供可持续的缴纳费用或者在移民返回后继续承担以前的费用。

第三章　养老保险可携性国内外借鉴

国际流动劳动者社会福利的可携性在全球越来越重要。对社会福利跨境可携性的关注，是由于越来越多的人至少在生命的一部分时间里在国外工作，并获得了养老金、医疗保健和其他社会福利的权利，他们希望在回国或转移到另一个工作或居住地时保留这些权利。流动劳动者的养老保障的跨境可携性需求是全球化的一个重要方面。

在本章中，首先讲述中国的京津冀一体化区域的养老保障。

第一节　京津冀蒙协同发展区域养老保险可携性

区域经济协同发展是当今世界经济发展的鲜明特征，"京津冀协同发展"是党中央、国务院在新常态下作出的重大决策部署和国家战略。国务院于2015年4月30日举行的中央政治局会议上通过《京津冀协同发展规划纲要》，这一文件明确提出："支持蒙晋冀毗邻地区（乌兰察布—大同—张家口）开展区域合作"。这标志着蒙晋长城金三角合作区上升为国家发展战略。

京津冀区域发展不平衡是京津冀一体化推出的重要背景。北京、天津人均 GDP 分别达到 11.8 万元、11.5 万元，而河北省人均 GDP 仅为 4.3 万元，内部严重不平衡❶。河北是重工业省份，这种产业结构往往伴随着环保等问题。而交通、医疗、教育等公共资源的不完善更使河北地区的经济远低于北京、天津两地。而京津冀一体化的目标和任务在于，疏解北京非首都功能，建立北京、天津和河北的良性互动，从而优化京津冀产业格局，建立世界级城市群，促进区域经济发展。

---

❶ 民生证券. 区域专题研究之一：四大问题解读京津冀一体化[Z/OL]. （2018-03-27）[2021-12-11]. http://pdf.dfcfw.com/pdf/H3_AP201804021115374049_1.pdf.

北京市是全国老龄化程度较高和最早进入老龄化社会的地区之一，老年人口基数大、增长快，并将长期处于快速人口老龄化进程当中。根据《北京市老龄事业发展报告（2020）》显示，全北京市 60 岁及以上户籍人口 378.6 万人，占户籍总人口的 27.0%；65 岁及以上户籍人口 264.5 万人，占户籍总人口的 18.9%。与之相比，邻近的天津市和河北省拥有较多的养老资源，而且物价较低。故北京市在 2016 年与天津市和河北省签订了《京津冀养老工作协同发展合作协议》，以"政策随老人走"的原则推动一系列措施，为北京市长者提供更多、更好的养老选择，鼓励和便利他们安排最适合自己的城市跨境异地养老。

一、政策规划引导

《京津冀协同发展规划纲要》明确提出，推进京津冀区域协调发展，必须推进基本公共服务均等化。将京津冀地区的公共服务纳入一个整体，将有效地促进京津冀地区的社会公共服务体系的发展。2016 年，指导和协调京津冀三地加快养老服务业协同发展探索，连续召开三次联席会议，签署了《京津冀养老工作协同发展合作协议》和《京津冀养老服务协同发展试点方案》，京津冀地区正联合在北京市高碑店地区、天津市武清区、河北省三河市开展试点。河北省出台了《河北省养老机构管理办法》《关于推进养老机构责任保险工作的意见》《关于对养老机构实行奖补的意见》等配套法规政策，基本形成了上下贯通、相互衔接的养老服务优惠政策体系。

2017 年，《京津冀区域养老服务协同发展实施方案》发布，把区域拓展到了京津冀行政区全域及内蒙古自治区赤峰市、乌兰察布市，将试点工作转为常态化工作，确定了当地养老机构收住京籍老年人享受北京养老机构运营补贴、购买服务等六项扶持政策。2018 年 11 月，北京市修订出台《北京市养老机构运营补贴管理办法》，明确将津冀蒙地区接收北京户籍老年人的养老机构纳入补贴范围。《关于深化医养结合养老服务模式试点、推进中心城区人口疏解的实施方案》《有序疏解核心区老年人入住郊区定点养老机构实施方案》和《京津冀协同发展养老服务一体化北京推进方案》被编制出台，致力于精细服务北京老年人需求，推动养老服务供给侧结构性改革。据初步统计，2018年天津、河北9家养老机构收住了两千多位北京老年人，北京共向津冀地区拨付运营补贴资金530余万元❶。2020年，北京西城区出台《西城区户籍老年人赴津冀蒙异地康养补贴扶持办法》，以推动京津冀蒙地区的养老服务一体化，以满足西城区居民对异地康养的多样化需要，为西城区居民选择异地养老提供切实的政策支持。

二、财政支持

北京市、天津市、河北省三地都建立了养老机构建设、运营补贴制度，以及养老机构责任保险补贴制度。2020年，北京西城区出台的《西城区户籍老年人赴津冀蒙异地康养补贴扶持办法》，提出了异地康养补贴标准与异地康养床位运营补贴标准。首先，申请资格包括天津市、河北行政区全域及内蒙古自治区赤峰市、乌兰察布市等京津冀蒙协同发展区域的养老机构和北京市西城区户籍年满60周岁的老年人。其中，异地康养补贴标准为每人每月600元，只要户籍老年人入住京津冀蒙系统发展区域养老机构满3个月。该补贴可以与北京市困难老年人养老服务补贴、失能老年人护理补贴、高龄老年人津贴同时享受。其次，对于收住北京西城区户籍老年人的养老机构，可以申请异地康养床位运营补贴。异地康养床位运营补贴，按照收住老年人的身体状况给予。

（1）自理老年人、残疾等级为三至四级视力、肢体、言语残疾老年人和四级智力残疾老年人，按照每床每月分别给予100元补贴。

（2）失能老年人、残疾等级为一至二级视力、肢体、听力、言语残疾老年人和二至三级智力残疾老年人，按照每床每月分别给予600元补贴。

---

❶　民政部门户网站. 民政部对"关于立足京津冀协同发展，让三地老人异地养老就医无障碍的建议"的答复[EB/OL].（2019-11-07）[2021-12-11]. http://www.mca.gov.cn/article/gk/jytabljggk/rddbjy/201911/20191100021094.shtml.

（3）失智老年人、残疾等级为一级智力残疾老年人和二级智力残疾人中的多重残疾老年人，按照每床每月分别给予700元补贴。

天津市民政局2019年发布《关于调整养老机构运营补贴标准的通知》，大幅度调整机构养老一次性建设和运营补贴标准。津籍的老年人在京、津、冀三地享有养老保险，不受地域限制，补助跟随老年人。2019年年初，天津市按照轻、中、重三个照顾水平，将困难老年人的家庭照顾补助标准定为200元、400元、600元不等❶。到了2019年年末，补助从原来的以优惠券的形式向现金发放转变。这意味着，如果在京冀养老，可以享受到津贴。

另外，天津市支持京津冀养老合作的具体措施还有：提供一次性养老设施建设补助、京冀地区企业、社会团体在津兴建养老设施，新建公立养老机构，每张床位补助3万元，改造的给予补助1.2万元，新建社会办养老机构，每张床位给予补贴1.5万元，改扩建的给予补贴0.6万元；养老机构运营补贴，建立差别化运营补贴制度，对收养自理老年人的民办非营利性机构，每年每张床位补贴1050元，收养不能自理老年人的，每年每张床位补贴2250元❷。补贴采取"补床头"方式，对于入住天津市养老机构的京冀两地老年人没有户籍限制。

三、医养结合与异地结算

北京、天津、河北作为首批接入国家异地就医结算平台的省份，与人力资源社会保障部签订了跨省异地就医工作责任书，明确了各项工作任务和完成时限。目前，三地已整体接入国家异地就医结算系统。《关于联通京津冀、长三角、西南五省普通门诊费用跨省直接结算服务的通知》《京津冀、长三角、西南五省统筹医院门诊费用跨省直接结算的通知》，将京津冀、长三角、

---

❶ 天津日报. "六个强化"助推天津市养老服务再上新台阶[EB/OL].（2020-10-23）[2021-12-11]. http://www.gov.cn/xinwen/2020-10/23/content_5553555.htm.

❷ 天津日报. 去京冀养老 养老补贴跟着走[EB/OL].（2018-03-12）[2021-12-11]. http://www.tj.gov.cn/sy/ztzl/ztlbtwo/jjjyth/yw/20200520_2454812.html.

西南五省等 12 个省市联网。门诊费用实行跨省结算，顾名思义，已经在全国医疗服务平台登记的医保病人，可以通过自己的医保卡直接结算。已经完成基本医疗保险跨省异地就医的住院患者，普通门诊费用可以直接结算。对需要异地就医的患者，根据参保地异地就医管理规定，在上述试点地区的试点定点医药机构就诊时，可以按照规定直接结算。

2017 年 1 月，京津冀异地就医即时报销试点正式启动，居住在河北燕郊的北京医保患者可在河北燕达医院持社保卡直接结算；2019 年 6 月，京津冀三地签署《医疗保障协同发展合作协议》，加快推进京津冀异地门诊直接结算；2019 年 8 月，河北省医疗保障局代表河北省各统筹地区与北京市 15 家定点医疗机构签署《京冀医疗保障协同发展医疗服务协议》，根据协议，河北省患者在北京儿童医院、北京大学第一医院、北京同仁医院等 15 家定点医院就医，执行参保地同级同类定点医疗机构待遇标准。

2020 年 4 月底，河北省医疗保障局印发《关于进一步推进京津冀医疗保障协同发展有关事宜的通知》，在 2019 年已将天津市泰达国际心脑血管病医院等天津市 3 家医院、北京同仁医院等北京市 15 家医院纳入河北省医保定点的基础上，从 5 月 10 日起，再将 12 家天津市定点医疗机构纳入河北省医保定点范围，实现与河北省住院医保报销同标准、同待遇，进一步减轻群众医疗负担。

从异地就医"跑腿"报销难、"垫支"负担重到异地就医可以用医保直接结算，京津冀三地参保群众看病就医越来越便利。而定点医疗机构互认范围的有序扩大，也标志着优势医疗卫生资源将在更大范围内共享，是京津冀医疗协同发展不断提速的显著成果。事实上，在京津医保定点医疗机构实现与河北省住院医保报销同标准、同待遇只是京津冀医疗协同的一个重要举措。按照《京津冀医疗保障协同发展合作协议》，京津冀定点机构互认、异地就医直接结算、药品和耗材联合采购、医保协同监管等方面的工作都将有序推进。北京市还推动本市的定点医疗机构落实高血压、糖尿病、冠心病、脑血管病四类慢性病患者 2 个月长处方政策，共同为异地就业人员就医和药费报销提供便利。

四、生态养老区

财政部指出，中央财政在有条件的地方开展了美丽乡村建设试点；以道路硬化、卫生净化、村庄亮化、环境美化、生活乐化为目标，重点围绕休闲旅游、生态环保、文化传承等功能，打造了一批宜业宜居的美丽乡村项目。河北省作为全国首批试点，2013~2016 年中央财政累计投入资金 2.5 亿元支持河北美丽乡村建设❶。2016 年，印发了《关于进一步做好美丽乡村建设工作的通知》，明确了包括制订相关产业发展规划，依托乡村自然资源、人文禀赋、乡土风情及产业特色等建设模式，发展形式多样、特色鲜明的乡村传统文化、餐饮旅游休闲产业。截至 2021 年 11 月，河北省共有 1800 多个村发展乡村旅游，9000 余个精品农家乐，国家级乡村旅游重点村镇 45 个，省级乡村旅游重点村镇 191 个 ❷。

北京市积极发展特色养老服务片区建设。北京市将重点建设京东休闲旅游示范区、京北生态（冰雪）旅游圈和京西南生态旅游带，打造京津冀旅游合作新标杆。以举办 2021 年世界休闲大会和 2022 年冬奥会为契机，协调开展冰雪主题赛事互动和山水嘉年华、中医药健康养生文化节等特色活动，营造旅游养老、休闲养老、生态养老的良好范围。研究构建环京津健康养老产业圈，重点打造廊坊燕达国际健康城、保定涿州码头国际健康产业园等一批环首都大健康产业聚集区。

在人才队伍建设方面，按照"积极发展、多种形式、全面加强、突出重点"的原则，大力发展养老服务相关专业，不断扩大人才培养规模，积极开

---

❶ 民政部门门户网站. 民政部关于落实京津冀一体化国家战略加快推动三地养老机构协同发展的提案答复的函[EB/OL].（2017-09-01）[2021-12-11] http://www.mca.gov.cn/article/gk/jytabljggk/zxwyta/201710/20171015006459.shtml.

❷ 中国雄安官网. 河北省已有1800多个村发展乡村旅游[EB/OL].（2021-11-08）[2021-12-11]. http://www.xiongan.gov.cn/2021-11/08/c_1211437265.htm.

展岗位培训和在职远程教育培训。北京市鼓励试点机构建立基于所在省市的养老护理和服务人才供应基地，支持其探索京津冀三地有资质的养老护理和专业服务人才市场化流动，推动地点机构成立面向京津冀三地的养老护理人才信息管理和服务平台，对人才流动和信息服务达到一定市场规模，形成品牌或连锁经营的试点机构由北京市财政给予资金和项目扶持。天津市出台《关于鼓励家庭服务业发展的若干措施》《天津市家庭服务业享受扶持政策确认办法》等文件，鼓励养老服务企业招用人员，给予一定期限的岗位补贴、社保补贴。在养老护理专业人员培训方面，对养老护理员参加《职业市场需求程度及培训成本目录》所列职业和等级技能培训，并取得职业资格证书，可享受培训费补贴、鉴定费补贴、职工培训津贴或生活费补贴。河北省根据属地管理的原则，指导各地劳动保障监察机构加大对辖区内的养老机构劳动保障监察执法力度，组织开展了遵守劳动用工和社会保险法律法规专项检查，将养老机构用工情况纳入重点检查范围，确保养老机构用工规范有序。出台《关于加快发展养老服务业的实施意见》，明确要求建立分级培训鉴定机制，已培育河北民政总医院、邢台市医学高等专科学校等 9 家养老服务培训基地。

第二节 欧洲联盟成员国养老保险可携性

　　欧洲共同体的一体化是从 20 世纪 50 年代开始的，在这个过程中，也存在着大量的人口流动。如此大规模的跨国就业转移使各国政府越来越认识到，必须尽快建立一个符合各国不同利益群体的社会保障体系。为此，在欧洲共同体推动下，《欧共体 140/71 号条例》《欧共体 574/72 号条例》等法律，制定并修订了欧盟成员国的社保转移接续政策。这些政策可以在不影响现有成员的社保体系基础上，既协调体制差异，又为流动人口在欧盟内部自由选择就业转移提供政策依据。

　　就福利的可携带性而言，欧盟是最先进的地区。欧盟法规不仅允许国民和长期居民在欧盟国家之间完全转移福利，而且国民可以将他们的养老金出口到世界上几乎所有国家 ❶。此外，欧盟与阿尔巴尼亚、阿尔及利亚、以色列、摩洛哥、突尼斯、土耳其和北马其顿共和国签订了影响深远的协议 ❷。在拉丁美洲和加勒比地区，加勒比共同体（CARICOM）和南方共同市场（MERCOSUR）制定了在这些共同市场内转移应计福利的规定，但迄今为止，它们在实践中的影响有限。2个欧洲国家（西班牙和葡萄牙）和12个拉美国家签署了伊比利亚—美洲社会保障多边公约。该公约涵盖在残疾、年老、家庭成员死亡或工伤（工伤和职业病）情况下的现金福利 ❸。

欧盟国家的社保关系转移遵循分段记录、累计缴费年限、最后接管、按比例支付等基本原则，其工作程序可分为申请养老金、核算养老金和支付养老金三个步骤。

（一）申请养老金

申请人在到达法定退休年龄之前（根据申请人在各国的医疗经验的复杂程度而定），必须向其以前工作的国家（一般为申请人上一次工作国所属的社保经办机构）提交一份书面的退休金申请，并注明其身份和投保情况。申请人可以申请的退休金数额往往与他们工作国家的法定退休年龄有关，因为在欧盟成员国的不同情况下，他们的退休金是不同的。欧盟关于社会保障协调的规则涵盖老年、伤残和遗属养老金。原则上，它们适用于国家养老金计划，而不适用于职业或私人计划。

为了克服与这些补充养老金相关的自由流动障碍，欧洲理事会通过了关

---

❶ AVATO J, KOETTL J, SABATES-WHEELER R. Social Security Regimes, Global Estimates, and Good Practices: The Status of Social Protection for International Migrants[J]. World Development, 2010, 38(4): 455-466.

❷ BORG K, MINTO A, van MEERTEN H. The EU's Regulatory Commitment to a European Harmonized Pension Product（PEPP）: The Portability of Pension Rights vis-à-vis the Free Movement of Capital[J]. Journal of Financial Regulation, 2019, 5(2): 150-178.

❸ GENSER B, HOLZMANN R. Pensions in a Globalizing World: How Do (N) DC and (N) DB Schemes Fare and Compare on Portability and Taxation?[M]. World Bank, 2019: 21.

于保障在欧盟范围内流动的就业和自雇人员的补充养老金权利的指令 98/49/EC；要求成员国应采取必要措施，确保补充养老金计划成员因从一个成员国转移到另一个成员国而不再向该计划缴款的既得养老金权利得到保护。与不再缴纳会费但仍留在同一成员国内的成员相同。本条也适用于根据相关补充养老金计划的规则享有权利的其他人。

一般而言，适用于未亡配偶或孤儿养恤金的规则与适用于残疾和老年养恤金的规则相同，即无论在世配偶居住在何处，都必须在不减少、修改或暂停的情况下支付遗属养恤金。法定退休前计划也属于新的欧盟协调规则的范围。这保证了这些福利将在与国民相同的条件下给予移民，并且在国外退休时也可以"输出"。但是，保险期间累计的原则并不适用：这意味着在授予这些福利时不必考虑在其他国家完成的保险、就业或居住期间。

（二）核算养老金

计算退休金的过程要经历两个步骤：一是在工作国内计算退休金；二是计算各成员国退休金的比率。例如，一个申请者在英国、德国、法国，连续工作了 5 年、8 年、12 年，累积缴费年为 25 年，则累计缴费年限为 25 年，在三个工作国之间核算的支付比例分别为 5/25、8/25、12/25。如果一个劳动者在一个国家 60 岁时有权领取养老金，但在另一个国家必须等到 67 岁，在这种情况下，劳动者必须提前从工作过的所有国家（地区）获取有关延迟支付养老金的情况信息。如果提前领取一项养老金，则有可能会影响获得的金额。

（三）支付养老金

在退休金的发放阶段，各欧盟成员国应按规定按时、全额缴纳经核算认证的退休金。如果是在欧洲，只开设一个账户，就可以获得退休金，但其人力成本及相关投入远远超过国内相同业务，而且国际间的退休金及银行手续费也较高，所以中国在借鉴时不能忽视其经办成本。

欧盟社会保障协调机构在发放流动劳动者的养老金时，会遵循四大原则：

（1）劳动者一次受一个国家（地区）的立法保护，因此只需要在一个国家（地区）缴纳会费。社会保障协调机构将决定适合哪个国家的立法，而不能由劳动者自己选择。

（2）平等待遇原则或非歧视原则。流动劳动者将与所在国家（地区）的国民享有相同的权利和义务。

（3）当流动劳动者申请福利时，会把其在的前其他国家的保险、工作或居住期限考虑在内。

（4）可输出性原则。如果流动劳动者有权从一个国家获得现金福利，即使其居住在不同的国家，也可以领取。

如果劳动者在非欧盟国家工作或在那里退休，其养老金则根据退休地区的不同而不同。欧盟与第三国之间的一些协议规定了社会保障领域的有限协调。在其他情况下，欧盟国家和非欧盟国家之间达成了双边协议。自 2021 年 1 月 1 日起，欧盟关于社会保障协调的规则不再适用于英国。但是，欧盟与英国签订的退出协议所涵盖的人员的权利继续受到保护。

第三节　美国不同雇员系统之间养老保险可携性

早在 20 世纪 50 年代，美国就建立起了覆盖城乡的社会养老保险制度，美国不存在跨区域养老保险关系转移接续问题，因为"社会保障号"将公民与其档案联系起来，组成一个全国性信息系统，保证参保人不受工作地影响进行缴费和领取待遇。美国主要有公共部门养老金方案（PSP）和私营养老金项目（PPP）。其中，公共部门养老金计划以 1984 年为界，之前为公务员退休金制度（CSRS），之后为联邦雇员退休金制度（FERS）。所以，当前美国雇员的社会养老保险关系转移接续主要是三种计划之间的对接：一是 CSRS 计划与 FERS 计划；二是 CSRS 计划与 PPP 计划；三是 FERS 计划与 PPP 计划。

（一）CSRS 计划与 FERS 计划之间的转移接续

1920 年 8 月 1 日生效的《公务员退休法》为某些联邦雇员建立了退休制度。它被联邦雇员退休系统（FERS）取代，适用于 1987 年 1 月 1 日及之后首次进入承保服务的联邦雇员。公务员退休制度（CSRS）是一种固定福利、缴费型退休制度。员工分担他们有权获得的年金的费用。CSRS 涵盖的员工向 CSRS 缴纳工资的 7%、7.5% 或 8%，虽然他们通常不缴纳社会保障退休、幸存者和残疾（OASDI）税，但他们必须缴纳医疗保险税（目前为工资的 1.45%）。雇佣机构匹配员工的 CSRS 贡献。

美国国会于 1986 年创建了联邦雇员退休制度（FERS），此制度于 1987 年 1 月 1 日生效。从那时起，拥有退休保险的新联邦文职雇员均受 FERS 保护。FERS 是一种退休计划，提供来自三个不同来源的福利：基本福利计划、社会保障和节俭储蓄计划（TSP）。如果在退休前离开联邦政府，FERS 的三个部分（社会保障和 TSP）中的两个可以一起带入下一份工作。FERS 的基本福利和社会保障部分要求在每个支付期支付相应份额。机构会从工资中扣除基本福利和社会保障的费用作为工资扣除额。机构也支付了它的一部分。然后在退休后，将在余生中每月收到年金。FERS 的 TSP 部分是机构自动设置的账户。代理机构在每个支付期内存入账户的金额等于在支付期内赚取的基本工资的 1%。个人也可以为 TSP 账户做出自己的贡献，代理机构也将做出匹配的贡献。这些捐款是递延税款的。节俭储蓄计划由联邦退休储蓄投资委员会管理。

尽管美国公共部门的退休金方案是平行的，但是它只是一个过渡期的特例，它反映出美国的公营退休金制度正朝着社会化和市场化的方向发展。这两个方案都遵循"老办法、新办法"的原则，在 CSRS 方案中，只有在所有参加 CSRS 方案的人员全部死去之前，才能实施。与此同时，由于 FERS 项目的引进，CSRS 项目也将面临无法继续进行的资金流入。估计到 2026 年，CSRS 项目的账户累积将会下降到 0。为使新旧退休金计划逐步过渡，政府已决定从 FERS 项目的账户中借入资金，以应付社会保障基金的资金需求，每年都会有国家财政拨款来偿还，因此，我们应该从美国政府负担改革的费用中汲取经验。

（二）CSRS 计划与 PPP 计划之间的转移接续

美国公共部门社会保障方案和私营部门 PPP 项目的交接，主要是由公务员养老金补偿方案来完成。CSRS Offset 是 CSRS 项目的一种特殊形式，其覆盖范围主要为参加社会保障方案和符合条件的人群。两个方案的转移继续是根据时限原则，以社保税为基础，对 CSRS 的缴纳进行抵补。例如，如果一个雇员在公共部门工作并且参加了 CSRS 项目 5 年之后，他离开公共部门在私营部门工作一年以上，并且在缴纳了一定的社保税之后，他就可以重返公共部门，并继续参加 CSRS 项目，在 CSRS 计划中使用已经缴纳的社保税来抵消 CSRS 计划的费用，而如果该员工离职，在参加私营部门退休计划不满 1 年后又返回公共部门工作，则将其直接重新纳入 CSRS 计划，取消社保税的福利。同时，在借鉴这两个方案的过程中，应当注意以下三个方面的问题：一是 CSRS 计划的公共部门员工如果缴纳不足 5 年，就不能享有 CSRS 计划的权利，也不能实现后续的转移接续；二是 CSRS 计划中的公共部门员工的退休年龄将会被限定在工作时间内；三是 CSRS 计划的转移接续不会接纳以前没有参与，但曾参与私营部门养老金计划的新入职人员。

（三）FERS 计划与 PPP 计划之间的转移接续

美国政府雇员的 FERS 计划可以与私营企业雇员的 PPP 计划完美结合，这是由于它们的制度结构类似，都是由基本养老保险计划、联邦雇员基本养老保险计划和联邦节约储蓄计划组成的。如果在 FERS 项目上工作的公务员在退休之前"跳槽"到私营企业，那么他们不但可以从原来的 FERS 项目中的社保基金中得到转移，也可以将联邦节约型储蓄计划变成私营企业的养老金项目。

第四章 大湾区养老保险制度

第一节 广东省养老保险制度

中国各省的养老制度略有不同，但大体制度是相同的，由于本书是以大湾区为对象进行研究，因此主要介绍广东省养老保险制度。2005 年，世界银行提出养老金制度的五支柱模式，建议各国用五支柱模式来评估目前的退休制度。其中，"第零支柱"的功能是以政府提供的非缴费型社会保障计划的形式为所有老年人提供基本保护。为了管理那些在工作期间收入过低和消费过高的个人短视行为的风险，"第一支柱"和"第二支柱"都是强制性的缴费型养老金计划，分别由公共和私人管理。"第三支柱"是自愿缴费或储蓄的形式，是灵活的、可自由支配的。"第四支柱"是指来自家庭成员或正式补贴的公共服务的非财政和非正式支持。广东省目前的养老保障制度如表 4-1 所示。

表 4-1　广东省养老保障的五支柱模式

五支柱	具体计划
第零支柱：对所有老年人的基本保护；由政府提供的非缴费型社会保障计划	城乡最低生活保障制度
	农村五保供养制度
	高龄津贴
第一支柱：以平滑消费为目的的强制性储蓄；通常以现收现付为基础的强制性固定缴款养老金计划，由政府管理	职工养老保险
	城乡居民社会养老保险
第二支柱：以平滑消费为目的的强制性储蓄；由私人管理的强制性固定缴款养老金计划	企业年金
	职业年金
第三支柱：自愿供款或储蓄	个税递延型养老保险
	养老目标基金
	专属商业养老保险

五支柱	具体计划
第四支柱：家庭成员提供的非经济和非正式支持或正规的补贴性公共服务	养老扶助计划
	居家社区养老服务
	农村养老服务
	老年人优待卡

一、第零支柱

（一）城乡最低生活保障制度

2019 年 9 月 1 日起广东省人民政府开始实施《广东省最低生活保障制度实施办法》（粤府令第 262 号）（以下简称《办法》），同时废除 1999 年 8 月 2 日广东省人民政府发布的《广东省城乡居（村）民最低生活保障制度实施办法》（粤府令第 52 号）。《办法》规定广东省户籍的家庭，其共同生活的家庭成员人均收入、财产和生活状况符合当地最低生活保障条件的，纳入最低生活保障。广东省人民政府每年分区域制定省最低生活保障标准，并向社会公布。在确定最低生活保障标准时，要综合考虑当地居民的基本生活水平、物价水平、财政保障能力、城乡统筹发展水平。由于各地按照自己的标准制定最低生活保障线，因此列举几个地区的最低生活保障线。

（1）广州市。2021 年 4 月 16 日，经广州市人民政府同意，广州市城乡最低生活保障标准从每人每月 1080 元提高到每人每月 1120 元，增长 3.7%。低收入困难家庭认定标准按低保标准的 1.5 倍同步提高到 1680 元。特困人员基本生活标准按不低于最低生活保障标准的 1.6 倍且不低于所在区现行特困人员基本生活标准确定，市本级特困人员以及越秀区、海珠区、荔湾区、天河区、花都区、从化区、增城区的城乡特困人员基本生活标准提高至每人每月 1792 元；白云区、黄埔区、番禺区、南沙区的城镇特困人员基本生活标准提高至不低于每人每月 1792 元，农村特困人员基本生活标准每人每月分别为 1806 元、2413 元、2512 元、2121 元。全市孤儿养育标准从每人每月 2570 元提高到每人每月 2637 元。成年流浪乞讨受助人员基本饮食标准从每人每月 648 元提高到每人每月 672 元，未成年受助人员基本饮食标准从每人每月 756 元提高到每人每月 784 元●。

（2）深圳市。2021 年 8 月底，深圳市民政局印发了《深圳市最低生活保障办法》（以下简称《低保办法》），10 月 1 日起开始实施，对最低生活保障标准、保障范围等做了调整，符合条件的非深圳户籍困难人员也可以领取低保。其中，将居民最低生活保障标准从每人每月 1250 元提高至每人每月 1300 元。根据相关规定，低收入居民社会救助认定标准相应提高至每人每月 1950 元，特困人员基本生活供养金标准相应提高至每人每月 2080 元。同时该文件提出，适度扩大最低生活保障范围和提高保障待遇。

一是将最低生活保障范围适度扩大至部分非本市户籍困难人员。《低保办法》将最低生活保障范围适度扩大至部分非本市户籍困难人员，规定与本市户籍居民在本市共同连续居住满一年的其非本市户籍的父母、配偶、未成年子女、不能独立生活的成年子女，可以按照规定享受最低生活保障待遇。二是将最低生活保障申请对象从家庭扩大到"家庭＋个人"。《低保办法》将以家庭为最低生活保障申请对象，即原则上以家庭为单位申请，但几类特殊人员，包括最低生活保障边缘家庭中患有重特大疾病人员、符合条件的残疾人、父母不能履行抚养义务的未成年人、法律法规规章规定的其他人员，可以以个人名义单独申请最低生活保障。三是适度提高部分人群的最低生活保障待遇。《低保办法》适度提高 60 周岁以上老年人、部分残疾人等人群的最低生活保障待遇，规定在向最低生活保障对象按月发放最低生活保障金的基础上，最低生活保障家庭中符合规定的人员还可额外领取一份生活扶助金，

● 广州市人民政府. 广州最低生活保障标准提高至每人每月1120元[EB/OL].（2021−04−16）[2021−12−14]. http://www.gz.gov.cn/xw/jrgz/content/post_7224831.html.

额度为本市当年最低生活保障标准的 30%[1]。

（3）中山市。经中山市人民政府同意，自 2021 年 1 月 1 日起，中山市再次提高城乡居（村）民最低生活保障标准，由原来的每人每月 1100 元提高到每人每月 1120 元。与此同时，低收入家庭认定标准从原来的每人每月 1101~1650 元调为每人每月 1121~1680 元，城乡特困人员基本生活标准从原来的每人每月 1760 元调为每人每月 1792 元，散居孤儿基本生活保障标准从原来的每人每月 1550 元调为每人每月 1578 元。此外，低保对象中的老年人、未成年人、在读（含本科及本科以下）学生、单亲家庭人员、重度残疾人、大病患者等分类救助金从原来每人每月 440 元调为每人每月 448 元[2]。

（二）农村五保供养制度

2009 年 11 月，广东省政府常务会议审议并原则通过《广东省农村五保供养工作规定》。规定明确，凡符合国家《农村五保供养工作条例》规定条件的，均可申请享受农村五保供养待遇。农村五保供养，是指在吃、穿、住、医、葬方面为符合条件的农村困难群众提供的生活照顾和物质帮助。供养形式实行集中和分散供养，由供养对象自愿选择。规定还明确了各级政府及有关部门的管理职责和法律责任，明确了供养经费来源，要求将农村五保供养资金纳入年度财政预算，并鼓励社会组织和个人为农村五保供养对象和农村五保供养工作提供捐助和服务。

2014 年，国务院颁布施行《社会救助暂行办法》（以下简称《暂行办法》），将农村五保供养和城市"三无"人员救助制度统一为特困人员供养制度。特困人员救助供养是一项针对困难群众中最困难、最脆弱群体的救助制度。"最困难"是因为他们没有生活来源、没有劳动能力，也缺乏家庭成员之间的互助共济；"最脆弱"缘于他们年老、残疾、未成年等身份特征。健全特困人

---

[1] 新华网. 深圳市居民低保标准提高至每人每月1300元[EB/OL].（2021-05-15）[2021-12-14]. http://www.gd.xinhuanet.com/newscenter/2021-05/15/c_1127449506.htm.

[2] 中山市民政局. 中山市提高2021年低保标准[EB/OL].（2021-5-12）[2021-5-14]. http://smzt.gd.gov.cn/mzzx/sxdt/content/post_3280192.html.

员救助供养制度，将这部分最困难、最脆弱群体的基本生活保障好，是社会救助首要的任务，也是检验社会救助安全网是否密实、是否牢靠的重要标志。

特困人员救助供养对象为具有本市户籍的"三类"人群（即城乡老年人、残疾人以及未满 16 周岁的未成年人），同时具备"三无"条件（即无劳动能力、无生活来源、无法定赡养抚养扶养义务人或者其法定义务人无履行义务能力）的人员；对于符合孤儿认定条件的，则继续纳入孤儿保障。

由于各地按照自己的标准制定五保供养标准，因此列举几个地区的农村五保供养标准。

（1）广州市。2015 年起，广州市农村五保对象供养标准按照当地上年度人均可支配收入的70%确定，造成农村五保对象供养标准普遍高于城市"三无"人员供养标准，尤其是经济发展较好的白云区、黄埔区、番禺区、南沙区，其农村五保对象供养标准与城市"三无"人员供养标准差距较大。

2016 年 2 月，国家出台《国务院关于进一步健全特困人员救助供养制度的意见》（国发〔2016〕14 号），同年 12 月广东省出台《广东省人民政府关于进一步健全特困人员救助供养制度的实施意见》（粤府〔2016〕147 号），明确"将广东农村五保供养、城市'三无'人员救济等制度整合并完善为特困人员救助供养制度"，并明确"城乡特困人员基本生活标准分别按不低于当地城乡最低生活保障标准的 1.6 倍，且不低于当地现行特困人员基本生活标准确定"。据此，广州民政局于 2018 年印发了《广州市民政局关于进一步规范广州市特困人员救助供养管理工作的通知》，在不减损城乡特困人员生活权益且有利于维护社会和谐稳定的前提下，保持农村特困人员（即原农村五保人员）基本生活标准不变，并明确"本市城镇特困人员基本生活供养标准在本市低保标准的 1.6 倍和现行城镇'三无人员'供养标准间择高享受"，即城镇特困供养标准逐步去"追平"同区的农村特困供养标准。2016~2021 年，随着广州市逐年提高低保标准，6 年间城镇特困人员基本生活标准也在稳步提高，每人每月的特困供养金分别为 1521 元、1630 元、1721 元、1721 元、1728 元、1792 元。其中，增城、从化、花都等区的特困人员基本生活标准已经实现"城乡同标"。目前仅剩白云区、黄埔区、番禺区、南沙区存在城镇特困人员基本生活标准低于农村特困人员标准的情况，但差距也在逐年缩小，预计白云区将在2022年实现"城乡同标"，其他三个区也将在3~5年内实现"城乡同标"❶。

（2）深圳市。深圳市特困人员供养标准一共分为6个方面：

第一，基本生活标准。基本生活供养金标准为本市当年最低生活保障标准的1.6倍。深圳市从2020年1月1日起，将全市居民最低生活保障标准从每人每月1160元提高至每人每月1250元。而相应的特困人员基本生活供养金标准相应提高至每人每月2000元❷。

第二，照料标准。照料护理供养金标准由市民政部门会同市卫生计生部门按照本市上一年度日常生活照料、住院护理水平确定。依据特困人员生活自理能力分为全自理、半自理和全护理三档次分类保障。全自理的，按照上述标准的20%予以保障；半自理的，按照上述标准的50%予以保障；全护理的，按照上述标准的100%予以保障。2018年2月1日起执行《深圳市发展和改革委员会深圳市民政局关于调整公办公营养老机构养老服务收费标准的通知》（深发改〔2017〕548号）规定的护理费标准，即全自理特困人员护理标准为每人每月620元；半自理（半失能）特困人员护理标准为每人每月1100元；全护理（失能）特困人员护理标准为每人每月1650元❸。

第三，提供疾病治疗。全额资助参加本市社会医疗保险及重特大疾病补充医疗保险的个人缴费部分。全额救助经社会医疗保险、重特大疾病补充医

❶ 广州市民政局. 广州市民政局关于政协十三届广州市委员会第五次会议第5026号提案答复的函[EB/OL].（2021-05-19）[2021-12-14]. http://mzj.gz.gov.cn/gk/jytablgz/content/post_7289297.html.

❷ 深圳特区报. 深圳居民最低生活保障标准提高 从每人每月1160元提高至1250元[EB/OL].（2020-04-03）[2021-12-15]. http://www.sz.gov.cn/cn/xxgk/zfxxgj/zwdt/content/post_7126417.html.

❸ 深圳市民政局. 深圳市民政局关于印发特困人员照料护理供养金标准的通知[EB/OL].（2018-11-06）[2021-12-15]. http://www.sz.gov.cn/zfgb/2018/gb1076/content/post_4949071.html.

疗保险及各类补充医疗保险、商业保险等报销后个人负担的合规医疗费用。

第四，办理丧葬事宜。特困人员死亡后的丧葬事宜，集中供养的由供养服务机构办理，分散供养的由街道办事处委托居民委员会或者其亲属办理。殡葬基本服务费按照本市有关规定免除，其余必要的丧葬费用按照特困人员6个月基本生活供养标准从基本生活供养资金中核销。

第五，住房救助。对符合规定标准的住房困难的分散供养特困人员，由住房建设部门纳入住房保障特殊群体范围，在同等条件下予以优先安排；符合发放公共租赁住房租金补贴有关规定的，及时按标准予以发放。

第六，教育救助。对在义务教育阶段就学的特困人员，由教育部门给予教育救助；对在高中教育（含中等职业教育）、普通高等教育阶段就学的特困人员，由教育部门根据实际情况给予适当教育救助[1]。

（三）高龄津贴

高龄津贴是专为老年人士提供的社会福利，属退休保障中的第零支柱。然而，现在并非所有省市均有设立此津贴。但广东省已全部建立高龄老人补（津）贴制度，惠及298万人，部分地市扩展至70岁以上老年人[2]。实施老年人意外伤害综合保险"银龄安康行动"，覆盖超过1300万老年人。其中，广州市全面推进国家长期护理保险（长护险）试点，截至2021年8月底，广州市长护险制度覆盖全市职工医保参保人约859万人，18周岁及以上城乡居民医保参保人约278万人，累计共有6.01万人享受长护险待遇，有效减轻失能人员照护服务负担。在医养康养服务供给方面，全省共有医养结合机构310家。同时，全省178家医疗机构试点"互联网＋护理服务"，为出院后居家康复的老年人提供延伸护理服务。全省近600万居家老年人享受家庭医

---

[1] 深圳市罗湖区黄贝街道办事处.《深圳市特困人员供养实施办法》解读[EB/OL].（2020–11–02）[2021–12–15]. http://www.szlh.gov.cn/lhhbjdbsc/gkmlpt/content/8/8235/post_8235168.html#11685.

[2] 南方日报. 广东省高龄老人补（津）贴制度惠及298万人[EB/OL].（2021–10–14）[2021–12–15]. http://gd.people.com.cn/n2/2021/1014/c123932–34955602.html.

生签约服务 ❶。

居家社区养老是大部分老人的首选，全省着力在街道建设综合养老服务中心，社区建立嵌入式养老服务机构（日间照料机构），在有需求和有条件的住宅小区延伸居家养老服务点，加快探索家庭养老床位建设，打造"街道—社区—小区—家庭"四级联动、衔接有序的养老服务网络，形成"15 分钟"城市社区养老服务圈。同时，着力在县一级建设以失能、部分失能特困人员专业照护为主的供养服务设施，在乡镇一级建设具备全托、日托、上门服务等综合服务功能的农村区域性养老服务机构，在村一级打造农村社区居家养老服务站点，构建功能互补、区域联动的县乡村三级农村养老服务网络。

（1）法律依据及负责机构：根据《中华人民共和国老年人权益保障法》第三十三条，国家鼓励地方建立 80 岁以上低收入老年人高龄津贴制度。此法于 2012 年 12 月 28 日修订并于 2013 年 7 月 1 日施行。而高龄津贴的执行由地方民政局负责。

（2）保障对象：所有 80 岁以上的户籍居民均有资格享有高龄津贴。

（3）资金来源：此津贴为福利性津贴，经费由各地方政府自行负担。

（4）保费：无须缴交任何供款。

（5）请领资格：领取资格会因地方各自的规定而有所不同。例如，广州市、深圳市规定 70 岁以上具有广州户籍者可领取高龄津贴。而珠海市规定 80 岁以上具珠海户籍者可领取高龄津贴。

（6）给付金额：不同城市提供的高龄津贴金额会有所不同。例如，深圳市的高龄津贴以年龄划分为 4 个标准档次：

① 70~79 岁老人，每人每月发放 200 元。

② 80~89 岁老人，每人每月发放 300 元。

③ 90~99 岁老人，每人每月发放 500 元。

---

❶ 广东省人民政府. 广东加快构建基本养老服务体系 高龄老人补（津）贴制度惠及298万人[EB/OL].（2021-10-14）[2021-12-15]. http://www.gd.gov.cn/gdywdt/bmdt/content/post_3576957.html.

④ 100 岁以上的老人每人每月发放 1000 元 **❶**。

而广州市的高龄津贴标准也以年龄划分为四个标准档次（除黄埔区外）：

① 70~79 岁老人，每人每月发放 30 元。

② 80~89 岁老人，每人每月发放 100 元。

③ 90~99 岁老人，每人每月发放 200 元。

④ 100 岁以上的老人每人每月发放 300 元。

黄埔区的津贴标准较高：

① 70~79 岁老人，每人每月发放 80 元。

② 80~89 岁老人，每人每月发放 150 元。

③ 90~99 岁老人，每人每月发放 250 元。

④ 100 岁以上的老人每人每月发放 600 元 **❷**。

而珠海市的高龄津贴以年龄划分为三个标准档次：

① 80~89 岁老人，每人每月发放 200 元。

② 90~99 岁老人，每人每月发放 300 元。

③ 100 岁以上的老人每人每月发放 500 元 **❸**。

（7）其他要求：受益人须每年提供生存证明。

二、第一支柱

（一）职工养老保险

企业职工养老保险属于退休保障中的第一支柱。国家有关文件规定：在劳动者年老或丧失劳动能力后，根据他们对社会所作的贡献和所具备的享受养老保险资格或退休条件，按月或一次性以货币形式支付的保险待遇，主要

---

❶ 深圳特区报. 深圳高龄老人津贴全程网上办理[EB/OL].（2021-03-03）[2021-12-15]. http://sz.people.com.cn/n2/2021/0303/c202846-34602158.html.

❷ 南方都市报. 广州高龄老人津贴可通过"粤省事"线上申请[EB/OL].（2020-04-19）[2021-12-15]. https://news.southcn.com/node_54a44f01a2/5fcaaf1265.shtml.

❸ 珠海本地宝. 珠海高龄老人补贴政策[EB/OL].（2021-11-05）[2021-12-15]. http://m.zh.bendibao.com/live/55729.shtm.

用于保障职工退休后的基本生活需要。

（1）法律法规及负责机构。社会保险制度的法规依据为于 2010 年 10 月 28 日经第十一届全国人民代表大会常务委员会第十七次会议通过，并于 2011 年 7 月 1 日起施行的《中华人民共和国社会保险法》。国务院社会保险行政部门负责全国的社会保险管理工作，国务院其他有关部门在各自的职责范围内负责有关的社会保险工作。社会保险经办机构，即各省市的人力资源和社会保障部，提供社会保险服务，负责社会保险登记、个人权益记录、社会保险待遇支付等工作。

（2）保障对象。所有劳动者应当参加基本养老保险。根据《广东省社会养老保险条例》第二条，所有企业、城镇个体经济组织和与之形成劳动关系的劳动者应参加社会养老保险。根据《广东省社会养老保险实施细则》第二条规定，此保险不只适用于在中国境内工作的本地劳动者，也适用于被外派至海外工作的员工。此外，中国的台湾、香港及澳门劳动者以及外国籍劳动者于中国境内就业的，也须按规定参加此保险，有互免签证协议的，则按协议办理。

（3）资金来源。根据《中华人民共和国社会保险法》第十一条规定，基本养老保险基金由用人单位和个人缴费以及政府补贴等组成。此外，县级以上人民政府对社会保险事业给予必要的经费支持。而当基本养老保险基金出现支付不足时，政府给予补贴。

（4）保费。基本养老保险费由用人单位及劳动者共同缴纳。用人单位应当按照国家规定的职工工资总额的比例缴纳基本养老保险费，计入基本养老保险统筹基金。而劳动者应当按照规定的本人工资的比例缴纳基本养老保险费，计入个人账户。

保险费率由各地方自行订定，目前广东省企业职工养老保险单位缴费比例为全国最低，仅有 14%（深圳市为 13%），全省单位平均缴费比例为

13.4%，为全国最低，全国其他地区为 16%，职工个人缴费比例为 8%[1]。缴费基数为职工本人上年度月平均工资，新参加工作职工缴费工资基数为起薪当月工资。职工缴费工资基数超过缴费基数上限的，以上限为缴费基数；低于下限的以下限为缴费基数。

2021 年 7 月 1 日起，按照广东省公布的上年度全省全口径从业人员月平均工资 7647 元，按此计算，广东省缴费基数下限为 7647×60%=4588 元 / 月，缴费基数上限为 7647×300%=22941 元 / 月 [2]。

根据《广东省人力资源和社会保障厅广东省财政厅关于印发〈广东省灵活就业人员服务管理办法（试行）〉》（粤人社规〔2020〕30 号文）、《广东省人力资源和社会保障厅、广东省财政厅、国家税务总局广东省税务局关于印发〈广东省灵活就业人员参加企业职工基本养老保险办法〉的通知》（粤人社规〔2021〕5 号文），2020 年 9 月 1 日起，灵活就业人员在广东省可按规定参加养老保险。具体来说，以下人员可按规定参加企业职工基本养老保险：

①无雇工的个体工商户。

②未在用人单位参加基本养老保险的非全日制从业人员。

③依托电子商务、网络约车、网络送餐、快递物流等新业态平台实现就业，且未与新业态平台企业建立劳动关系的信息就业形态从业人员（广州市于 2020 年 9 月 1 日起实行，广东省其他各市尚未施行）。

④国家和我省规定的其他灵活就业人员。

按照自愿参保原则，法定劳动年龄内的灵活就业人员可以个人身份申请参加企业职工基本养老保险，由个人缴纳基本养老保险费。灵活就业人员的

---

❶　广东省人力资源和社会保障厅. 广东省人力资源和社会保障厅关于省政协十二届三次会议第20200420号提案答复的函[EB/OL].（2018-11-06）[2021-12-15]. http://hrss.gd.gov.cn/gkmlpt/content/2/2982/post_2982808.html#1279.

❷　广州市人社局养老保险处. "企业职工养老保险知多少"专题系列宣传：企业职工参保缴费篇[EB/OL].（2018-09-13）[2021-12-15]. http://rsj.gz.gov.cn/ywzt/ztbd/zszhlwgzqmlslbrw/ylbx/content/post_7788328.html.

月缴费工资基数，在参保地企业职工基本养老保险的缴费工资基数上下限范围内，由本人自行选择。灵活就业人员的缴费比例为 20%，其中 12% 计入统筹基金，8% 计入个人账户❶。

（5）请领资格。参加基本养老保险的个人，达到法定退休年龄时累计缴费满 15 年的，按月领取基本养老金。而国家法定的正常退休年龄为男性年满60 周岁，女工人年满 50 周岁，女干部年满 55 周岁。

根据《中华人民共和国社会保险法》第十六条规定，参加基本养老保险的个人，达到法定退休年龄时累计缴费不足 15 年的，可以缴费至满 15 年，按月领取基本养老金；也可以转入新型农村社会养老保险或者城镇居民社会养老保险，按照国务院规定享受相应的养老保险待遇。然而，根据广东省的规定，参保人缴费年限未满 15 年的不得领取基础养老金，只能一次领取其个人账户储存额，同时终结养老保险关系，而且此保险与城居保的缴费年限不能合并计算。

（6）给付金额。劳动者退休后领取的基本养老金由基础养老金、个人账户养老金和过渡性养老金三部分组成。个人账户养老金的计发是按退休时个人账户积累余额除以国家规定的计发月数计算，个人账户支取完毕后，由基本养老保险统筹基金支付。而基础养老金是按退休时各地方的上年度职工月平均工资和劳动者本人指数化月平均缴费工资的平均值为基数，按缴费每满一年发给 1% 计算。具体计算见下式：

$$基础养老金 = \frac{办理申领基本养老金手续时上年度全市职工月平均工资 + 本人指数化月平均工资}{2} \times$$

缴费年限（含视同缴费年限）× 1%

本人指数化月平均缴费工资 = 办理申领基本养老金手续时上年度全市职工月平均工资 × 本人月平均缴费工资指数

本人月平均缴费工资指数 = $(Z_1 + Z_2 + \cdots + Z_{m-1} + Z_m + 1.0 \times n) \div N$

---

❶ 广州市人社局社保中心. 灵活就业人员参加养老保险简介[EB/OL].（2018-09-13）[2021-12-15]. http://rsj.gz.gov.cn/ywzt/shbz/gzdt/content/post_7385112.html.

Z_1，Z_2，…，Z_{m-1}，Z_m 为参保人员的月缴费工资指数。月缴费工资指数按照参保人员退休前 1 月、2 月、…、$m-1$ 月、m 月本人实际月缴费工资基数除以对应的本市上年度全市职工月平均工资计算（计算结果保留四位小数）。

n 为参保人员视同缴费年限的月数。视同缴费年限的月缴费工资指数统一按照 1.0 计算。

N 为参保人员累计缴费年限的月数（含视同缴费年限的月数）。

而个人账户养老金则按照个人账户储存额除以计发月数，个人账户存储额主要来源于历年的个人缴费及利息。计发月数是根据平均寿命计算，50 岁退休按 195 个月，55 岁退休按 170 个月，60 岁退休按 139 个月。这个"计发月数"只是用来计算退休当年的养老金，与实际发放月数无关，实际会终身发放。计发月数按国发〔2005〕38 号文的规定执行，具体见表 4-2。

表 4-2　个人账户养老金计发月数表

退休年龄（周岁）	计发月数（月）	退休年龄（周岁）	计发月数（月）
40	233	56	164
41	230	57	158
42	226	58	152
43	223	59	145
44	220	60	139
45	216	61	132
46	212	62	125
47	208	63	117
48	204	64	109
49	199	65	101
50	195	66	93
51	190	67	84
52	185	68	75
53	180	69	65
54	175	70	56
55	170		

而过渡性养老金为本人视同缴费账户总额 ÷ 账户计发月数（具有视同缴费权益的参保人才有此项待遇）。

（7）其他要求：受益人需每年提供生存证明。

（二）城乡居民养老保险

《中华人民共和国社会保险法》第二条规定，国家建立基本养老保险、基本医疗保险、工伤保险、失业保险、生育保险等社会保险制度，保障公民在年老、疾病、工伤、失业、生育等情况下依法从国家和社会获得物质帮助的权利。2014 年 2 月 7 日召开的国务院常务会议，听取了关于 2013 年全国人大代表建议和全国政协委员提案办理工作汇报，决定合并新型农村社会养老保险和城镇居民社会养老保险，建立全国统一的城乡居民基本养老保险制度。而城乡居民养老保险属于退休保障中的第一支柱。

（1）法规依据及负责机构。按照党的十八大精神和十八届三中全会关于整合城乡居民基本养老保险制度的要求，依据《中华人民共和国社会保险法》有关规定，在总结新型农村社会养老保险和城镇居民社会养老保险试点经验的基础上，国务院决定，将新农保和城居保两项制度合并实施，在全国范围内建立统一的城乡居民基本养老保险制度。而各地方人力资源和社会保障部为负责执行此保险的机构。

（2）保障对象。同时符合以下条件人员可以自愿参加广东省城乡居保：

①满 16 周岁，具有广东省户籍的非从业城乡居民。

②不符合城镇企业职工基本养老保险参保条件（例如，就业人员、已按有关规定继续缴纳或一次性缴纳城镇企业职工基本养老保险费等，不能参加城乡居保）。

③未享受城镇企业职工基本养老保险待遇以及国家规定的其他养老待遇。

④不是在校学生。

⑤在广东省市居住并持有居住证的港澳台居民，可按国家和省的规定，在居住证所在区参加城乡居民基本养老保险。

（3）资金来源。城乡居民养老保险费主要由参保人个人缴纳，集体经济组织根据经济情况给予适当补助,政府根据参保人和集体经济组织的缴费情况给予相应补贴,全部记入参保人的城乡居保个人账户。

个人账户养老金由以下项目组成:个人缴费、政府补贴和集体缴费资助、利息。

(4)保费。个人缴纳的保险费共分为7~9个档次,参保人可自行选择其中的一档次进行供款缴纳。而政府则会对参保人所选择的供款档次作出对应的补贴。

2021年5月,广州市印发《广州市人民政府办公厅关于印发广州市城乡居民基本养老保险实施办法的通知》(穗府办规〔2021〕8号),政府每年专项安排逾20亿元给予补贴资助,鼓励城乡居民参保。并规定了几点:

① 从2021年6月1日起,个人缴费和集体补助均设7个档次,年缴费标准调整为360元、600元、900元、1200元、1800元、3600元、4800元。具体补贴见表4-3。

② 提高政府代缴标准,发挥社保兜底作用。特困人员等5类困难群体,由政府出资按360元/年代为缴纳个人缴费。

③ 创设提档缴费,促进待遇平稳衔接。在2022年12月31日前,可按本《办法》规定的新标准,一次性提高原个人缴费和集体补助标准,并享受相应政府补贴差额。

表4-3 广州市城乡居民社会养老保险缴费标准 单位:元/年

缴费对象	第一档	第二档	第三档	第四档	第五档	第六档	第七档
参保人个人缴费	360	600	900	1200	1800	3600	4800
个人缴费对应的政府补贴	420	600	780	870	960	960	960
集体补助	360	600	900	1200	1800	3600	4800
集体补助对应的政府补贴	300	420	480	480	480	480	480

广州市的保险费为每年缴纳一次。在2022年12月31日前,可按上述标准一次性提高原个人缴费和集体补助,并按规定享受政府补贴。尚未领取养

老金的，提高的缴费（补助、补贴）全部计入养老保险个人账户；本《办法》实施前（2021年6月1日前）已领取养老金的，提高的缴费（补助、补贴）也全部计入养老保险个人账户，并重新核定个人账户养老金、按新标准发放。

深圳市城乡居民养老保险政府补贴分为9档，具体见表4-4。

表4-4 深圳市城乡居民社会养老保险缴费标准 ❶ 单位：元/年

缴费对象	第一档	第二档	第三档	第四档	第五档	第六档	第七档	第八档	第九档
参保人	180	240	360	600	900	1200	1800	3600	4800
政府补贴	30	40	50	70	80	90	100	120	150

深圳市缴纳养老保险费实行按自然年度一次性缴纳，缴费时间为每年1月。当年1月以后首次参保的，可在参保当月缴纳。

（5）请领资格。广州市参保人符合下列条件之一的，可申领相关待遇，但已按月领取职工基本养老保险待遇以及国家规定其他同类型待遇的除外。

①年满60周岁，累计缴费年限满15年的，可按月领取养老保险待遇。

②年满60周岁但未达到规定缴费年限的，可申请继续缴费至规定年限，享受相应政府补贴；缴费至65周岁仍未达到规定年限的，可一次性缴纳养老保险费至规定年限后，按月领取养老保险待遇，一次性缴费不享受政府补贴。

③本市户籍特困人员、低保对象，年满60周岁但未达到规定缴费年限的，可申请继续缴费至规定年限，享受相应政府补贴；也可选择一次性缴纳养老保险费至规定年限后，按月领取养老保险待遇，一次性缴费不享受政府代缴个人缴费费用和政府补贴。

④年满60周岁但未达到规定缴费年限，经本人书面申请，可选择不继续缴费（含一次性缴费），按月领取个人账户养老金至个人账户储存额用完为止，不享受基础养老金；或一次性领取个人账户储存额并终止城乡居民基本养老保险关系。

---

❶ 深圳市人力资源和社会保障局网站.深圳市人民政府转发省政府修订《广东省城乡居民社会养老保险实施办法》的通知[EB/OL].（2019-07-15）[2021-12-15]. http://www.gd.gov.cn/zwgk/wjk/zcfgk/content/post_2531471.html.

⑤2012 年 8 月广州市建立城乡居民基本养老保险时已年满 60 周岁，申领待遇前没有缴费的，可直接享受基础养老金，从申领次月起按月发放；有缴费的，可同时享受基础养老金和个人账户养老金，从申领次月起按月发放。

⑥2012 年 8 月时已年满 45 周岁，按规定逐年缴费至年满 60 周岁的，可按月领取养老保险待遇。

（6）给付金额。城居保养老金由两部分构成，其中一部分为基础养老金而另一部分为个人账户养老金。个人账户养老金每月发放标准由个人账户余额除以一个计发月数计算得出（计发月数见表 4-5）。

表 4-5　广州市城乡居民基本养老保险个人账户养老金计发月数表 ❶

领取待遇年龄 （周岁）	计发月数（月）	领取待遇年龄 （周岁）	计发月数（月）
55	170	63	117
56	164	64	109
57	158	65	101
58	152	66	93
59	145	67	84
60	139	68	75
61	132	69	65
62	125	70	56

而基础养老金则由地方政府全额负担。然而，各地的基础养老金金额也有所差异，以广州市和深圳市为例进行说明。广州基础养老金由政府出资发放，目前标准为 237 元 / 月，其中缴费超过 15 年的，每超 1 年，月基础养老金再加发 6 元。下面以两个例子进行说明：

案例 1：尚未领取养老金的天河居民德叔，今年 50 岁，个人缴费按 1560 元 /年标准缴满 10 年，当年村（居）集体没有给予补助；已享受政府补贴 0.96 万元。

---

❶　广州市人民政府办公厅. 广州市人民政府办公厅关于印发广州市城乡居民基本养老保险实施办法的通知[EB/OL].（2021-06-01）[2021-12-15]. http://www.gz.gov.cn/zwgk/fggw/sfbgtwj/content/post_7304596.html.

第一步申请提档：2022 年 6 月，村（居）集体申请一次性提高 10 年的集体补助标准为 4800 元 / 年，个人缴费标准不变。

第二步缴费：2022 年 7 月缴交集体补助差额 4.8 万元，再享受政府补贴 0.48 万元（累计享受 1.44 万元），合计 5.28 万元全部记入养老保险个人账户。

案例 2：已领取养老金的越秀居民王伯，个人缴费按 1080 元 / 年的标准缴满 15 年，当年村（居）集体没有给予补助，已享受政府补贴 1.26 万元。2018 年 1 月年满 60 岁开始领取养老金，目前标准 517 元 / 月，其中个人账户养老金 280 元 / 月。

第一步申请提档：2022 年 10 月，王伯申请一次性提高 15 年的原个人缴费标准为 1800 元 / 年，村（居）集体同步给予集体补助 4800 元 / 年。

第二步缴费：2022 年 11 月，个人缴交差额 1.08 万元，集体补助 7.2 万元，再享受政府补贴 0.9 万元（累计享受 2.16 万元），合计 9.18 万元全部记入养老保险个人账户。

第三步重核养老金：从 2022 年 12 月起，重新核定个人账户养老金并按新标准发放，新标准 = 原标准 280 元 / 月 +（9.18 万元 ÷ 原个人账户养老金计发月数 139 月）= 940 元 / 月，养老金合计 1177 元 / 月❶。

深圳市居民基本养老保险待遇包括基础养老金、个人账户养老金与丧葬补助金。

①领取养老金的参保人具有本市户籍不满 8 周年的，基础养老金为每月 302 元；自其具有本市户籍满 8 周年的次月起，基础养老金为每月 453 元。

②参保人累计缴费年限超过 15 年的，超过 15 年的部分，每增加 1 年每月加发 3 元的基础养老金。

③按月领取养老金的参保人年满 65 周岁的，每月加发基础养老金，具体标准：年满 65 周岁的，每月加发 50 元；年满 80 周岁的，每月加发 100 元。

---

❶ 大洋网. 广州：9 月底前可按新标准申报城乡居民养老保险缴费标准，享受更高补贴[EB/OL].（2021-08-18）[2021-12-15]. https://news.dayoo.com/guangzhou/202108/18/139995_54023252.htm.

加发的基础养老金，从达到规定年龄的次月起按相应标准加发；在本通知实施前已达到规定年龄的，从本通知实施的月起按相应标准加发。各规定年龄加发的基础养老金不做叠加。

④领取养老金的参保人个人账户支取完毕后，按照原标准继续发放个人账户养老金，所需资金由市、区财政各承担一半。

⑤参保人死亡的，发放一次性丧葬补助金 5000 元 ❶。

（7）其他：受益人须每年提供生存证明。

（三）职工养老保险和居民养老保险的衔接

先后参加过职工养老保险和居民养老保险的参保人，当你达到职工养老保险法定退休年龄后，可以申请办理职工养老保险和居民养老保险制度衔接手续。职工养老保险缴费年限满 15 年（含延长缴费至 15 年）的，可申请将居民养老保险转入职工养老保险，按照职工养老保险办法计发相应待遇；职工养老保险缴费年限不足 15 年的，可申请从职工养老保险转入居民养老保险，待达到居民养老保险规定的领待条件时，按照居民养老保险办法计发相应待遇 ❷。

其一，居民养老保险"转接"至职工养老保险。

（1）办理地点。办理"转接"手续前，须先按职工养老保险有关规定确定待遇领取地，并将在全国各地先后参加的职工养老保险关系归集至待遇领取地，再在该地社保经办机构办理跨制度"转接"手续。

（2）缴费处理。居民养老保险个人账户累计额将全部按规定转入职工养老保险个人账户。

（3）缴费年限。按照政策规定，居民养老保险的缴费年限不合并计算或折算为职工养老保险缴费年限。

---

❶ 深圳市人力资源和社会保障局.深圳市人民政府关于转发《广东省城乡居民基本养老保险实施办法》的通知[EB/OL].（2020-06-02）[2021-12-15]. http://hrss.sz.gov.cn/szsi/sbjxxgk/tzgg/simtgg/content/post_7709913.html.

❷ 已按国家规定领取养老保险待遇的人员，不能申请办理"转接"手续。

（4）领取条件。按照职工养老保险规定的领待时间领取养老金。即按规定参加职工养老保险，累计缴费年限（含视同缴费年限）满15年及以上，且达到法定退休年龄的可申办退休，按月领取养老金。

其二，职工养老保险"转接"至居民养老保险。

（1）办理地点。从职工养老保险转入居民养老保险的，在转入居民养老保险待遇领取地的社保经办机构提出申请并办理"转接"手续。

（2）缴费处理。职工养老保险个人账户累计额将全部按规定转入居民养老保险个人账户。

（3）缴费年限。职工养老保险缴费年限合并计算为居民养老保险缴费年限。

（4）领取条件。按照居民养老保险规定的领待时间领取，即参保人年满60周岁且缴费满15年及以上的，从年满60周岁的次月起领取养老金；缴费不足15年的可一次性补足15年。在各区县（自治县）城乡居民养老保险试点时已年满45周岁、不满60周岁的，可选择不补足15年；试点时已满60周岁的，可选择不缴费。

每位参保人应只有一份基本养老保险待遇，参保人若在同一年度内同时参加职工养老保险和居民养老保险的，其重复缴费时段（按月计算）只计算职工养老保险缴费年限，并将居民养老保险重复缴费时段相应个人缴费和集体补助退还本人。

有用人单位的，应随用人单位统一参保，而没有用人单位的，可结合自身实际情况自愿选择以个人身份参加职工养老保险或参加居民养老保险。在经济条件允许的情况下，建议优先参加职工养老保险；而对于没有稳定收入且年龄较大，没有参加其他养老保险的，建议可参加居民养老保险❶。

---

❶ 重庆社保. 职工养老保险和居民养老保险如何"转接"？[EB/OL].（2020-06-02）[2021-12-15]. http://rlsbj.cq.gov.cn/ywzl/shbx/zczs/yldyl_110786/202012/t20201201_8515875.html.

三、第二支柱

（一）企业年金

企业年金是企业和员工在依法缴纳基本养老保险后，自行设立的一种补充养老金体系。企业年金的各项支出，由单位和个人承担。企业年金基金是一种全面的累积制度，为所有职工设立一个独立的账户，并根据国家的相关法规进行经营。企业年金基金投资运营收益并入企业年金基金。企业年金旨在更好地保障企业职工退休后的生活，属退休保障制度中的第二支柱。

（1）法规依据以及负责机构。2018年2月1日，广东省制定《企业年金办法》。企业应向所在地县级以上人民政府劳动保障行政部门申报企业年金计划。企业年金计划由中央直属单位向人力资源部上报。跨省企业的养老金计划要向其所在地的省级人民政府人力资源和社会保障行政机关提出。省级跨区域单位的企业年金计划，由其所在地设区的县级以上人民政府人力资源和社会保障部门上报。

（2）保障对象。保障对象范围由企业及工会或职工代表共同协商决定，并记录于企业年金方案内。

（3）资金来源。企业年金基金由企业缴费、职工个人缴费以及企业年金基金投资运营收益所组成。

（4）保费：企业缴纳的年度费用不得高于企业职工总工资的8%。企业和员工的个人缴纳比例不得超过本单位员工总数的12%。具体的成本，由公司与员工双方商定。职工的个人缴费是由企业按个人的工资支付的。

（5）请领资格：有下列情形之一的，职工企业年金个人账户中企业缴费及其投资收益完全归属于职工个人：

①职工达到法定退休年龄、完全丧失劳动能力或者死亡的。

②属于企业年金方案终止情形之一的，包括企业因依法解散、被依法撤销或者被依法宣告破产等原因，致使企业年金方案无法履行的；因不可抗力

等原因致使企业年金方案无法履行的；企业年金方案约定的其他终止条件出现的。

③非因职工过错企业解除劳动合同的，或者因企业违反法律规定职工解除劳动合同的。

④劳动合同期满，由于企业原因不再续订劳动合同的。

⑤企业年金方案约定的其他情形。

（6）给付金额：符合下列条件之一的，可以领取企业年金：

①职工在达到国家规定的退休年龄或者完全丧失劳动能力时，可以从本人企业年金个人账户中按月、分次或者一次性领取企业年金，也可以将本人企业年金个人账户资金全部或者部分购买商业养老保险产品，依据保险合同领取待遇并享受相应的继承权。

②出国（境）定居人员的企业年金个人账户资金，可以根据本人要求一次性支付给本人。

③职工或者退休人员死亡后，其企业年金个人账户余额可以继承。

（二）职业年金

所谓职业年金，是指机关事业单位及其工作人员在参加机关事业单位基本养老保险的基础上，建立的补充养老保险制度。

（1）法规依据以及负责机构。为建立多层次养老保险体系，保障机关事业单位工作人员退休后的生活水平，促进人力资源合理流动，根据《国务院关于机关事业单位工作人员养老保险制度改革的决定》（国发〔2015〕2号）和《机关事业单位职业年金办法的通知》（国发〔2015〕18号）[1]，制定企业年金办法。

（2）保障对象。适用的单位和工作人员范围与参加机关事业单位基本养老保险的范围一致。

---

[1] 国务院办公厅. 国务院办公厅关于印发机关事业单位职业年金办法的通知[EB/OL].（2015-04-06）[2021-12-15]. http://www.gov.cn/zhengce/content/2015-04/06/content_9581.htm.

（3）资金来源。职业年金基金由下列各项组成：单位缴费、个人缴费、职业年金基金投资运营收益、国家规定的其他收入。

职业年金基金采用个人账户方式管理。对财政全额供款的单位，单位缴费根据单位提供的信息采取记账方式，每年按照国家统一公布的记账利率计算利息，工作人员退休前，本人职业年金账户的累计储存额由同级财政拨付资金记实；对非财政全额供款的单位，单位缴费实行实账积累。实账积累形成的职业年金基金，实行市场化投资运营，按实际收益计息。

（4）保费。企业缴费每年不超过本企业职工工资总额的8%。企业和职工个人缴费合计不超过本企业职工工资总额的12%。具体所需费用，由企业和职工一方协商确定。职工个人缴费由企业从职工个人工资中代扣代缴。

工作人员在工作单位发生变化时，可以将其个人账户中的基金也一并转入。在升学、参军、失业或新就业单位未实施职业年金或企业年金的，其职业年金个人账户仍由原主管机关负责。新就业单位实行了职业或企业年金的，其原有的个人账户基金也随之进行相应的转移。

（5）请领资格。符合下列条件之一的可以领取职业年金：

①工作人员在达到国家规定的退休条件并依法办理退休手续后，由本人选择按月领取职业年金待遇的方式。可一次性用于购买商业养老保险产品，依据保险契约领取待遇并享受相应的继承权；可选择按照本人退休时对应的计发月数计发职业年金月待遇标准，发完为止，同时职业年金个人账户余额享有继承权。本人选择任一领取方式后不再更改。

②出国（境）定居人员的职业年金个人账户资金，可根据本人要求一次性支付给本人。

③工作人员在职期间死亡的，其职业年金个人账户余额可以继承。

未达到上述职业年金领取条件之一的，不得从个人账户中提前提取资金。

（6）给付金额：职业年金个人账户金额。

2020年8月，经广东省职业年金基金管理机构评选委员会评选，共有12家机构入选广东省职业年金计划受托人，包括中国人寿养老保险股份有限公司、平安养老保险股份有限公司、中国工商银行股份有限公司、泰康养老保险股份有限公司、建信养老金管理有限责任公司、长江养老保险股份有限公司、太平养老保险股份有限公司、招商银行股份有限公司、中国银行股份有限公司、中国农业银行股份有限公司、中国人民养老保险有限责任公司和中信信托有限责任公司 ❶。

四、第三支柱

（一）个税递延型养老保险

个人税收递延型商业养老保险，是指投保人在税前列支保费，在领取保险金时再缴纳税款，它实质上是国家在政策上给予购买养老保险产品个人的税收优惠。

（1）法规依据以及负责机构。2014 年 8 月 10 日，《国务院关于加快发展现代保险服务业的若干意见》发布，意见提出研究完善加快现代保险服务业发展的税收政策，完善健康保险有关税收政策，适时开展个人税收递延型商业养老保险试点。2018 年 4 月 2 日，财政部等五部门的《关于开展个人税收递延型商业养老保险试点的通知》，上海市、福建省和苏州工业园区先行试点，在试点地区取得工资薪金、连续性劳务报酬所得的个人以及个体工商户、个人独资企业投资者等纳税人均可投保 ❷。2018 年 4 月 25 日，中国银行保险监督管理委员会商财政部、人力资源社会保障部、税务总局，制定的《个人税收递延型商业养老保险产品开发指引》发布。2018 年 5 月 16 日，为推动个人税收递延型商业养老保险试点政策顺利落地，规范保险公司税延养老保险业务经营行为，保护消费者合法权益，中国银行保险监督管理委员会制

---

❶ 广东省人力资源和社会保障厅. 广东省职业年金计划受托人评选结果公示[EB/OL].（2020-08-17）[2021-12-15]. http://hrss.gd.gov.cn/zwgk/gsgg/content/post_3066947.html.

❷ 国家税务总局. 关于开展个人税收递延型商业养老保险试点的通知[EB/OL].（2018-04-02）[2021-12-15]. http://www.chinatax.gov.cn/n810341/n810755/c3389866/content.html.

定发布了《个人税收递延型商业养老保险业务管理暂行办法》。2018 年 6 月 6 日下午，6 家保险机构的税延养老保险产品首批获得中国银保监会批准销售。这 6 家保险机构分别为：太平洋人寿、中国人寿、平安养老、新华人寿、太平养老、泰康养老。

（2）保障对象。适用税收政策的纳税人，是指取得工资薪金、连续性劳务报酬所得的个人，以及取得个体工商户生产经营所得、对企事业单位的承包承租经营所得的个体工商户业主、个人独资企业投资者、合伙企业自然人合伙人和承包承租经营者，其工资薪金、连续性劳务报酬的个人所得税扣缴单位，或者个体工商户、承包承租单位、个人独资企业、合伙企业。取得连续性劳务报酬所得，是指纳税人连续 6 个月以上（含 6 个月）为同一单位提供劳务而取得的所得。

（3）税收优惠。通过个人商业养老资金账户购买符合规定的商业养老保险产品的支出，允许在一定标准内税前扣除；计入个人商业养老资金账户的投资收益，暂不征收个人所得税；个人领取商业养老金时再征收个人所得税。具体规定如下：

①个人缴费税前扣除标准。取得工资薪金、连续性劳务报酬所得的个人，其缴纳的保费准予在申报扣除当月计算应纳税所得额时予以限额据实扣除，扣除限额按照当月工资薪金、连续性劳务报酬收入的 6% 和 1000 元孰低办法确定。取得个体工商户生产经营所得、对企事业单位的承包承租经营所得的个体工商户业主、个人独资企业投资者、合伙企业自然人合伙人和承包承租经营者，其缴纳的保费准予在申报扣除当年计算应纳税所得额时予以限额据实扣除，扣除限额按照不超过当年应税收入的 6% 和 12000 元孰低办法确定。

②账户资金收益暂不征税。计入个人商业养老资金账户的投资收益，在缴费期间暂不征收个人所得税。

③个人领取商业养老金征税。个人达到国家规定的退休年龄时，可按月或按年领取商业养老金，领取期限原则上为终身或不少于 15 年。个人身故、发生保险合同约定的全残或罹患重大疾病的，可以一次性领取商业养老金。

对个人达到规定条件时领取的商业养老金收入，其中25%部分予以免税，其余75%部分按照10%的比例税率计算缴纳个人所得税，税款计入"其他所得"项目。

（4）个人商业养老资金账户和信息平台。个人商业养老资金账户是由纳税人指定的、用于归集税收递延型商业养老保险缴费、收益以及资金领取等的商业银行个人专用账户。该账户封闭运行，与居民身份证件绑定，具有唯一性。

使用中国保险信息技术管理有限责任公司建立的信息平台（以下简称"中保信平台"）。个人商业养老资金账户在中保信平台进行登记，校验其唯一性。个人商业养老资金账户变更银行须经中保信平台校验后，进行账户结转，每年允许结转一次。中保信平台与税务系统、商业保险机构和商业银行对接，提供账户管理、信息查询、税务稽核、外部监管等基础性服务。

（5）商业养老保险产品及管理。个人商业养老保险产品按稳健型产品为主、风险型产品为辅的原则选择，采取名录方式确定。产品是指由保险公司开发，符合"收益稳健、长期锁定、终身领取、精算平衡"原则，满足参保人对养老账户资金安全性、收益性和长期性管理要求的商业养老保险产品。

（6）税收征管。

①关于缴费税前扣除。个人购买符合规定的商业养老保险产品、享受递延纳税优惠时，以中保信平台出具的税延养老扣除凭证为扣税凭据。取得工资、薪金所得和连续性劳务报酬所得的个人，应及时将相关凭证提供给扣缴单位。扣缴单位应按照有关要求，认真落实个人税收递延型商业养老保险政策，为纳税人办理税前扣除有关事项。

②关于领取商业养老金时的税款征收。个人按规定领取商业养老金时，由保险公司代扣代缴其应缴的个人所得税。

（二）养老目标基金

养老目标基金是指以追求养老资产的长期稳健增值为目的，鼓励投资人长期持有，采用成熟的资产配置策略，合理控制投资组合波动风险的公开募集证券投资基金。养老目标基金应当采用基金中基金（FOF）形式或中国证监会认可的其他形式运作。

（1）法规依据以及负责机构。2018年2月11日，为满足养老资金理财需求，规范养老目标证券投资基金（以下简称养老目标基金）的运作，保护投资人的合法权益，根据《证券投资基金法》《公开募集证券投资基金运作管理办法》等有关规定，中国证券监督管理委员会发布《养老目标证券投资基金指引（试行）》公告。

（2）养老目标基金品种。养老目标基金应当采用成熟稳健的资产配置策略，控制基金下行风险，追求基金长期稳健增值。投资策略包括目标日期策略、目标风险策略以及中国证监会认可的其他策略。

①采用目标日期策略的基金，应当随着所设定目标日期的临近，逐步降低权益类资产的配置比例，增加非权益类资产的配置比例。权益类资产包括股票、股票型基金和混合型基金。

②基金在运用目标风险战略时，应按特定风险偏好确定权益资产和非权益资产的基准配置比例，或运用普遍公认的方法对投资组合的风险进行定义，如波动性等，并采取相应的措施来控制投资组合的风险。在基金使用目标风险战略时，必须明确其风险级别和内涵，并将其纳入招募说明书。

（3）养老目标基金期限。养老目标基金应当采用定期开放的运作方式或设置投资人最短持有期限，与基金的投资策略相匹配。养老目标基金定期开放的封闭运作期或投资人最短持有期限应当不短于1年。

养老目标基金定期开放的封闭运作期或投资人最短持有期限不短于1年、3年或5年的，基金投资于股票、股票型基金、混合型基金和商品基金（含商品期货基金和黄金ETF）等品种的比例合计原则上不超过30%、60%、80%。

（4）养老目标基金子基金。养老目标基金的基金管理人应当制定子基金（含香港互认基金）选择标准和制度，且被投资子基金应当满足以下条件：

①子基金运作期限应当不少于2年，最近2年平均季末基金净资产应当

不低于 2 亿元；子基金为指数基金、ETF 和商品基金等品种的，运作期限应当不少于 1 年，最近定期报告披露的季末基金净资产应当不低于 1 亿元。

②子基金运作合规，风格清晰，中长期收益良好，业绩波动性较低。

③子基金基金管理人及子基金基金经理最近 2 年没有重大违法违规行为。

④中国证监会规定的其他条件。

（5）养老目标基金 FOF 与普通 FOF 的区别：

①定位更明确。普通 FOF 投资目标可以多样，但养老目标基金专为养老而设。根据规定，后者为满足养老资金理财需求，以追求养老资产的长期稳健增值为目的，鼓励投资人长期持有。

②对管理人、基金经理、子基金的要求更严格。比如，普通 FOF 对管理人无特别要求，但养老目标基金要求公司成立满 2 年、公司治理健全稳定、投资研究团队不少于 20 人、成立以来或最近 3 年没有重大违法违规行为等。

③有一定的封闭期。普通 FOF 是开放式基金运作，养老目标基金有定期开放的封闭运作期或投资人最短持有期限应当不短于 1 年。

④对权益仓位有要求。普通 FOF 没有特别要求，养老目标基金定期开放的封闭运作期或投资人最短持有期限不短于 1 年、3 年或 5 年的，基金投资于股票、股票型基金、混合型基金和商品基金等品种的比例合计原则上不超过 30%、60%、80%。

相对于普通 FOF，监管层对养老目标基金需要更资深的管理人、专业全面的管理团队、倡导长期投资，力求养老目标基金稳健增长，因此养老目标基金的养老特色更加明显，更适合长期持有❶。

（6）目前运行状况。从首批养老目标基金获批上市至今，经过 3 年多时间，中国养老目标基金市场规模持续扩大。截至 2021 年 10 月 25 日，市场上养老目标基金共有 149 只（A/C 份额分开计算），均为混合型 FOF，其中 2021 年新成立 30 只。以 2021 年二季度末的资产规模以及新基金发行规模计

---

❶ 博时基金. 养老目标FOF基金[EB/OL].（2018−12−02）[2021−12−15]. http://www.bosera.com/article/detail.do?articleId=12298.

算，养老目标基金当前市场规模 983.51 亿元，在超过 23 万亿元的公募基金市场中占比仅为 0.42%，仍处于发展初期。

从收益率来看，截至目前，73 只养老目标基金自成立以来收益率超过 20%，在成立超过一年的产品中占比超 66%。太平洋证券金融工程分析师徐玉宁表示，养老目标基金追求养老资产的长期稳健增值，投资组合波动风险合理控制，因此具备低波动率和低回撤特征，能为投资者带来更好的投资体验。

近年来，受益于个人养老意识逐步增强，相关产品宣传力度不断加大，养老目标基金的市场接受度得到提升。特别是今年以来，单只养老目标基金发行规模明显扩大，平均每只发行规模从前两年的 3 亿元左右增加至 10.16 亿元。规模达数十亿元的养老目标基金从无到有，2021 年内已有 4 只产品规模突破 40 亿元❶。

（三）专属商业养老保险

为贯彻落实党中央、国务院关于规范发展第三支柱养老保险的重要部署，推动商业养老保险加快发展，更好地服务多层次、多支柱养老保险体系建设，积极满足人民群众多样化养老保障需求，银保监会决定开展专属商业养老保险试点。专属商业养老保险，是指以养老保障为目的，领取年龄在 60 周岁及以上的个人养老年金保险产品。产品设计分为积累期和领取期两个阶段，领取期不得短于 10 年。产品采取账户式管理，账户价值计算和费用收取公开透明。

（1）法规依据以及负责机构。近年来，中国商业养老保险发展较为迅速，但是与发达国家成熟保险市场相比仍较为滞后。监管层此前就指出，加快商业养老保险发展需要加大养老保险产品创新，其中之一就是开展专属商业养老保险。2021 年 5 月，银保监会发布的《关于开展专属商业养老保险试点的

---

❶　金融时报—中国金融新闻网.“养老焦虑”下 养老型基金产品引关注[EB/OL].（2021-10-29）[2021-12-15]. https://www.financialnews.com.cn/zq/jj/202110/t20211029_231730.html.

通知》❶。

（2）试点期限和范围。自 2021 年 6 月 1 日起，在浙江省（含宁波市）和重庆市开展专属商业养老保险试点。试点期限暂定一年。参与试点的保险公司包括：中国人民人寿保险股份有限公司、中国人寿保险股份有限公司、太平人寿保险有限公司、中国太平洋人寿保险股份有限公司、泰康人寿保险有限责任公司、新华人寿保险股份有限公司。

（3）试点内容。试点保险公司应创新开发投保简便、交费灵活、收益稳健的专属商业养老保险产品。消费者达到 60 周岁及以上方可领取养老金，且领取期限不短于 10 年。试点保险公司应积极探索服务新产业、新业态从业人员和各种灵活就业人员养老需求。允许相关企事业单位以适当方式，依法合规为上述人员投保提供交费支持。试点保险公司应探索建立与专属商业养老保险业务长期发展相适应的内部管理机制，包括长期销售激励考核机制、风险管控机制和较长期限的投资考核机制等。在风险有效隔离的前提下，鼓励试点保险公司积极探索将专属商业养老保险业务发展与养老、照护服务等相衔接，满足差异化养老需求。

（4）交费方式。采取灵活交费方式，保险公司可收取初始费用，消费者交纳保费在扣除初始费用后全部进入个人账户。保险公司可根据交费金额、账户累积金额、销售渠道不同等设定差异化的公平合理的费用标准，并在保险合同中载明。

针对新产业、新业态从业人员和各种灵活就业人员，允许相关企事业单位以适当方式，依法合规为上述从业人员投保专属商业养老保险提供交费支持。企事业单位相关交费在扣除初始费用后全部进入个人账户，权益全部归属个人。

（5）积累期和领取期设计。积累期采取"保证＋浮动"的收益模式，

---

❶ 中国银保监会办公厅. 中国银保监会办公厅关于开展专属商业养老保险试点的通知[EB/OL].（2021－05－08）[2021－12－15]. http://www.gov.cn/zhengce/zhengceku/2021－05/16/content_5606788.htm.

保险公司应为消费者提供风险偏好不同的一个以上的投资组合。不同投资组合的保证利率可以不同，但不得超过新型人身保险产品法定准备金评估利率上限。投资组合的保证利率一经确定，不得调整。投资组合收益水平应反映保险公司投资能力和实际投资收益情况。

消费者年满 60 周岁方可领取养老金。保险公司须提供定期领取（领取期限不短于 10 年）、终身领取等多种方式供消费者选择。保险公司应制定专属商业养老保险养老年金领取转换表，可根据预定利率、生命表变化对转换表适时调整，并在公司官方网站显著位置公布调整后的转换表。转换表一经锁定，不得调整。消费者开始领取养老金后，不得调整已选定的养老年金领取转换标准。

（6）保险责任。包括身故责任、年金领取责任，鼓励保险公司以适当方式提供重疾、护理、意外等其他保险责任。其中，消费者在保险合同期内身故，赔付金额在积累期内不得低于账户价值，在领取期内不得低于保证领取剩余部分与年金转换时账户价值减去各项已领取金额的较大者，累计赔付给付金额不得低于领取期与积累期转换时的账户价值。对于其他长期养老金领取方式，累计赔付给付金额不得低于消费者尚未领取权益部分。

五、第四支柱

（一）养老扶助计划

近年来，中国人口老龄化日益加重，与此同时"少子化"问题同样突出。国家统计局报告指出，2019 年，中国 65 岁及以上人口比重增至 12.6%，0~15 岁人口比重为 17.8%，人口老龄化程度持续加深。预计"十四五"中国将进入中度老龄化社会，60 岁以上老年人口将突破 3 亿。无独有偶，2020 年中国总和生育率已降至 1.49，跌破了国际公认的 1.5 的警戒线。同年出生并已进行户籍登记的新生儿共 1003.5 万，已连续 5 年下跌❶。

---

❶　新华社. 当"老龄化"遇上"少子化"，中国如何破解"一老一少"困局？[EB/OL].（2021-03-21）[2021-12-16]. http://www.xinhuanet.com/politics/2021-03/21/c_1127237603.htm.

因此，老年人的养老风险不断加大，部分老年人养老保障无着落，生活照料无依靠，尤其是高龄老年人体弱多病，生活状况堪忧。中国养老扶助计划分为农村计划生育养老扶助计划和失独家庭养老扶助制度。

其一，农村计划生育户养老扶助计划。

2007年，中国探索建立农村计划生育家庭养老保障制度，鼓励各地为独生子女户和双女户因地制宜地开展养老保障项目。探索开展农村养老保险的地区要优先考虑独生子女户和双女户。

为深入贯彻党的十七大精神以及《中共中央国务院关于全面加强人口和计划生育工作统筹解决人口问题的决定》（中发〔2006〕22号），全面加强农村人口和计划生育工作，人口计生委等14个部门发布《关于全面加强农村人口和计划生育工作的若干意见》（以下简称《意见》）。《意见》中提出积极开展助老养老服务；鼓励和调动社会力量，采取公建民营、民办公助等多种形式，加快农村养老机构建设，不断满足农村空巢老人和留守老人的生活照料需求，优先和优惠为身边无子女的计划生育老人提供集中供养服务；对生活不能自理的农村计划生育家庭老年父母，按规定提供适当补助；要大力弘扬中华孝道、子女赡养、邻里互助的风尚，开展爱老助老义工活动，倡导社会各界关爱农村老人。

为健全农村社会养老保障制度，解决农村计划生育家庭的后顾之忧，广东省于2004年3月在全国首批实施了农村部分计划生育家庭奖励办法（粤府办〔2004〕27号），对广东省只生育一个子女、纯生二女或婚后没有生育的年满60周岁（男性）或55周岁（女性）的农村居民进行奖励，奖励金每人每月不低于80元。

2014年1月1日起，农村奖励标准提高到每人每月不低于120元。2010年10月，粤卫委印发农村计划生育节育奖励办法，对落实长效措施的农村纯生二女的夫妇等人群，自落实绝育措施当月起至男性年满60周岁、女性年满55周岁止，每人每月发放不低于50元的奖励金。

该办法与农村奖励办法实现了年龄上的衔接，农村纯生二女夫妇从落实措施之日起到年老可以一直领取奖励金❶。

其二，失独家庭养老扶助制度。

通过实施"失独"家庭养老扶助制度，整合政府相关部门特别是民政、养老等资源，在经济扶持、医疗救助、养老保障等方面给予"失独"家庭援助，解决他们住有所居、病有所医等生活问题，从而引导全市全社会对"失独"家庭的关怀，从精神慰藉和生活扶助两方面扎实推进，逐步实现政府推动为主，慈善救助、社会各界关爱共同推进的保障体系，真正做到使"失独"家庭老有所养、老有所依。下面以广州市失独家庭养老扶助制度实施方案进行介绍❷。

（1）扶助对象。"失独"家庭养老扶助制度对象是：具有广州户籍的城镇和农村独生子女死亡后未再生育或收养子女家庭的夫妻。扶助对象应同时符合以下条件：1933年1月1日以后出生；女方年满49周岁；只生育一个子女或合法收养一个子女；现无存活子女（包括收养的子女）。符合上述条件的对象，由政府给予"失独"家庭养老扶助。因丧偶或离婚的单亲家庭，男方或女方须年满49周岁纳入扶助。扶助对象死亡或再生育、合法收养子女的次月起，终止扶助。

（2）扶助内容及标准。

①经济保障。提高"失独"家庭特别扶助标准。根据广州市城乡居民消费水平的实际，在目前执行广东省和广州市现行的计划生育特别扶助制度基础上，女方满49周岁以上的夫妻双方每人每月增发1500元。

②医疗保障。每年为农村和城镇无业"失独"家庭夫妻购买农村合作医疗、城镇居民医保。

❶ 广东省卫生健康委员会. 广东省卫生健康委关于政协第十二届广东省委员会第四次会议第20210152号提案答复的函[EB/OL].（2021−08−09）[2021−12−16]. http://wsjkw.gd.gov.cn/zwgk_jytabl/content/post_3459318.html.

❷ 广州市增城区卫生健康局. 增城区失独家庭养老扶助制度实施方案[EB/OL].（2021−05−08）[2021−12−16]. http://www.zc.gov.cn/fw/ztfw/grfw/ylfw/jsfw/jszxjxc/content/post_7269669.html.

③养老保障。对年满 60 岁的"失独"夫妻,由户籍所在地镇街负责,以自愿为原则,免费安排入住属地公办养老院,费用由镇街财政全额承担,因属地养老院床位问题无法安排的,由市民政局统筹安排,费用由市财政全额承担。

(3)资金发放及资金管理。

①资金发放。由人口计生部门与有资质的金融机构签订代理服务协议,建立扶助对象个人账户,直接发放到个人。扶助金以个人为单位按月计算,每季度发放一次。扶助对象凭有效证件(于当季度月份的 5~15 日)到代理发放机构领取扶助金。在开展城乡居民最低生活保障制度核算申请人家庭收入时,扶助金不计入家庭收入。

②资金管理。首先,人口计生部门负责扶助资金的预算决算、转移支付和监督管理。设立专账独立核算"失独"家庭扶助项目,及时办理扶助金的审核及申请拨付手续,及时掌握并监督代理发放机构,建立扶助对象个人账户和资金管理情况。其次,财政部门根据人口计生部门提供其审核后的资料,及时足额将扶助金拨付到代理发放机构,并对项目实行监督及绩效管理。最后,代理发放机构负责制定资金发放办法和操作规程,按照代理服务协议的要求和人口计生部门提供的扶助对象名单建立个人账户,并将扶助金及时足额划转到个人账户。建立个人账户和拨付资金的情况应及时反馈给本级财政和人口计生部门。

(二)居家社区养老服务和农村养老服务

2020 年 12 月 8 日至 9 日,广东省召开全省居家社区和农村养老服务推进会,全面贯彻落实党的十九届五中全会关于"实施积极应对人口老龄化国家战略"的重大决策部署,深入贯彻习近平总书记出席深圳经济特区建立 40 周年庆祝大会和视察广东重要讲话重要指示精神,认真落实全国农村养老服务推进会议精神,总结"十三五"全省养老服务工作,谋划推动"十四五"全省居家社区和农村养老服务发展。

"十三五"以来,广东省委、省政府认真贯彻落实习近平总书记关于养老服务工作的重要指示批示精神，成立省级养老服务部门间联席会议制度，24 个成员单位齐心协力，为广东省 1477 万老年人及其家庭的幸福生活积极谋划，出台多项惠老政策、推进多项改革试点，形成了具有广东特色的养老服务体系，居家社区和农村养老服务取得显著成效。

截至 2020 年底，全省共有养老机构 1834 家（其中，农村敬老院 1186 家），养老床位 48.27 万张（其中，农村养老床位 22 万张），比"十二五"末分别增长了 41.3% 和 108%；全省建有社区养老服务设施超过 1.2 万个；1737 名社工以"社工+志愿者"的方式提供养老服务，累计走村入户服务 26.3 万人次。在民政部的悉心指导和大力支持下，全省民政系统和联席会议成员单位共同努力，为提高老年人福祉、服务全省经济社会发展大局做出了积极贡献❶。

多措并举加强养老服务要素保障。联席会议各成员单位要按照广东省委、省政府的决策部署，对本系统在资金、土地、人才、医养结合、医保政策等方面加强养老服务项目要素保障。

（1）养老投入方面，要多渠道加大养老服务资金投入，切实落实对民办养老机构建设运营补贴政策，鼓励养老基金、国有资本、社会资本等通过多种方式参与养老产业发展；加强养老服务机构、设施和城乡社区适老化改造的用地保障，将各类养老服务设施的规划布点等内容纳入国土空间总体规划和详细规划，鼓励将符合"三旧"改造条件的场所改造成养老服务设施，将闲置公有房产优先用于养老服务。

（2）人才培养方面，进一步加大养老护理员培训力度，完善全省养老护理员职业技能培训标准和课程，制定职业技能等级社会化培训评价政策措施，扩大居家养老日常护理技能培训规模，加强养老服务人才政策扶持。

（3）医养结合方面，推动社区居家养老服务机构与基层医疗卫生机构深度融合，普遍建立养老机构与医疗机构预约就诊、双向转诊等合作机制，切实将医养结合机构中的医疗机构纳入城乡居民基本医疗保险定点结算范围，

---

❶ 广东省民政厅. 广东召开全省居家社区和农村养老服务推进会[EB/OL].（2020-12-09）[2021-12-16]. http://smzt.gd.gov.cn/mzzx/mzyw/content/post_3146251.html.

大力提升养老机构护理型床位占比，推广护理服务、家庭病床进社区，为居家老年人提供上门医疗护理服务。

（4）养老产业方面，探索发展旅居养老、文化养老、健康养老、养生养老等新兴业态，培育一批品牌化、规模化、有影响力的新型养老产业集团，积极培育养老服务行业组织，深化粤港澳大湾区养老服务合作。

（5）养老支付能力方面，进一步完善长期照护保障体系，落实好老年人福利保障政策，并逐步与残疾人两项补贴政策衔接；大力推进包括老年人在内的重点人群医疗保障制度改革，加快发展包括商业性长期护理保险、高龄照护保险在内的多种老年护理保险产品。

切实提高养老机构抗击风险能力。要始终把服务安全摆在第一位，做到警钟长鸣、常抓不懈。要建立健全综合监管机制，加强对养老机构事中事后监管，确保养老服务市场放得开、管得住；要持续实施养老院服务质量专项行动和消防安全达标工程，坚持不懈排查整治各类风险隐患；要持续解决好养老机构消防审验等历史遗留问题，重点实施民办养老机构消防安全达标工程；要谋划推动养老机构应急救援建设，全面提升养老机构抗击风险能力。

（三）老年人优待卡

2020 年底，国务院办公厅印发《关于切实解决老年人运用智能技术困难的实施方案》，就进一步推动解决老年人在运用智能技术方面遇到的困难，为老年人提供更周全、更贴心、更直接的便利化服务做出部署。广东迅速贯彻落实国务院相关部署要求，在推进数字政府建设过程中，强化以人民为中心的发展思想，聚焦涉及老年人的高频事项和服务场景，积极推进线上线下服务适老化改造，助力老年人群体办事"无障碍、不折腾"，更好共享数字信息发展的成果。下面以广州市发放的老年人优待卡为例进行介绍。

为保障老年人合法权益，发展老龄事业，积极应对人口老龄化，弘扬中华民族敬老、养老、助老的美德，根据《中华人民共和国老年人权益保障法》《广东省老年人权益保障条例》及有关规定，2021 年 1 月 8 日市政府第 15 届 130 次常务会议通过《广州市老年人优待办法》，自 2021 年 5 月 1 日起施行❶。

（1）保障对象。年满 60 周岁，具有广州市户籍或者持有本市有效居住证件的公民，享受本办法规定的优待。国家机关、社会团体、企业事业单位、基层群众性自治组织和其他组织，应当按照本办法的规定履行优待老年人的职责和义务。

（2）管理组织部门。由市卫生健康行政主管部门负责组织实施。各有关部门应当在各自职责范围内协同实施本办法。市老龄工作机构负责在本行政区域内组织、协调、指导、督促有关部门做好老年人优待工作，核准、制发和管理本市老年人优待凭证，并逐步推行电子优待凭证。

（3）优待内容。广州市各级人民政府及其有关部门应当根据社会经济发展的情况，在政务服务、卫生保健、文体休闲、交通出行、公共商业服务、维权服务等方面给予老年人优待，逐步提高优待水平。

①政务服务。各级人民政府及其有关部门、服务单位应当利用信息化、智能化手段为老年人提供精准、优质服务；提升信息化、智能化服务水平时，应当尊重老年人的行为习惯，保留老年人熟悉的传统服务方式。政务服务、医疗机构、邮政、电信、银行、供电、供水、供气、通信、有线电视等服务单位应当为老年人专设服务窗口或者设置老年人优先标志，对老年人应当主动提供引导、咨询服务，为其优先办理相关业务。

②交通出行。年满 60 周岁、不满 65 周岁的老年人持本市老年人优待凭证乘坐市内线路公共汽（电）车、过江轮渡、水上巴士和城市轨道交通，享受半价优惠。65 周岁以上老年人持广州市老年人优待凭证免费享受前款优待。

③卫生保健。医疗机构应当为老年患者预留一定比例的现场号源，保留挂号、缴费、打印检验报告等人工服务窗口，配备导医、志愿者、社会工作者等人员，为老年患者提供就医指导服务。公立医院对持本市老年人优待凭证的老年人应当减收普通门诊诊查费。

---

❶ 广州市人民政府办公厅. 广州市老年人优待办法[EB/OL].（2021−02−09）[2021−12−16]. http://www.gz.gov.cn/zwgk/fggw/zfgz/content/post_7092980.html.

④公共商业服务。鼓励商场、餐饮、旅游、文化等服务单位根据自身的服务特点，为老年人提供各种优先、优惠、优质服务，并在营业场所设置明显的优待标志、标识。符合本市法律援助条件的老年人申请法律援助的，法律援助机构应当依法及时予以法律援助。符合《广州市法律援助实施办法》规定法律援助条件的老年人持本市老年人优待凭证办理公证的，公证机构应当按照规定减免公证费。

第二节　中国香港养老保险制度

中国香港位于东亚，深受中国传统观念熏陶，"子孝"在传统文化中具有重要意义，即成人子女要担负起对老人的赡养义务，以达到"老有所养""养儿防老"的目的[1]。然而，近几年香港的经济不太景气，导致大量的失业者，让退休成为一个沉重的负担。现在，越来越多的家庭对照顾老年人有压力[2]。

香港政府在退休问题上，并未直接负起责任，而是鼓励家人和孩子们去照顾家里的老人，并利用他们的积蓄安度晚年。香港被视为一种新的自由福利模式，香港政府仅提供少量的福利，而且反对重新分配[3]。政府只是提供了最低限度的援助，并没有通过再分配来实施任何社会养老保险。同样，在退休制度上，随着家庭养老的作用越来越弱，公民最大的依靠还是自己的储蓄，公民要靠自己的劳动来赚取财富，以及保护自己和家人。香港人靠自己的积蓄养老，是一种价值的反映[4]。

---

❶ 马素伟. 内地和香港青年退休养老意愿的比较研究[J]. 河北青年管理干部学院学报，2017，29（4），15-20.

❷ 曹建云. 粤港澳大湾区建设对跨境养老的影响研究——基于福利可携性视角[J]. 华南理工大学学报：社会科学版，2020，22（1），12-21.

❸ 陈洁，王润良. 粤港养老业协同发展研究[J]. 广州大学学报：社会科学版，2018，17（8），51-56.

❹ 邓伟胜. 香港养老模式及其对内地的启示[J]. 岭南学刊，2015（2），115-119.

2005 年，世界银行提出养老金制度的多支柱模式，建议各国用多支柱模式来评估目前的退休制度。多支柱模式中"第零支柱"的功能是以政府提供的非缴费型社会保障计划的形式为所有老年人提供基本保护。为了管理那些在工作期间收入过低和消费过高的个人短视行为的风险"第一支柱"和"第二支柱"都是强制性的缴费型养老金计划，分别由公共和私人管理。"第三支柱"是自愿缴费或储蓄的形式，是灵活的、可自由支配的。最后，"第四支柱"是指来自家庭成员或正式补贴的公共服务的非财政和非正式支持。香港目前的养老保障制度如表 4-6 所示。

表 4-6　香港的退休保障计划

五支柱	主要保障计划	具体计划
第零支柱：对所有老年人的基本保护；由政府提供的非缴费型社会保障计划	综合社会保障援助（综援）计划	综援长者广东及福建省养老计划
	公共福利金计划	高龄津贴（生果金）
		普通伤残津贴
		高额伤残津贴
		普通长者生活津贴
		高额长者生活津贴
		广东计划
		福建计划
第一支柱：以平滑消费为目的的强制性储蓄；通常以现收现付为基础的强制性固定缴款养老金计划，由政府管理	尚未提供	尚未提供
第二支柱：以平滑消费为目的的强制性储蓄；由私人管理的强制性固定缴款养老金计划	强制性职业计划	强制性公积金计划
		公务员退休保障计划
第三支柱：自愿供款或储蓄	自愿或储蓄计划	强积金计划的自愿供款计划
		公共年金计划
		养老按揭（逆按揭）计划

续表

五支柱	主要保障计划	具体计划
第四支柱：家庭成员提供的非经济和非正式支持或正规的补贴性公共服务	公共或慈善组织提供的福利	养老服务计划
		公营医疗
		长者医疗券计划
		公营房屋
		家庭支援
		政府长者及合资格残疾人士公共交通票价优惠计划

由表 4-6 可以看出，香港的养老保障制度种类繁多且较为复杂，但是缺少第一支柱下的公共管理的强制性缴费计划。下面对以上主要的养老退休制度进行简单回顾。

一、绝大多数行业无法定退休年龄

除公务员、保安、领港员、资助学校的教师／校长外，香港其他行业无法定退休年龄，不少中小微企业则无指定退休年龄。私人执业者，实质上没有退休年龄。

如今，香港社会普遍接受以 65 岁为退休年龄; 65 岁也是可以领取"强积金"（雇员及雇主供款）及"长者生活津贴"（公共福利）的年龄。而香港人的平均预期寿命在全球前列，2020 年女性预期寿命为 88 岁，男性为 82.9 岁[1]。

而香港公务员的退休年龄分为两类：一类是文职公务人员，2015 年起新入职公务员的退休年龄，由原来的 60 岁提高至 65 岁；而 2000 年 6 月 1 日至 2015 年 5 月 31 日入职的公务员，可自愿选择延长至 65 岁退休。另一类是纪律部队公务员，2015 年起新入职者，可由原来的 55 岁 /57 岁，自愿延长退休

---

[1] 中国新闻网. 香港男女平均预期寿命增至82.9岁及88岁 趋于更长寿[EB/OL].（2021-11-15）[2021-12-16]. https://www.chinanews.com.cn/ga/2021/11-15/9609749.shtml.

年龄至 60 岁；2000 年 6 月 1 日至 2015 年 5 月 31 日入职者，可自愿选择延长至 60 岁退休 ❶。

保安及保卫服务人员的退休年龄，根据《保安及护卫服务条例》，乙类（持证人可就任何人、处所或财产提供保安工作）和丙类（适用于携带枪械弹药的保安工作）保安人员许可证的年龄上限分别为 65 岁及 55 岁。年纪超越乙类、丙类许可证年龄上限的合资格者，仍可申请无年龄上限的甲类许可证，可在"单幢式私人住宅建筑物"担任保安工作 ❷。

领港员的退休年龄，根据《领港条例》，所有总吨位 3000 吨或以上，以及若干其他指明船只在访港时必须由持牌领港员为其引航。现行法例容许年满 65 岁的 I 级领港员可继续工作至 68 岁 ❸。

资助学校教师或校长的退休年龄，按《教育条例》，一般情况下资助学校的教师或校长，如在某学年开始前已年满 60 岁，则不得在该学年内继续受雇。教育局常任秘书长可批准资助学校的法团校董会或校董会继续雇用年满 60 岁的教师或校长，但每次获批的期限不超过 1 个学年，而最长合计期也不得超过 5 个连续的学年。

二、第零支柱养老计划

（一）综合社会保障援助（综援）计划

综合社会保障援助计划（Comprehensive Social Security Assistance，CSSA，简称

---

❶　立法会. 延长公务员服务年期最新背景资料简介[EB/OL].（2021-01-18）[2021-12-16]. https://www.legco.gov.hk/yr20-21/chinese/panels/ps/papers/ps20210118cb4-364-6-c.pdf.

❷　香港保安及护卫业管理委员会. 乙类保安人员许可证年龄上限延至70岁[EB/OL].（2021-01-23）[2021-12-16]. https://www.sb.gov.hk/chi/links/sgsia/extension.html.

❸　欧华综览. 退休在香港——强积金、长者社会保障及平安三宝[EB/OL].（2021-04-23）[2021-12-16]. http://www.chineseineurope.com/retirement/hkretirement/hkretire1.

综援），前身为于 1971 年 4 月 1 日设立的公共援助计划（public assistance），于 1993 年更改为现时的计划，是香港社会福利中的一项收入补助❶。作为经济上无法自给自足的香港市民的社会福利安全网，由香港社会福利署负责统筹。

（1）保障对象。综援计划的目的是向有需要的个人及家庭提供经济援助，使他们的收入达到一定水平，以应付生活上的基本需要。申请人必须符合：是香港居民；取得香港居民身份不少于一年；在取得香港居民身份后，在香港总共居住满一年。在申请前一年不得离港超过 56 日❷。

（2）资金来源。全部由政府收入支付。

（3）保费。受益人无须预先缴交任何保费。

（4）请领资格。申请人必须通过资产及收入的审查。申请人如与家人同住，便须以家庭为单位提出申请。在决定一个家庭是否符合资格领取综援时，社会福利署会考虑整个家庭的资源和需要。换言之，社会福利署会把所有家庭成员的每月收入和所需开支一并计算。

①收入审查。申请人及其家庭成员每月可评估的总收入不足以应付他们在综援计划下的每月认可需要总额，才符合领取综援的资格。在评估入息时，培训/再培训津贴及符合指定资格的申请人或其家庭成员的工作入息，其中部分可获豁免计算（豁免计算入息只适用于领取综援不少于两个月的个案）。

②资产审查。申请人及其家庭成员所拥有的资产（包括土地/物业、现金、银行存款、保险计划的现金价值、年金计划的投保保费金额/退保金额、股票及股份的投资及其他可变换现金的资产）总值不得超过香港社会福利署所定的限额。申请人与家庭成员的资产总值须低于限额，具体见表 4-7~ 表 4-9。

---

❶ 香港特别行政区社会福利署. 综合社会保障援助（综援）计划[EB/OL].（2021-11-23）[2021-12-16]. https://www.swd.gov.hk/sc/index/site_pubsvc/page_socsecu/sub_comprehens/.

❷ 但对于65岁或以上或伤残受助人，每年可离港天数变为180天；18岁以下的香港居民可获豁免上述第二、第三项的居港规定。

表 4-7　单身人士个案

申请人	资产限额（港元）
健全成人	33000
儿童、长者（注）、残疾或经医生证明为健康欠佳人士	50000

家庭个案又分为家庭成员中有健全成人的个案（表 4-8）和家庭成员中没有健全成人的个案（表 4-9）。

表 4-8　家庭成员中有健全成人的个案

成员类型	该类成员的人数（人）	资产限额（港元）
健全成人 / 儿童的成员	1	22000
	2	44000
	3	66000
	4 人或以上	88000
65 岁或以上长者、伤残或经医生证明为健康欠佳的成员	1	50000
	2	75000
	3	10000
	4	125000
	5	150000
	6	175000
	7 人或以上	向社会保障办事处职员查询

例如，一个 7 人家庭，成员包括 2 名健全成人、3 名健全儿童、1 名残疾儿童及 1 名长者，这个家庭的资产限额为 163000 港元（88000+75000）。

表 4-9　家庭成员中没有健全成人的个案

家庭成员数（人）	资产限额（港元）
2	75000
3	10000
4	125000
5	150000

续表

家庭成员数（人）	资产限额（港元）
6	175000
7 人或以上	向社会保障办事处职员查询

身体健全成人的附加准则：15~59 岁身体健康正常的申请人，必须符合下列其中一项条件：

①在香港社会福利署认为合理的情况下不能工作（如就学或须在家照顾幼儿患病或残疾家人）。

②每月从工作中所赚取的入息不少于 2395 港元及每月工作不少于 120 小时。

③失业或每月从工作中所赚取的入息少于 2395 港元或每月工作少于 120 小时的人士，正积极地寻找全职工作及依照香港社会福利署规定参加自力更生支持计划。

15 岁以下或 60 岁或以上的人士，则无须符合上列条件。

为应对 2019 新型冠状病毒疫情对经济的冲击，香港政府在推行第二轮防疫抗疫措施中包括通过综援系统提供具时限的失业支援措施。由 2020 年 6 月 1 日起，香港社会福利署暂时放宽健全人士申领综援的资产限额一倍，为期 6 个月，至 11 月 30 日。政府随后于 2020 年 9 月 15 日宣布第三轮防疫抗疫措施，其中包括将现行综援计划下放宽健全人士申领综援的资产限额的安排延长 6 个月，以继续支援有即时财政困难的失业人士。立法会财务委员会已于 9 月 28 日批准有关拨款。

简言之，香港社会福利署会在 2020 年 6 月 1 日至 2021 年 5 月 31 日的 12 个月内，暂时放宽健全人士（包括健全单身成人及家庭个案下的健全成人和儿童）申领综援的资产限额一倍。有关综援计划下适用于健全人士的原定资产限额及在上述 12 个月内经放宽的资产限额，见表 4–10。此外，根据现行综援安排，健全人士住户的自住物业在申请获批后的首 12 个月宽限期内将豁免计算为资产；这项安排也会继续适用于这项放宽措施的健全人士。

表 4–10 疫情冲击下放宽的综援资产限额

个案类型	成员类型	该类成员人数（人）	由 2020 年 2 月 1 日起生效的资产限额（港元）	由 2020 年 6 月 1 日起生效的资产限额（港元）
单身人士个案	健全成人	—	33000	66000
有健全成人的家庭个案	健全成人 / 儿童的成员	1	22000	44000
		2	44000	88000
		3	66000	132000
		4 人或以上	88000	176000

注：除了上述类别的个案，其他类别的资产限额维持不变。

（5）给付金额：援助金额大致可以分为三类：标准金额、补助金和特别津贴。

其一，标准金额。

不同类别的受助人可获不同的标准金额，以应付生活上的基本需要。具体可见表 4–11、表 4–12。

表 4–11 综援金额的标准金额类别 1

类别		标准金额（港元）	
		单身人士	家庭成员
65 岁或以上的长者	健全 / 残疾程度达 50%	3815	3590
	残疾程度达 100%	4610	4075
	需要经常护理	4685	5945
65 岁以下而健康欠佳 / 残疾的成人	健全 / 残疾程度达 50%	3815	3590
	残疾程度达 100%	4610	4075
	需要经常护理	6485	5945

续表

类别		标准金额（港元）	
		单身人士	家庭成员
残疾儿童	健全/残疾程度达50%	4290	3735
	残疾程度达100%	5085	4545
	需要经常护理	6955	6420

表 4-12　综援金额的标准金额类别 2

类别		标准金额（港元）			
		单身人士	有不超过2名健全成人/儿童的家庭	有3名健全成人/儿童的家庭	有4名或以上健全成人/儿童的家庭
65岁以下的健全成人	单亲人士/须照顾家庭人士	—	2915	2635	2335
	其他健全成人	2685	2395	2160	1925
健全儿童		3230	2675	2400	2145

注：（a）儿童是指 15 岁以下或 15~21 岁并正接受全日制教育的人士（在一般情况下并不包括正在接受专业教育的人士）。（b）健康欠佳及残疾人士须经由公立医院或诊所医生证明。

其二，补助金。

①长期个案补助金。有年老、残疾或经医生证明为健康欠佳成员的受助家庭，如连续领取援助金达 12 个月或以上，可按家庭中这类合资格成员的人数，获发每年一次的长期个案补助金，作为更换家居用品及耐用品之用。具体长期个案补助金如表 4-13 所示。

表 4-13　长期个案补助金

受助人	每年金额（港元）
单身人士	2385

续表

受助人	每年金额（港元）
有 2 名或以上年老、残疾或经医生证明为健康欠佳成员的家庭	4765

②单亲补助金。单亲家庭每月可获发单亲补助金，以顾及单亲人士独力照顾家庭所面对的特别困难。2021 年 2 月 1 日起，每月金额为 380 港币。

③社区生活补助金。由 2020 年 8 月 1 日起，除了非居于院舍而年老、残疾或经医生证明为健康欠佳的受助人外，社区生活补助金会扩展至非居于院舍而年龄介于 60~64 岁身体健全的成人受助人，以期为他们留在社区生活提供更有利的条件。2021 年 2 月 1 日起，每月金额为 360 港币。

④交通补助金。年龄介于 12~64 岁并经医生证明残疾程度达 100% 或需要经常护理的严重残疾人士，每月可获发交通补助金，以鼓励他们多些外出参与活动，从而促进他们融入社会。2021 年 2 月 1 日起，每月金额为 305 港币。

⑤院舍照顾补助金。由 2012 年 6 月 1 日起，居于非受资助院舍而年老、残疾或经医生证明为健康欠佳的综援受助人，每月可获发院舍照顾补助金，以减轻他们的院费负担。2021 年 2 月 1 日起，每月金额为 360 港币。

⑥就业支援补助金。2019 年 2 月 1 日起，年龄介于 60~64 岁而身体健全的成人受助人每月可获发就业支援补助金，以鼓励他们投入劳动市场及持续就业。2021 年 2 月 1 日起，每月金额为 1130 港币。

其三，特别津贴。

不同类别的受助人可以按其个别情况领取每月发放或一次性发放的特别津贴（如租金津贴、学费津贴、特别膳食津贴等），以应付个人或家庭的特别需要。如有需要，申请人可向社会保障办事处职员查询。

租金津贴按合资格的家庭成员人数计算，受助人可获发的租金津贴金额为实际缴付的租金或按合资格的家庭成员人数可得的租金津贴最高金额，两者以金额较少者为准。居住在公营房屋的受助人如获任何免租优惠或减租优惠，在优惠期间香港社会福利署不会发放租金津贴或只发放减租优惠后实际需缴付的租金，但仍以有关的租金津贴最高金额为上限。

就须缴付香港房屋委员会（房委会）辖下的出租公屋（包括临时居所）

单位租金的综援户而言，在一般情况下，香港社会福利署会将其在综援计划下可获发的租金津贴，每月以自动转账方式直接存入房委会的银行户口，以支付公屋单位的租金（包括暂准租用证费）。

援助金额是按照个人或家庭的收入及需要而定的。申请人可得的援助金额是个人或该家庭在综援计划下"认可需要"与"可评估收入"的差额。"认可需要"包括综援计划下认可的基本需要和特别需要，即申请人和家庭成员符合资格领取的各类援助金。"可评估收入"包括薪金及其他收入减去可豁免计算的工作入息或培训/再培训津贴❶。

（二）公共福利金计划

公共福利金计划是为严重残疾或年龄在 65 岁或以上的香港居民，每月提供现金津贴，以应付因严重残疾或年老而导致的特别需要。这项计划包括普通伤残津贴、高额伤残津贴、高龄津贴、普通长者生活津贴、高额长者生活津贴、广东计划及福建计划。申请本计划下的伤残津贴及高龄津贴的人士均无须接受经济状况调查。

（1）高龄津贴（生果金）。高龄津贴是香港社会福利署为 70 岁或以上的香港居民，每月提供的现金津贴，以应付因年老而导致的特别需要。申请人无须通过收入审查。由 2021 年 2 月 1 日起，高龄津贴的每月金额为1475 港元。

合资格的高龄津贴申请人士必须：年满 70 岁或以上，且符合下列居港规定：已成为香港居民最少 7 年，以及在申请前一年不得离港超过 56 日❷；于领款期间，继续在香港居留；没有领取公共福利金计划下的其他津贴或综合社会保障援助（综援）；并非受合法羁留或在惩教院所服刑。

---

❶ 香港特别行政区社会福利署. 综合社会保障援助计划[EB/OL].（2021-11-23）[2021-12-16]. https://www.swd.gov.hk/tc/index/site_pubsvc/page_socsecu/sub_socialsecurity/.

❷ 如申请人在该段时间内在香港以外的地方，从事有薪工作及/或因病就医，而又能提供足够文件（及理由）予以证明，有关的离港日数可获酌情考虑豁免计算。

（2）普通伤残津贴。普通伤残津贴是香港社会福利署为严重残疾的香港居民，每月提供的现金津贴，以应付因严重残疾而导致的特别需要。伤残津贴的申请人无须接受经济状况调查。由 2021 年 2 月 1 日起，普通伤残津贴每月金额为 1835 港元。

普通伤残津贴的申请人必须：经由香港卫生署署长或医院管理局行政总裁（或在极为特殊情况下由私家医院的注册医生）证明为严重残疾；其严重残疾情况将持续不少于 6 个月；并且符合下列居港规定：已成为香港居民最少 7 年；及在申请前一年不得离港超过 56 日；于领款期间，继续在香港居留及符合离港要求；没有领取公共福利金计划下的其他津贴或综合社会保障援助；并非受合法羁留或在惩教院所服刑。

（3）高额伤残津贴。高额伤残津贴除要符合上述普通伤残津贴的资格外，还须经由卫生署署长或医院管理局行政总裁证实在日常生活中需要他人不断照顾；同时并没有在受政府资助的院舍（包括津助 / 合约院舍及参与不同买位计划院舍的资助床位）或医院管理局辖下所有的公立医院及机构接受住院照顾，或在教育局辖下的特殊学校寄宿。由 2021 年 2 月 1 日起，高额伤残津贴的每月金额为 3770 港元。

（4）长者生活津贴。公共福利金计划下的长者生活津贴，包括普通长者生活津贴及高额长者生活津贴，旨在为香港 65 岁或以上有经济需要的长者每月提供特别津贴，以补助他们的生活开支。普通长者生活津贴及高额长者生活津贴现时每月金额分别为 2845 元及 3815 元。除资产限额外，普通长者生活津贴及高额长者生活津贴的申请资格相同。

普通长者生活津贴 / 高额长者生活津贴申请人必须：年满 65 岁或以上，并且符合下列居港规定：已成为香港居民最少 7 年，以及在申请前一年不得离港超过 56 日；申报资产及收入的水平没有超过限额（具体限额见表 4–14）；没有领取公共福利金计划下的其他津贴或综合社会保障援助。

表 4-14 长者生活津贴的收入、资产及限额

类别		每月总收入（港元）	资产总值（港元）
普通长者	单身人士	10330	365000
	夫妇	15620	554000
高额长者	单身人士	10330	159000
	夫妇	15620	241000

（5）广东计划。公共福利金计划下的广东计划设有高龄津贴及长者生活津贴（包括普通长者生活津贴及高额长者生活津贴），为选择移居广东省的合资格香港居民，每月提供现金津贴。

广东计划无须申请人供款。高龄津贴不设经济状况审查，其目的是为年龄在 70 岁或以上的香港居民，每月提供现金津贴，以应付因年老而导致的特别需要。至于长者生活津贴，旨在为年龄在 65 岁或以上有经济需要而收入及资产并没有超过规定限额的香港居民，每月提供特别津贴，以补助他们的生活开支。领取广东计划下的高龄津贴 / 长者生活津贴期间，受惠人无须每年返港，只要在每一个付款年度内居住在广东满 60 天，便可领取全年津贴。

由 2021 年 2 月 1 日起，广东计划下的高龄津贴及长者生活津贴（包括普通长者生活津贴及高额长者生活津贴）的每月津贴金额如表 4-15 所示 ❶。

表 4-15 广东计划下的高龄津贴和长者生活津贴金额

类型	每月津贴金额（港元）
高龄津贴（适用于 70 岁或以上申请人）	1475
普通长者生活津贴（适用于 65 岁或以上申请人）	2845
高额长者生活津贴（适用于 65 岁或以上申请人）	3815

（6）福建计划。公共福利金计划下的福建计划设有高龄津贴及长者生活津贴（包括普通长者生活津贴及高额长者生活津贴），为选择移居福建省的

---

❶ 香港特别行政区社会福利署. 公共福利金[EB/OL].（2021-08-05）[2021-12-17]. https://www.swd.gov.hk/gds/index_s.html.

合资格香港居民，每月提供现金津贴。每月的津贴金额与广东计划完全相同，因此不再赘述❶。

三、第二支柱养老计划

（一）强制性公积金计划（强积金计划）

强积金制度的设立是为就业人士的退休生活作储蓄，是香港退休保障制度中重要的部分。香港于1995年制定《强制性公积金计划条例》（《强积金条例》），有关附属法例则于1998年、1999年和2000年通过。而强积金制度在2000年12月开始实施❷。强积金是一个由私营机构管理及具备足额资金的强制性供款制度，目的是加强强制性储蓄，以便在一生中平滑消费。雇主有责任为其18岁或以上但未满65岁的雇员安排加入强积金计划。同一年龄段的自雇人士也必须加入该计划。

根据强积金制度，雇员和雇主须按最低及最高收入水平，每个月分别向强积金受托人，注入有关雇员收入的5%或以上作为供款，自雇人士也须最少以个人收入的5%作为强制性供款。就月薪雇员而言，强积金供款的最低有关收入水平为每月7100港元。每月赚取超过30000港元的雇员，雇主和雇员的强制性供款上限均为1500港元，自雇人士供款上限为每年300000港元（具体缴费计划见表4-16）。雇员可于每年一次把供款户口的雇员供款部分的所有累算权益转移至另一计划。

表 4-16 香港强积金缴费计划

每月收入（港元）	雇主强制性缴费（港元）	雇员强制性缴费（港元）
低于 7100	有关收入 ×5%	无须缴费
7100~30000	有关收入 ×5%	有关收入 ×5%

---

❶ 香港特别行政区社会福利署. 公共福利金[EB/OL].（2021-08-05）[2021-12-17]. https://www.swd.gov.hk/fjs/index_s.html.

❷ 强制性公积金计划管理局. 强积金制度背景[EB/OL].（2021-10-15）[2021-12-17]. https://www.mpfa.org.hk/sc/mpf-system/background/why-mpf.

每月收入（港元）	雇主强制性缴费（港元）	雇员强制性缴费（港元）
高于 30000	1500	1500

对于非按月薪支付薪水的雇员，如按日、按周或每半个月支薪一次，雇主须先以每日最高 1000 港元及最低 280 港元的有关收入水平来计算收入的上、下限，以厘定供款额；而若是按周支薪，一星期的日数为 7 天，因此有关入息上限为 7000 港元（1000×7），下限则为 1960 港元（280×7）。具体的缴费计划见表 4-17 和表 4-18。

表 4-17　香港非按月支薪

有关收入（港元）	雇主强制性缴费（港元）	雇员强制性缴费（港元）
低于下限（280× 收入日数）	有关收入 ×5%	无须缴费
介于上、下限之间	有关收入 ×5%	有关收入 ×5%
超过上限（1000× 收入日数）	上限 ×5%	上限 ×5%

表 4-18　香港按周支薪

有关收入（港元）	雇主强制性缴费（港元）	雇员强制性缴费（港元）
低于下限（1960）	有关收入 ×5%	无须缴费
1960~7000	有关收入 ×5%	有关收入 ×5%
超过上限（7000）	上限 ×5%	上限 ×5%

有关收入是指雇主以金钱形式支付或须支付给雇员的金额，包括任何工资、薪金、假期津贴、费用、佣金、花红、奖金、合约酬金、赏钱或津贴，不包括《雇佣条例》下的遣散费或长期服务金。

一般而言，累算权益须保存至计划成员年届 65 岁退休方可提取。然而，基于计划成员死亡、丧失行为能力、永久离开香港及提早退休的原因，可在退休年龄之前支付取得。

受强积金制度涵盖的自雇人士须定期向强积金计划做出供款。供款额为收入的 5%，并受最低及最高有关入息水平的限制。自雇人士现在最低及最高有关入息水平分别为每月 7100 港元（或每年 85200 港元）及每月 30000 港元（或每年 360000 港元）。

个别人士或若干类别人士及其雇主获《强积金条例》豁免遵守强积金规定，包括：受法定退休计划或公积金计划保障而享有退休金福利的公务员、司法人员和津贴学校或补助学校教师；受《职业退休计划条例》（香港法例第 426 章）规管的职业退休计划的成员，但有关计划必须根据《强积金计划（豁免）规例》（香港法例第 485B 章）获豁免遵守强积金的规定；在港受雇或自雇的海外人士，他们在香港工作不超过 13 个月；已参加在香港以外地方成立的退休计划；欧洲联盟欧洲委员会香港办事处的雇员；家务雇员；自雇小贩。

按照《雇佣条例》（香港法例第 57 章），当雇员有权依其服务年资获得雇主须支付的遣散费或长期服务金时，雇主可在雇员的强积金供款中，抽取雇主供款部分及其累算权益，以抵销应向雇员支付的遣散费或长期服务金。时任行政长官林郑月娥在《2021 年施政报告》中，宣布在下一个立法年度修例落实取消强积金对冲机制。

目前，在 2021 年第三季度，强积金体系在本季度的累计总投资亏损约为 550 亿港元，相当于每名成员平均投资损失约 1.2 万港元，这是自新冠肺炎疫情开始以来最大的季度亏损；香港 450 万名强积金账户持有人的平均账户结余将下降至约 25.9 万港元 ❶。

（二）公务员退休保障计划

香港政府雇员有三个退休保障计划，包括旧退休金计划（OPS）、新退休金计划（NPS）和公务员公积金（CSPF）。在 1987 年 7 月 1 日之前，政府提供老年退休金计划，这是一个受《退休金利益条例》（1997 年）管辖的固定利益退休计划。NPS 是为 1987 年 7 月 1 日至 2000 年 5 月 31 日被任命的公务员提供的（《养老金条例》，1997）。对于那些在 2000 年 6 月 1 日之后被任命的政府雇员，政府已经选择了 CSPF，该计划受《公积金计划条例》（2013

---

❶　大公网香港财经. MPF投资回报差 打工仔季蚀1.2万[EB/OL].（2021-09-29）[2021-12-17]. http://www.takungpao.com/finance/236131/2021/0929/637480.html.

年）管辖，是一个新的固定缴费的退休计划，适用于长期任职的公务员。政府的缴款是根据公务员连续服务年限的累进式缴款率。

一般来说，公务员会于退休时或在退休金法例规定的其他情况下获发退休金。公务员的退休金是根据退休金法例订定的计算方法计算，方法是按该员的薪金、服务年限及所属退休金计划下的退休金计算因子，计算出该员可领取的退休金。公务员可选择把一定比例的退休金折算一次性的退休酬金，余额则按月发放给该员，直至他逝世为止。

新旧两种退休金计划的主要区别如表4-19所示。

表4-19 香港新旧退休金计划的区别

条目	旧退休金计划	新退休金计划
退休年龄	55	60
是否容许提早退休	是	否
辞职人员是否会获发放延付退休金	否	是
最高可折算退休金比例	25%	50%

CSPF是一项退休福利制度，适用于在2000年6月1日或之后按新公务员入职条款受聘，其后转为新长期聘用条款的公务员。根据制度，雇员和雇主都需要将月薪的至少5%注入强积金账户，为了不过多占用现时现金流，政府也设下了每个月1250港元的上限，而月薪低于7100港元的人士，无须供款。一般情况下，供款人要到65岁时才能领款，但如果遇到死亡、丧失行为能力、永久离港或提早退休的情况，则可在65岁前支取。

5%只是最低供款比例，香港政府也按照公务员在政府的工作年限来决定雇主供款比例。在2000年6月1日（含）之后、2015年6月1日（含）之前受聘而没有选择延长服务年期的人员，香港政府的供款率见表4-20。

表4-20 香港政府对公务员的累进供款率

员工工作年限（年）	香港政府累进供款率（%）
≤3	5
3~15	15

续表

员工工作年限（年）	香港政府累进供款率（%）
15~20	17
20~25	20
25~30	22
≥ 35	25

在 2000 年 6 月 1 日（含）之后、2015 年 6 月 1 日（含）之前受聘而选择延长服务年期的人员，以及在 2015 年 6 月 1 日（含）之后受聘的人员，香港政府对公积金计划做出的供款，包括强制性及自愿性供款，按经调整的累进供款率计算见表 4-21。

表 4-21　香港政府对公务员的累进供款率

员工工作年限（年）	香港政府累进供款率（%）
≤ 3	5
3~18	15
18~24	17
24~30	20
30~35	22
≥ 35	25

下面以新退休金计划下公务员退休金为例，简单介绍计算方法。

在下列核准情况下离职的公务员，可获发每年退休金：

（1）该员具有不少于 10 年的符合领取退休金资格的服务期，并在正常退休年龄时退休。

（2）该员具有不少于 10 年的符合领取退休金资格的服务期，并在达到下述年岁时自愿提早退休。

（3）如属在 1987 年 7 月 1 日前受聘的在职人员，在年届 55 岁之时或之后退休。

（4）如属纪律部队员佐级人员，在年届 50 岁之时或之后提早退休。

（5）如属纪律部队主任职系人员，在年届 55 岁之时或之后提早退休。

（6）该员具有不少于 2 年的符合领取退休金资格的服务期，并因属超额人员（即由于职位取消或部门重组以提高效率）而退休。

（7）该员具有不少于 5 年的符合领取退休金资格的服务期，并因丧失工作能力而遭迫令退休。

（8）该员为了公众利益而退休，不论他在退休时具有多少符合领取退休金资格的服务期。

（9）该员因纪律理由而遭迫令退休，不论他在退休时具有多少符合领取退休金资格的服务期。

（10）该员按照任何补偿计划退休，不论他在退休时具有多少符合领取退休金资格的服务期。

（11）具有不少于 10 年的符合领取退休金资格的服务期，并在公务员事务局局长批准下辞职。

（12）在取得可享最高退休金资格时退休。

公务员如未具有上述符合领取退休金资格的服务期而退休，不得领取退休金，但可获发一次性的短期服务酬金。

每年退休金的计算方法，是把公务员可供计算退休金的服务月数，乘以最高每年可供计算退休金的薪酬，再乘以一个退休金因子，即：

最高每年可供计算退休金的薪酬 × 可供计算退休金的服务期（以月为单位，不足一整月的剩余日子，作为一整月有 30 天的分数计算） × 退休金因子

用以计算退休金利益的因子如下：

（1）甲类公务员为 1/675。

（2）乙类公务员：1987 年 4 月 1 日以前的服务期为 1/800；1987 年 4 月 1 日或该日以后的服务期为 1/675。

每年可领取的退休金，最多为该员享有最高每年可供计算退休金的薪酬的 2/3。公务员可选择将其每年退休金折算为相当于其十足退休金的 50%、55%、60%、65%、70%、75%、80%、85%、90% 或 95% 的经扣减退休金，并一次性领取一笔折算的退休金酬金，数额相当于每年扣减的退休金额的 14 倍。公务员希望领取折算的退休酬金及经扣减的退休金，必须在其退休的正

式生效日期前做出选择。

例如，一名甲类公务员于完成 300 个月可供计算退休金的服务期后退休，其可供计算退休金的最高薪酬为每月 27000 港元，则：

未经扣减的每年退休金 =324000（最高每年可供计算退休金的薪酬）× 300（月数）× 1/675（退休金因子）=144000 港元

该雇员可将上述退休金的 50% 折算为以下的一笔退休酬金，则：

折算的退休酬金 =144000 × 50% × 14=1008000 港元

经扣减的每年退休金 =144000 ×（1–50%）=72000 港元 ❶

四、第三支柱养老计划

（一）强积金计划的自愿供款计划

雇员、自雇人士及雇主可选择在强制性供款以外，做出额外的自愿性供款。雇员可通过雇主在供款账户内做出额外的自愿性供款。供款受计划条款限制。通常雇员要在离职后，才可提取或转移强积金。自雇人士可在自雇人士账户做出额外的自愿性供款。雇主可为雇员在 5% 的雇主强制性供款以外做出额外供款，为雇员提供更多退休保障。

根据《税务条例》，可扣除强积金计划的强制性供款。如果是缴纳薪俸税的雇员，在计算应课税入息时可扣除强积金计划的强制性供款。如果是缴纳利得税的自雇人士，在计算应课税利润时可扣除强制性的自我供款。每一个课税年度最高可获扣除额为 18000 港元。

（二）公共年金计划

香港公共年金计划由香港政府牵头，香港年金计划又被称为"长者年金"或"终身年金"，因为其最低投保年龄为 60 岁，投保人在存入一笔过保费后，可获取年金收入直至终老。与其他年金计划一样，香港年金计划会在投保人缴付整笔保费后，每月向投保人提供保证年金金额，将资金转化成为稳定的

---

❶ 香港特别行政区政府公务员事务局. 退休金的计算[EB/OL].（2021-09-29）[2021-12-17]. https://www.csb.gov.hk/tc_chi/admin/retirement/ 185.html.

年金收入，以安享晚年。香港公共年金计划的具体项目见表 4-22。

表 4-22　香港公共年金计划

申请资格	60 岁或以上，并持有效香港永久性居民身份证的人士
最低保费金额	50000 港元（整付保费）
最高保费金额	3000000 港元（年金保费总金额上限）
保证期	从保单的保费起缴日开始，直至根据保单条款所支付的累积保证，每月年金金额达到已缴保费的 105% 为止
身故赔偿	于保证期内，若受保人不幸身故，指定受益人可以选择一次性或每月收取身故赔偿。

香港年金计划由香港年金有限公司承保，在付整付保费后，向年金领取人提供稳定的保证每月年金金额。通过将一次性现金转化成稳定及终身的现金流，让投保人更好地计划退休生活。

当年金领取人缴付整付保费后，只要保单仍然生效，将收取终身的保证每月年金金额。保证每月年金金额将在保单开始时订定，并在有生之年维持不变。从保单的保费起缴日后的下一个月份起，此终身保证每月年金金额将每月直接存入指定的银行账户。具体的年金领取金额可参见表 4-23 和表 4-24。

表 4-23　男性保证每月年金金额示例（整付保费 100 万港元）

投保时年龄（岁）	保证每月年金金额（港元）[1]	保证每月年金金额的支付期数（期）	保证期（个月）
60	5100	206	206
61	5240	201	201
62	5380	196	196
63	5520	191	191
64	5660	186	186
65	5800	182	182
66	5950	177	177

---

[1] 此金额将在保单开始时订立，并在有生之年维持不变。

续表

投保时年龄 （岁）	保证每月年金金额 （港元）❶	保证每月年金金额的 支付期数（期）	保证期 （个月）
67	6100	173	173
68	6250	168	168
69	6400	165	165
70	6560	161	161

表 4-24　女性保证每月年金金额示例（整付保费 100 万港元）

投保时年龄 （岁）	保证每月年金金额 （港元）	保证每月年金金额的 支付期数（期）	保证期 （个月）
60	4700	224	224
61	4820	218	218
62	4940	213	213
63	5060	208	208
64	5180	203	203
65	5300	199	199
66	5400	195	195
67	5510	191	191
68	5620	187	187
69	5730	184	184
70	5840	180	180

于保证期内，若受保人不幸身故，指定受益人可以选择以下其中一种方式收取身故赔偿：

（1）每月身故赔偿——继续收取余下未派发期数的保证每月年金金额直至保证期结束为止。

（2）一次性身故赔偿——收取相当于以下较高者的一次性身故赔偿：香港年金公司收到身故索偿申请当日的保单内的保证现金价值；已缴保费的100%（须扣除直至香港年金公司收到身故索偿申请当日已派发的累积保证每月年金金额）。于保证期后，保单再没有身故赔偿。

（三）养老按揭（逆按揭）计划

香港寸金尺土，楼房向来具有一定的投资价值。由香港按揭证券有限公司的全资附属机构香港按证保险有限公司（按证保险公司）营运的"养老按揭计划"，旨在让55岁或以上的人士利用他们在香港的住宅物业作为抵押品，获得养老按揭贷款。

逆按揭计划可视为一种退休理财的工具，可以用物业抵押给银行，换取银行的贷款；可以选择于一个固定年期或终身每月领取贷款金额（每月年金），带来稳定的退休收入。与一般的物业按揭贷款不同，参与逆按揭计划，无须担心能否按时还款的问题，无须担心自己能否一直居于已抵押物业直至终老的问题。如果希望在身后把物业留给子女或挚爱，可与他们商讨还款安排（见表4-25）。

表4-25　逆按揭计划的特点

申请年龄	申请人年龄须为55岁或以上（未补地价资助出售房屋业主须为60岁或以上）
贷款	可选择在固定年期或终身每月领取贷款金额，如有需要，也可一次性提取贷款
还款	还款通常不会在生前进行，但可以选择在生前还款
住屋	可继续居于物业直至终老
还款安排	在百年归老后，后人可优先偿还贷款以赎回物业，否则，银行将安排出售物业以偿还贷款。如出售所得少于贷款，欠款的差额会由按证公司全数承担，因为在参与计划时，已支付了按揭保费

养老按揭贷款接受最多三位借款人的联名申请。借款人必须：

（1）为55岁或以上（未补地价资助出售房屋的业主须为60岁或以上），并持有有效香港身份证。

（2）现时没有破产或涉及破产呈请或受个人自愿安排所规限（有关个人自愿安排下的所有债务将于贷款起始日以一次性贷款全数清还除外）。

一般情况下，用作养老按揭贷款的抵押物业必须：

（1）为香港的住宅物业（透过送赠契约取得的物业或被考虑）。

（2）为借款人：作为唯一受益人或以联权共有形式（如超过一位借款人）

以个人名义拥有；或以全资及直接拥有（如有一个以上的借款人，所有借款人全资及直接拥有）的香港注册有限公司名义拥有。

（3）为楼龄 50 年或以下（其他将按个别情况考虑）。

（4）无任何转售限制（有关当局就未补地价资助出售房屋所设的转售限制除外，并已获有关当局书面批准）。

（5）没有出租❶。

一般情况下，物业价值越高，每月年金的金额便会越高。借款人的年龄越高及选择的年金年期越短，每月年金金额便会越高。如超过一人共同借款，每月年金金额将以最年轻的借款人年龄计算（表 4-26）。

表 4-26　用作计算年金的指定物业价值上限

物业估值（港元）	用作计算年金的指定物业价值上限（港元）
800 万或以下	100% 物业估值
800 万以上	800 万及超过 800 万部分的 50% 总和（上限为 2500 万）

注：（a）未补地价资助出售房屋的物业估值，以市值扣减补地价金额后计算。（b）如该养老按揭贷款有超过一个物业作为抵押品，所有物业合计的物业估值总额将用作厘定该养老按揭贷款的指定物业价值上限。（c）如属转按物业，用作计算年金的指定物业价值上限一律为物业估值的 80%。（d）如属转按物业，用作计算年金的指定物业价值上限，将按以上基础或物业估值的 80% 来厘定，以较低者为准。

五、第四支柱养老计划

（一）养老服务计划

根据《香港人口推算 2015~2064》，香港人口预期会由 2014 年的 724 万上升至 2043 年顶峰的 822 万，并于 2064 年回落至 781 万。与此同时，长者

---

❶ 如借款人已持有有关物业达 1 年或以上，以及所有借款人均符合下列条件，便可申请将有关物业出租：声明已经退休；或因接受长者或医疗护理服务而迁出物业。如物业为未补地价资助出售房屋，除了符合上述持有物业的年期外，借款人必须获得有关当局的同意。

人口（即 65 岁或以上人士）将会以更快的速度上升，由 2015 年的 112 万（占总人口的 15.3%）上升至 2043 年的 251 万（占总人口的 30.6%），并进一步上升至 2064 年的 258 万（占总人口的 35.9%）。随着预期寿命提高，加上婴儿潮出生的一代也正步入老年，85 岁或以上的人数将会较其他年龄组别的长者人口增长得更快。预计到 2030 年，85 岁或以上的人数将是 2014 年的 1.6 倍，而到 2064 年时更会增加至 2014 年的 4.7 倍。

一般而言，长者的护理需要以及对长期护理服务的需求会随着年纪渐大而增加。现在，长期护理服务分为小区照顾服务和院舍照顾服务两种形式。表 4-27 列出了不同年龄组别占资助长期护理服务使用者人数的比例。约 70% 的小区照顾服务使用者及 80% 的院舍照顾服务使用者都是 80 岁或以上的长者。随着 85 岁以上的人口比例将于未来数十年快速增加，加上家庭照顾者人数下跌，预计会对长期护理服务带来沉重压力，令服务需求显著上升。

表 4-27　不同年龄组别占资助长期护理服务使用者人数的比率 ❶

年龄（岁）	服务使用者按年龄的百分比（%）					
	社区照顾服务			院舍照顾服务		
	2012~2013	2013~2014	2014~2015	2012~2013	2013~2014	2014~2015
60~64	1.9	1.8	1.7	0.7	0.6	0.7
65~69	5.2	4.9	5.2	3.1	3.2	3.6
70~74	8.3	7.9	7.6	5.6	5.2	5.2
75~79	17.8	16.8	15.2	12.2	11.7	11.0
80~84	27.7	27.1	26.2	20.7	21.0	20.1
≥ 85	39.2	41.4	44.1	57.8	58.2	59.3

由于人口高龄化，养老服务的需求增幅是众多社会福利服务中最大的。香港社会福利署的开支中，不计算社会保障在内，养老服务占首位。劳动者及福利局于 2017 年 6 月 28 日公布由养老事务委员会筹划的《养老服务计划方案》。该方案就养老服务的未来发展提出 4 个策略方针和 20 项建议，包括

---

❶　养老事务委员会. 养老服务计划方案[EB/OL].（2016-10-29）[2021-12-17]. https://www.elderlycommission.gov.hk/cn/download/library/ESPP_Final_Report_Chi.pdf.

如何提升养老服务质量，以及加强在服务供应、土地、人手以及财政资源各方面的规划等。4 大策略方针为：

（1）大幅加强小区照顾服务以达"居家养老"和减少住院比例。

（2）确保知情选择及为长者适时提供具有高质量的服务。

（3）进一步提升服务效率并整合各项服务。

（4）进一步确保养老服务的财政可持续性并鼓励责任承担。

其中，策略方针 1 将通过加强小区照顾、离院支持和护老者支持，以及改善目前的服务需要评估和配对机制等，处理现时资助养老服务过度侧重院舍照顾服务的情况。通过落实这些策略方针及相关的 20 项建议，《养老服务计划方案》期望未来的资助小区照顾服务个案和资助院舍照顾服务个案比例可长远达约 1 ∶ 1。

在完成方案后，有关养老服务设施的需求已于 2018 年 12 月重新写入《香港规划标准与准则》之内，以助预留合适的土地提供这些养老服务及设施。由规划、拨款、设计、兴建至开展服务时，这项工作显现出成效，预期还要 5 年时间，即下届香港政府的后期，才会见效。在 2020 年的施政报告中，香港政府建议房委会及房协连同发展局研究为未来房屋项目中，在不影响房屋供应的前提下，增加地积比率以供应约 5% 额外的总楼面面积作社会福利设施用途，特别是社区需求殷切的养老院。同样地，这项措施的成效，最少还要 5 年时间才会显现。

由于香港居住环境一般细小，不利于居家养老，加上不少长者居于旧建筑物中，在设计上未能达易达标准，香港长者居于养老院的比例，是世界上首屈一指的。2020 年香港约有 145 万名 65 岁及以上的居民，居于各类养老院的长者约有 5.9 万人，即占了 65 岁以上人口的约 4.1%。虽然已显著低于数年前高峰期的 6.8%~6.9%，仍是十分的高 ❶。

---

❶ 紫荆网新闻. 香港65岁以上老人145万 政府推行家居照顾服务[EB/OL].（2021–09–06）[2021–12–17]. http://m.hkong.com.hk/article/270660.

（二）公营医疗

香港的公营医疗是指由香港特区政府或公营机构（主要为医院管理局及卫生署）为基层提供的安全网基本医疗，旨在确保所有人皆可得到医疗服务，是香港社会保障四大支柱之一。

香港公营医疗主要由医院管理局及卫生署提供。其形式简单地参考了英国的 NHS 系统：治疗通常只收取象征性的费用，领取综援者和贫穷者可申请免费。另外还有适用于中小学学童的学童保健计划及学童牙科保健计划，看病只须付少量药费。手术器材须自费，如心脏起搏器、血管再成形术内的支架和器材。

现时医院管理局管理 43 间公立医院和医疗机构、49 间专科门诊及 73 间普通科门诊。各医院及门诊按其所属区域，划分为 7 个医院联网。推行医院联网，可确保病人在同一个地区内，获取优质的持续治疗，无论病患过程中有任何需要（发病、疗养、复康以至出院后的小区护理等），都能得到优质的持续治疗。要达此目的，每个联网的医院运作均须理顺补足，令联网内的医院能合力为区内社群提供全面而互相配合的服务。

自 2017 年 6 月 18 日起，医院管理局辖下公立医疗服务已实施新收费。有经济困难而未能负担公营费用的人士，可申请医疗费用减免。

缴费处医院管理局辖下的医院／门诊服务均按照列于政府宪报的收费表收费。医疗收费可分为以下三类：

（1）公众收费，符合资格人士。

（2）公众收费，非符合资格人士。

（3）私家服务收费。

符合资格人士为：持有根据《人事登记条例》（第 177 章）所签发香港身份证的人士，若该人士是凭借其已获入境或逗留准许而获签发香港身份证，而该准许已经逾期或不再有效则除外；身为香港居民的 11 岁以下儿童；医院管理局行政总裁认可的其他人士。上述类别以外的人士将被定义为"非符合资格人士"。

（1）对于符合资格人士的公众收费标准见表4-28。

表4-28 符合资格人士的公众收费标准

服务	收费（港元）
急症室	每次诊症180元
住院费用（急症病床）	入院费75元，每天120元
住院费用（疗养/复康、护养及精神科病床）	每天100元
专科门诊（包括专职医疗诊所）	首次诊症135元，其后每次诊症80元，每种药物15元
普通科门诊	每次诊症50元
敷药或注射	每次诊症19元
精神科日间医院	每次诊症60元
老人科日间医院	每次诊症60元
复康日间医院	每次诊症55元
肿瘤科诊所或肾科诊所日间程序及治理	每次诊症96元
在日间医疗设施接受日间程序及治理	每次诊症195元
社康护理服务（普通科）	每次80元
社康护理服务（精神科）	免费
小区专职医疗服务	每次80元

根据宪报，病人患上或怀疑患上现行《国际卫生条例》所列疾病，无须缴付急症室或公众病房住院费用。

（2）对于非符合资格人士的公众收费标准见表4-29。

表4-29 非符合资格人士的公众收费标准

服务	收费（港元）
急症室	每次诊症1230元
住院费用（普通科医院）	每天5100元
住院费用（精神科医院）	每天2340元
深切治疗病房	每天24400元
加护病房	每天13650元
婴儿护理室	每天140元

服务	收费（港元）
专科门诊（包括专职医疗诊所）	每次诊症 1190 元
普通科门诊	每次诊症 445 元
敷药或注射	每次 100 元
肾科中心／诊所或其他日间医疗设施的血液透析日间程序及治理	每次诊症 3000 元（长期） 每次诊症 6000 元（急性）
肿瘤科诊所日间程序及治理	每次诊症 895 元
眼科诊所日间程序及治理	每次诊症 725 元
在日间医疗设施接受日间程序及治理	每次诊症 5100 元
精神科日间医院	每次诊症 1260 元
老人科日间医院	每次诊症 1960 元
复康日间医院	每次诊症 1320 元
社康护理服务（普通科）	每次 535 元
社康护理服务（精神科）	每次 1550 元
小区专职医疗服务	每次 1730 元

根据宪报，病人患上或怀疑患上现行《国际卫生条例》所列疾病，无须缴付急症室或公众病房住院费用。非符合资格人士患上或怀疑感染新型冠状病毒（COVID-19）而入住公众病房则须缴付公众病房住院费用。

（3）私家服务收费（表 4-30）。

表 4-30　私家服务收费标准

服务	收费（港元）
住院费用（急症医院）	头等：每天 6650 二等：每天 4430
住院费用（其他医院）	头等：每天 6120 二等：每天 4080
深切治疗病房	每天 15350
加护病房	每天 9500
婴儿护理室	每天 1190
住院时医生巡房／诊治费用（每个专科）	每次诊症 680~2780

续表

服务	收费（港元）
门诊诊治费用	首次诊治：每次诊症 790~2210 复诊：每次诊症 640~1990
小型护理程序（如敷药或注射）	每次 360

注：（a）住院期间，院方会按日计算住院费费用，每日截单时间为晚上 12 点。入院当日即日出院，首日不足一日以一日计。（b）凡未满 12 岁的儿童及未能与其母亲同时出院的婴儿，须按其入住病床类别缴付一半住院费用。其他费用则与成人相同。（c）私家住院服务收费包括一般护理、核心病理学检验、膳食和杂项费用。医生费用、药物/义制人体器官及其他服务另行收费。（d）私家门诊诊治收费不包括宪报（2017年第 24 期宪报）私家收费表第 3~7 段所列的诊断或治疗服务。药物及人体器官须按成本另行收费，或由病人自行购买。（e）每种处方药物以最多 16 星期为一征收单位，每单位收费为 15 港元整（自费药物除外）。

2019 年建立地区康健中心加强基层医疗健康，首个地区康健中心位于葵青区，地区康健中心的启用是改变香港医疗系统的新一步，通过非政府营运机构及社区内的私营服务网络，地区康健中心会专注于第一、第二及第三层预防。地区康健中心每年的营运费用约为 1 亿港元，全数由香港政府负责。在指导及监督方面，食卫局已委任地区康健中心管治委员会，向局长汇报地区网络运作、服务提供及发展，并定期进行公众咨询，收集区内居民意见以改善服务。

地区康健中心是香港政府基层医疗体系的一个重要部分，它以崭新模式运作，由香港政府出资并透过非政府组织营运，以地区为本、公私合营及医社合作的理念，提升市民预防疾病的意识和管理个人健康的能力，并让市民在社区得到所需的护理，长远来看有助于减轻公营医疗体系的压力。

此外，地区康健中心已与医院管理局就个别病症（中风、髋骨折及急性心肌梗塞急症后患者）的社区服务设立转介渠道，相信地区康健中心可以接收医院管理局下放至社区康复的病人。长远来看，地区康健中心会通过推动个人和社区参与，鼓励市民管理自身的健康、预防疾病，降低风险因素及防治并发症，我们相信地区康健中心可扭转目前以治疗为主的医疗服务，长远有助于减轻医疗负担，以及减少重复入院及纠正以急症服务作为求诊首个接触点的现象。

（三）长者医疗券计划

香港政府在 2009 年 1 月 1 日推出为期 3 年的长者医疗券试验计划，试行加强长者基层医疗服务的新概念。在试验计划下，年满 70 岁的长者每人每年会获发 5 张面值 50 港元的医疗券。试验计划旨在通过提供财政诱因，让长者选择最切合他们健康需要的私营医疗服务，包括预防性护理服务，借以辅助现有的公营医疗服务，如普通科门诊和专科门诊诊所。医疗券是在现有公营医疗服务以外，为长者提供的额外选择。在推行长者医疗券后，有需要的长者仍可继续使用公营医疗服务。此外，试验计划鼓励长者向熟悉其健康状况的私家医生求诊，从而与私家医生建立更密切的关系，这也有助于推广家庭医生的概念。

政府根据中期检讨结果，决定延长计划，并在 2012 年将每名合资格长者可使用的医疗券金额由每年 250 港元增至 500 港元。由于计划受社会普遍的欢迎，政府在 2013 年把医疗券金额增至每年 1000 港元。

在 2014 年，医疗券计划除由试验性质转为恒常计划外，每名合资格长者的医疗券金额也增加至每年 2000 港元。合资格长者可继续保留和累积尚未使用的医疗券，但以 4000 港元为上限，以鼓励长者善用医疗券接受基层医疗服务，包括治疗和预防性护理服务。自 2014 年 7 月 1 日起，每张医疗券的面值由 50 港元调低至 1 港元。

为了减轻长者和其家人的医疗负担，以及加强健康推广和基层医疗，香港政府由 2017 年 7 月 1 日起将长者医疗券计划的受惠长者合资格年龄由 70 岁降低至 65 岁。

在 2018 年及 2019 年，每名合资格长者除了每年 2000 港元的医疗券金额外，也分别于 2018 年 6 月 8 日及 2019 年 6 月 26 日获发一次性质的额外 1000 港元医疗券金额；而医疗券的累积金额上限于 2018 年 6 月 8 日提高至 5000 港元，复于 2019 年 6 月 26 日进一步提高至 8000 港元，并成为恒常措施。

此外，鉴于计划在 2019 年的检讨结果，为鼓励长者将医疗券用于不同基层医疗服务，由 2019 年 6 月 26 日起每名长者可用于视光服务的医疗券金额设每两年 2000 港元的上限。

香港大学深圳医院是由深圳市政府全额投资，并由香港大学管理的大型综合性公立医院。医院于 2012 年 7 月 1 日起营运，为市民提供医疗服务并开展研究及教学。香港特区政府于 2015 年 10 月 6 日推出试点计划，让合资格的香港长者可以使用医疗券支付香港大学深圳医院指定科室提供的门诊医疗护理服务的费用。由 2019 年 6 月 26 日起，政府已将试点计划恒常化❶。

（四）公营房屋

香港公共房屋或称公营房屋，是香港经由政府、公营机构或非营利机构为低收入市民而兴建的公共房屋。香港公共房屋可分为永久出租房屋、资助出售房屋、临时出租房屋数种，主要由香港房屋协会及香港房屋委员会提供。在 2018 年，居住在各类型公共房屋的市民占香港人口 44.6%。截至 2019 年 3 月底，全港共约有 200 万人居住在位于全港各区约 799000 个房委会的公屋及中转房屋单位。在 2020 年 9 月底，约有 156400 宗一般公屋申请，以及约 103600 宗配额及计分制下的非长者一人申请。一般申请者的平均轮候时间为 5.6 年，其中长者一人申请者的平均轮候时间为 3.3 年。

为照顾长者的住屋需要，香港房屋委员会（房委会）和香港房屋协会（房协）分别为长者提供不同种类的公共房屋资助。

（1）优先编配公屋计划。房委会针对长者的需要，提供不同的优先编配公屋计划：

① "高龄单身人士优先配屋计划"供独居的长者申请。参加高龄单身人士优先配屋计划的申请者除须符合公屋申请的基本申请资格外，还必须年满 58 岁，在配屋时则必须年满 60 岁。符合资格的申请，通常会比一般家庭申请较早获得处理。如有需要，高龄单身人士可要求加入家庭成员，以符合一

---

❶ 香港特别行政区医疗券. 香港大学深圳医院计划[EB/OL]. （2021-10-06）[2021-12-17]. https://www.hcv.gov.hk/tc/shenzhen/background.html.

般家庭申请公屋的资格。

②"共享颐年优先配屋计划"供两名或以上愿意共住的长者联名申请。两位或以上的高龄人士，若同意共住一个单位，即可循此计划申请公屋；但必须同时符合公屋申请的基本资格。无亲属关系的成员，须于申请表内一同签署或盖章。申请表内的所有人士必须年满58岁，在配屋时则全部人士必须年满60岁。符合资格的申请，通常会比一般家庭申请较早获得处理。

③"天伦乐优先配屋计划"适合选择与年长父母或受供养的年长亲属共住或入住就近单位的人士申请。为鼓励较年轻的家庭照顾年长父母或亲属，促进家庭和谐共融，将"家有长者优先配屋计划"和"新市乐天伦优先配屋计划"合并为"天伦乐优先配屋计划"。此计划为家有长者的公屋申请者提供优先编配单位的机会。合资格家庭可视地区的选择和适合家庭情况的单位数目，自行选择共住一单位或分别入住两个就近的单位。

（2）为长者而设的特别住屋。房委会及房协均提供专为长者而设的特别住屋单位。房委会为长者提供的租住公屋主要分为长者住屋及小型独立单位：长者住屋设有舍监服务，提供共用和休憩设施；小型独立单位备有切合长者需要的设备，如防滑地砖和推杆式水龙头。房协则以优惠租金提供约900个年长者居住单位给合资格的长者。

房屋委员会（房委会）所建的"长者住屋"最初是为单身长者申请人而设的，从20世纪90年代末期开始，由于公共租住房屋申请人偏好独立单位，故"长者住屋"的空置率一直高企。因此，房委会在2000年通过停止兴建"长者住屋"，并在2001年全面放宽入住"长者住屋"的年龄限制，以期把空置的"长者住屋"尽量租出。其后，这类院舍式住所的需求逐渐缩减，房委会遂于2006年起逐步实施转型计划，把空置率偏高的一型设计"长者住屋"改建作其他用途。为便利改建过程，自2009年起房委会已停止编配一型设计"长者住屋"单位。现时，房屋委员会已不再提供只供长者入住的特别住屋单位。然而，若长者需要入住设有提供院舍式及当值舍监服务住屋，他们可以考虑入住二型及三型设计的"长者住屋"单位。

（3）房协长者安居资源中心。房协的长者安居资源中心提供全面的安居综合服务，通过教育、身体机能测试、家居风险评估等，让长者认识身体机能的变化，了解家居生活中的潜在危险，以减少发生意外。另外，中心还为长者的房屋需要提供一站式转介服务。

（4）长者维修自住物业津贴计划主要为长者自住业主提供财政资助，津贴维修自住楼宇的费用，改善楼宇失修的情况，并加强长者居所的安全。每位合资格的长者自住业主在 5 年内可获最高 4 万港元的津贴❶。

（五）政府长者及合资格残疾人士公共交通票价优惠计划

长者及合资格残疾人士公共交通票价优惠计划，俗称 2 港元搭车或 2 港元搭船，是香港劳动者及福利局给予港铁（包括轻铁及港铁巴士）、5 间专营巴士公司、21 条指定渡轮航线、所有"绿色"专线小巴路线、电车，以及经运输署核准的指定"红色"小巴路线及街渡，提供给所有 65 岁及以上长者，所有 65 岁以下、于香港社会福利署提供的合资格残疾人士，以及所有 60~64 岁持有"乐悠咭"的香港居民 2 港元乘车优惠。该项优惠已于 2012 年 6 月 28 日起陆续推行❷。

第三节　中国澳门养老保险制度

世界银行提出的五条支柱，每条支柱都具有自己的特征，都能够应对特定类型的风险。一个由尽可能多的要素组合而成的综合性养老保障制度不仅可以满足不同人群的需求和偏好，还能够分散各种风险，从而为老年人提供充足的退休收入。例如，第零支柱和第一支柱由政府承诺的待遇水平易受人口老龄化和政治风险的影响，但第二支柱和第三支柱的制度安排可

---

❶　香港政府一站通. 长者房屋[EB/OL]. （2021-09-06）[2021-12-17]. https://www.gov.hk/tc/residents/housing/publichousing/elderlyhousing.htm.

❷　香港特别行政区劳工及福利局. 政府长者及合资格残疾人士公共交通票价优惠计划（二元优惠计划）[EB/OL]. （2021-05-20）[2021-12-17]. https://www.lwb.gov.hk/tc/highlights/fare_concession/index.html.

以有效地缓解这些风险；又如雇主发起的自愿性第三支柱的企业年金易受工资收入变动和就业流动性的影响，但第一支柱和第二支柱的安排则可以抵消这种影响。因此，多层次、多支柱的养老金体系已经成为当今越来越多国家的选择。

近年来，借助于经济的繁荣和快速积累的财力，中国澳门政府已初步构建了多支柱、多层次的保障体系。但是，由政府主导的社会保障制度不是居民养老的唯一支柱。而且，从欧洲债务危机的教训来看，过度发展的社会福利制度，一方面将大幅度提高劳动力成本，削弱企业的竞争力，另一方面，将使政府债台高筑，最终引发经济风险和社会动荡。因此，社会应大力发展多支柱的养老保障，减缓居民对公共养老金的依赖。澳门目前的养老保障制度如表 4-31 所示。

表 4-31　澳门养老保障的五支柱模式

五支柱	具体计划
第零支柱：对所有老年人的基本保护；由政府提供的非缴费型社会保障计划	援助金
	敬老金
第一支柱：以平滑消费为目的的强制性储蓄；通常以现收现付为基础的强制性固定缴款养老金计划，由政府管理	澳门社会保障制度
第二支柱：以平滑消费为目的的强制性储蓄；由私人管理的强制性固定缴款养老金计划	公务员公积金制度
第三支柱：自愿供款或储蓄	非强制性公积金制度
第四支柱：家庭成员提供的非经济和非正式支持或正规的补贴性公共服务	免费初级保健
	65 岁以上居民的免费医疗
	长者公寓房屋
	颐老卡

一、第零支柱

为老年人提供经济援助的项目包括援助金与敬老金。经济援助的主要形式是提供现金保障，由政府财政负担并拨款，由社会工作局负责发放。援助金与敬老金因针对的具体对象不同而略有区别。援助金特别针对贫困老年人群体，直接指向无收入或者低收入的目标群体，强调对这一特定群体生存权的保障，为其提供基本生活保障，满足其最基本的生活需求。贫困基准须经社会工作局履行严格审查程序，只有申请者的现实经济状况能够通过政府部门的审查，并确认符合标准后，才能够发放现金。敬老金则属于社会福利范畴，具有普惠性质，每年为年满65周岁的老年人发放现金。该养老保障项目无须提交申请，无须进行个人资产核查，只要达到法定年龄条件即可享受。相比之下，尽管敬老金的额度不大，但也是老年人基本生活保障的组成部分。

（一）援助金

通过向因社会、健康（如患恶性肿瘤、糖尿病）及其他需要特别援助的因素而处于或陷入经济贫乏状况的个人及家庭提供社会援助，确保其生活上的基本需要能得到满足。援助金分为一般援助金、偶发性援助金和特别援助金（弱势家庭特别援助）三类。

（1）一般援助金。一般援助金是向处于经济贫乏状况者提供的一项经济援助。

①申请资格如下：持澳门特别行政区居民身份证；最近18个月连续居住在澳门特别行政区；经社工局审核确认处于经济贫乏状况（见表4-32）；除家庭居所外无持有其他不动产；所拥有的银行存款及现金总数不超过所订定的数值（见表4-33）。

表 4-32　最低维生指数

家庭成员数（人）	2019 年 1 月 1 日起生效的金额（澳门元）	2020 年 1 月 1 日生效金额（澳门元）
1	4230	4350
2	7770	7990
3	10710	11020
4	13020	13390
5	14700	15120

续表

家庭成员数 （人）	2019 年 1 月 1 日起生效的金额 （澳门元）	2020 年 1 月 1 日生效金额 （澳门元）
6	16380	16850
7	18060	18580
≥ 8	19710	20270

表 4-33　计算银行存款及现金上限的公式

个人及家庭成员状况	计算公式
一般家庭	RS × 6=A
年龄 65 岁以下的独居者	RS × 10=A
年龄 65 岁以上的独居者	RS × 12=A

注：（a）RS 即最低维生指数。（b）A 为银行存款及现金的上限。

②援助金额。一般援助金的金额为个人每月收入或家庭每月收入的总和与相应的最低维生指数数值的差额。援助金的发放期每次最长为 12 个月，且得以相同或不同期予以续期。

（2）偶发性援助金。偶发性援助金是发放给因发生突发事故或遇有特别需要而经济陷入贫乏状况或经济状况恶化的个人及家庭。这些突发事故或特别需要，尤其为支付殓葬费、公共灾难事故、照顾处于危机状况的未成年人、入住社会服务设施、须紧急援助的其他事实等。

①申请资格。与一般性援助金的申请资格相同，不再赘述。

②援助金额。偶发性援助金的发放仅属一次性，金额视乎实际开支以及有关申请人及其家庭的具体情况而定。

（3）特别援助金。澳门回归祖国后，特区政府由 2008 年提出双层式社会保障制度的构想，即包括第一层的社会保障制度及第二层的中央公积金制度。另外，年满 65 岁的永久居民每年可领取"敬老金"，长者搭乘公共交通也一律免费。

特别援助金是向有特定需要的个人及家庭发放的，其所获发放的特别援助金并不会计入其个人及家庭的总收入。按照现行法例规定，特别援助金的种类、发放准则、发放方式及金额,由社会文化司司长批示核准,并公布于《澳门特别行政区公报》内。

根据澳门特别行政区政府 2003 年的施政方针,特区政府继续向三类弱势家庭(即单亲、残疾人士和长期病患者家庭)提供特别援助,以协助该家庭渡过较为困难的时期。对此,社会工作局除每月向处于经济贫乏状况的个人或家庭发放一般援助金(定期发放)外,还会向具特殊需要的家庭发放特别援助金。特别援助的类型包括学习活动补助、护理补助及残疾补助。

①申请资格。

学习活动补助申请资格为:单亲家庭;家庭总收入低于最低维生指数;其将或已成为本局一般援助金的受益家庭;有子女就读于幼儿园、小学、中学或大学。

护理补助申请资格为:家庭总收入低于最低维生指数;将或已成为本局一般援助金的受益人;经确定长期患有精神病、中重度贫血(血红蛋白 9 克或以下)、恶性肿瘤、糖尿病及其合并症病患、重要器官功能不全、播散性红斑狼疮、结核病(在治疗中)和需要进食流质食物、造口病患或因疾病以致长期卧床,又未在公立或受政府资助的院舍或卫生局辖下的医疗机构接受住院照顾或住院治疗的患者。

残疾补助申请资格为:家庭总收入低于最低维生指数;将或已成为本局一般援助金的受益人;智障、双目严重弱视、听觉严重受损、严重肢体伤残(如截肢、失去手掌或脚掌和严重丧失手指功能等)、因残疾以致长期卧床、全身或半身瘫痪,并未在公立或受政府资助的院舍或卫生局辖下的医疗机构接受住院照顾或住院治疗的残疾人士。

②援助金额。具体的补助金额见表 4-34~ 表 4-36。

表 4-34 学习活动补助金额

类型	调整前的金额(澳门元)	调整后的金额(澳门元)2019 年 1 月 1 日开始生效
就读于幼稚园或小学者	每人每月 200	每人每月 300
就读于中学者	每人每月 400	每人每月 500
就读于大学者	每人每月 600	每人每月 7500

表 4–35　护理补助金额

类型	调整前的金额（澳门元）	调整后的金额（澳门元）2019 年 1 月 1 日开始生效
在澳门特别行政区无亲属的独居者	每月 1000	每月 1200
在澳门特别行政区有亲属者	每月 800	每月 1000

表 4–36　残疾补助金额

类型	调整前的金额（澳门元）	调整后的金额（澳门元）2019 年 1 月 1 日开始生效
在澳门特别行政区无亲属的独居者	每月 800	每月 1000
在澳门特别行政区有亲属者	每月 600	每月 750

（4）回内地定居计划。年满 65 岁及长期无工作能力的本局援助金受益人，得选择返回中国内地生活，并继续收取本局所发放的经济援助。

申请人资格：受益人年满 65 岁，或属长期无工作能力者；最近 5 年内未曾被中断援助金的给付。

（二）敬老金

为体现对澳门特别行政区长者的关怀，并弘扬敬老美德，澳门特别行政区政府于 2005 年开始向长者发放"敬老金"。敬老金为福利性质，属于退休保障中的第零支柱。

（1）法律依据及负责机构。敬老金的法规依据为于 2005 年 8 月 1 日于公报第 31 期第一组刊登的澳门特别行政区第 12/2005 号行政法规《敬老金制度》。根据此行政法规第二条，敬老金申请的接收及处理，以及敬老金的发放，均由社会工作局负责。

（2）保障对象。只有澳门特别行政区永久性居民合乎申请敬老金的资格。

（3）资金来源。发放敬老金而导致的负担由社会工作局的本身预算承担。

（4）保费。敬老金为社会福利性质，不需要事先缴交任何费用。

（5）请领资格。截至提出申请当年的 12 月 31 日年满 65 岁的澳门永久性居民均可向社会工作局申请发放"敬老金"。

（6）给付金额。2020 年敬老金金额为每人每年 9000 澳门元。而获发放敬老金的权利随受益人死亡而终止，但不影响于死亡该年度的敬老金的发放。

（7）其他。受益人在澳门特别行政区以外地方居住，获维持发放敬老金的权利取决于生存证明的做出。为适用上款的规定，生存证明须通过每年提交受益人居住地的主管机关或在该地获认可的医疗机构所发出的文件，又或每年受益人携带其澳门特别行政区居民身份证或足以识别其身份的文件亲临社会工作局报到。生存证明须每年最迟在 8 月 31 日做出。受益人在澳门特别行政区以外地方居住，如不做出生存证明，将导致中止敬老金发放，直至做出生存证明之日为止。

申请的前一年已符合资格收取敬老金，受益人可提出追补前一年度的敬老金申请。

2017 年，广东省与澳门签订《广东省与澳门特别行政区领取养老金人员在生证明协查办法》，要求广东省各级社会保险经办机构协同办理澳门居民的在生证明，受益人只需要携有效的澳门居民身份证亲临有关经办机构，就会获得由经办机构签发的在生证明❶。

二、第一支柱：澳门社会保障制度

社会保障供款制度分为强制性制度及任意性制度，具劳动关系的本地雇员及雇主须向社会保障基金缴纳强制性制度供款，而符合法律规定的其他澳门居民可通过登录进行任意性制度供款。在社会保险的运作原则下，居民通过履行供款义务，便可依法享受制度内包括养老金、残疾金、失业津贴、疾病津贴、出生津贴、结婚津贴及丧葬津贴等给付，为居民提供基本的社会保障，

---

❶ 汕头市社会保险基金管理局. 关于开展2018年度广东省与澳门特别行政区领取养老金在生证明协查工作的通知（粤社保办〔2017〕320 号）[EB/OL].（2018-03-22）[2021-12-17]. https://www.shantou.gov.cn/stsshbxjj/zwgk/sbzc/content/post_857378.html.

尤其是养老保障，以改善居民的生活素质。

（一）强制性制度供款

（1）立法依据。社会保障制度的法规依据为于 2010 年 8 月 23 日于公报第 34 期第一组刊登的澳门特别行政区第 4/2010 号法律《社会保障制度》。社会保障基金为社会保障制度的执行机构，而澳门特别行政区对于社会保障的给付负连带责任。

（2）保障对象。根据劳动关系的一般制度，通过合同在雇主的支配及领导下工作并收取报酬的澳门居民属强制性供款。强制性供款也包括受聘为在澳门登记的企业于外地分支或代理机构工作的澳门居民。而其他成年（18 岁或以上）的澳门居民适用任意性制度。

（3）财政收入。主要来自制度的雇员、雇主、任意性制度供款人士的定额供款；政府总预算经常性收入的 1% 拨款；博彩拨款及投资收益所得。

2019 年 8 月 13 日，第 14/2019 号法律《巩固社会保障基金的财政资源》生效，规定将每一财政年度结束后的澳门特区中央预算执行结余的 3% 拨给社会保障基金，增加基金的财政来源。

（4）保费。自 2017 年 1 月 1 日起，供款金额为：

①长工：每月 90 澳门元（雇主 60 澳门元，雇员 30 澳门元）。

②散工：雇员当月工作满 15 日或以上，每月 90 澳门元（雇主 60 澳门元，雇员 30 澳门元）；雇员当月工作少于 15 日，每月 45 澳门元（雇主 30 澳门元，雇员 15 澳门元）。

③按第 4/2010 号法律规定，雇主可从雇员的工资中扣除雇员应缴纳的供款。

这里的长工是指按季度缴纳社会保障费用，即在每年的 1 月、4 月、7 月和 10 月缴纳前一季度的社会保障费用；散工则是指每月缴纳社会保障费用，即在工作的次月缴纳社会保障费用。

（5）请领资格。具备下列要件的受益人可获发养老金：年满 65 岁，或年满 60 岁并经社会保障基金会诊委员会证实为明显早衰老；在澳门特别行政区通常居住至少7年；已向社会保障制度供款至少60个月。

（6）给付金额。于2011年1月1日第4/2010号法律《社会保障制度》生效后登录的受益人（即新制度受益人）收取的养老金每月发放金额按以下公式计算：

$$养老金金额 = \frac{养老金金额上限（3740澳门元）\times 实际供款月数}{360}$$

实际供款月数指在养老金开始发放的前一季度最后月份所累计的总供款月数（最多为360个月）。

如果申领人在65岁以前提前领取养老金，则提前领取养老金的金额按照下列公式计算：

$$提前获得养老金 = \frac{3740澳门元 \times 实际供款月数 \times 年龄百分比}{360}$$

具体年龄百分比见表4-37。

表4-37 提前获发养老金的年龄百分比计算表 单位：%

已届满的月数（个月）	已届满的年龄（岁）				
	60	61	62	63	64
0	75	78.9	83.3	88.2	93.8
1	75.3	79.3	83.7	88.7	94.2
2	75.6	79.6	84.1	89.1	94.7
3	75.9	80	84.5	89.6	95.2
4	76.3	80.4	84.9	90	95.7
5	76.6	80.7	85.3	90.5	96.3
6	76.9	81.1	85.7	90.9	96.8
7	77.3	81.4	86.1	91.4	97.3
8	77.6	81.8	86.5	91.8	97.8
9	77.9	82.2	87	92.3	98.4
10	78.3	82.6	87.4	92.8	98.9
11	78.6	82.9	87.8	93.3	99.4

（二）任意性制度供款

（1）保障对象。任意性制度供款使用以下四种情况：与雇主为配偶关系或具事实婚姻关系或同膳宿且属第二亲等内亲属的雇员；根据学徒培训合同或融入就业市场的职业培训制度建立关系的雇员；已在退休及抚恤制度登记的在职公共行政工作人员；其他成年的澳门特别行政区居民。

上述第 4 条主要是指澳门居民在一年中有 183 日不在澳门，但有些情况虽然不在澳门，但可视为身在澳门，须提供以下证明：就读由当地主管当局认可的中学或高等程度课程；因伤病住院；年满 65 岁并以内地为常居地；负担在澳门特别行政区的配偶及直系亲属主要生活费而在外地工作。

这些情况下，可以视为在澳门而参加强制性制度供款。

（2）保费。自 2017 年 1 月 1 日起，供款金额为每月 90 澳门元。该供款按季度缴纳，1 月、4 月、7 月及 10 月缴纳前一季度的供款，并由受益人自行缴纳全份供款。

其他各项任意性制度供款与强制性制度供款相同。

2021 年底，政府计划在社保推行给付恒常调整机制，希望平衡合理的基本养老保障水平及社保制度可持续发展。社保基金行政管委会副主席袁凯清表示，机制暂时只会在预测需要向上调升时才启动，未有下调机制。

社保基金向社会协调常设委员会引介机制的建议方案，建议社保基金每年 9 月检视各项指标参数，倘若自上一次调整给付金额后所累积的通胀率达 3% 或以上，便会启动调整考量，结合社保基金过去 5 年的整体平均收入及人均预期寿命变化，计算给付金额的可调整幅度，再听取社会协调常设委员会意见，以决定翌年 1 月社保给付是否调整；倘若累积的通胀率少于 3%，理论上各项给付金额维持不变。社协劳资双方代表达成共识，希望可尽快执行。截至 2021 年 10 月，社保整体资产总值 966 亿澳门元，财政状况稳建❶。

---

❶ 中华人民共和国澳门特别行政区政府网站.社保给付恒常调整机制建议方案获社协一致共识[EB/OL].（2021-12-13）[2021-12-18]. https://www.gov.mo/zh-hans/news/577173/.

三、第二支柱：澳门公务员公积金制度

随着第 8/2006 号法律的公布，《公务人员公积金制度》于 2007 年 1 月 1 日正式生效。《公务人员公积金制度》是澳门特别行政区政府为公务人员提供的一种退休保障计划，性质为界定供款计划。公务人员及澳门特区政府按预设的供款率，每月共同供款，通过供款的累积连同投资回报，以作退休保障之用。作为供款人，可通过建立个人投资组合，全面参与退休福利的投资。

（1）申请资格。以下列形式聘用的公务人员，可通过登记加入公积金制度：临时或确定委任；定期委任；行政任用合同；个人劳动合同。获临时或确定委任的公务人员属强制登记，登记由负责处理薪酬的部门依职权办理。

（2）缴费。每月供款以供款人的薪酬[1]加供款时间奖金[2]，作为供款计算基础，当中扣除供款人于不合理缺勤期间所丧失的薪酬。供款费率为 21%，供款人及澳门特别行政区分别承担 7% 及 14%，负责处理薪酬的部门须于供款人的薪酬中扣缴其个人供款。个人及澳门特别行政区供款分别记录于"个人供款账户"及"澳门特别行政区供款账户"。在一般情况下，供款仅于登记被注销后才会终止。

（3）缴费时间。按公积金制度有作供款的时间视为供款时间，其与供款人离职时，在公积金制度可取得福利的多寡有直接关系。供款时间按日计算，以 365 日作一年计，并转化为年数及日数。在做出新登记时，如前注销登记日与新登记日相隔不多于 45 日且未申请结算前登记的账户，则前供款时间计入新登记后的供款时间内。

（4）权益归属。权益归属是指当注销登记时，供款人按累积供款时间，有权取得其个人及澳门特别行政区供款账户结余的归属，并以权益归属比例表示。

---

[1] 指薪水或工资，但不包括以任何名义提供的津贴或附加报酬等，并以公职薪水表中的最高薪水点的相应金额为上限。

[2] 供款人供款每满5年，可得一份供款时间奖金，金额与现行年资奖金相同。

①个人供款账户权益归属。个人供款账户的结余，在任何情况下，皆全部归属于供款人，即归属比率为100%。

②澳门特别行政区供款账户权益。一般情况，澳门特别行政区供款账户归属按权益归属比例计得，该比例按照供款年数加以确定，具体见表4-38。

表4-38　澳门特别行政区供款账户——权益归属比例表

供款时间（年）	权益归属比例(%)	供款时间（年）	权益归属比例(%)
＜5	0	19	82
5~10	25	20	85
10~15	50	21	88
15	70	22	91
16	73	23	94
17	76	24	97
18	79	≥25	100

特别情况，在下列情况下注销登记的供款人，无论供款时间长短，均可取得澳门特别行政区供款账户全部结余：达到因病缺勤上限；被宣告为长期绝对丧失工作能力；因公意外或致病，又或因做出人道行为或为社会奉献，而致长期绝对丧失工作能力；死亡。

如供款人基于被撤职或被合理解雇而注销登记，不可取得澳门特别行政区供款账户的任何结余；但供款时间不少于15年者，可取得澳门特别行政区供款账户结余中按权益归属比例计得的一半。例如，供款人因工作表现评核结果而注销登记，无论其供款时间长短，均可取得澳门特别行政区供款账户结余中按权益归属比例计得的一半。

（5）订定。订定是确定供款人于注销登记时在公积金制度所有账户中有权取得的权益归属比例，并以该比例计算其在各投放供款项目可获归属的出资单位总数。退休基金会须于收到供款人所属部门提供的注销登记数据后10个工作日内组成卷宗上呈监督实体，由监督实体以批示订定其有权取得的权益归属比例，并将有关批示摘录公布于《澳门特别行政区公报》。

在注销登记日，如供款人以嫌疑人身份参与的纪律程序尚未完结，则中止订定其澳门特别行政区供款账户内有权取得的种益归属比例，直至有确定性决定为止。供款人于注销登记时，其澳门特别行政区供款账户的归属比例，除了由其供款时间决定外，还视其不同的离职情况而定，并按该比例计算获归属的单位数目。

（6）结算。结算程序包括终止供款人的相关投资及确定其有权取得的款项，而确定供款人有权取得的款项的公式为：

申请结算单位数目 × 购回日单位价格 × 兑换率 ❶

向退休基金会提出结算所有账户或最多分 3 次结算账户的申请，但不得改变供款投放的选择。当期限届满后，如仍未接获结算所有账户的申请，退休基金会须依职权对有关账户进行结算。

（7）支付。供款人在结算后有权取得的款项，自确定其有权取得的金额之批示日起计 5 个工作日内，由退休基金会一次付清。如供款人未清缴结欠澳门特别行政区或公共实体的已到期债务，退休基金会将中止支付其有权取得的款项，直至全部清缴为止。在供款人死亡的情况下，其有权取得的款项，计入其遗产内。

（8）选择权。如供款人因公意外或致病，又或因做出人道行为或为社会奉献，而致长期绝对丧失工作能力，可选择每月收取退休金以取代收取公积金制度下享有的权利。如供款人因上述原因死亡且未做还款，则可依次序由下列人士选择每月收取抚恤金：供款人的配偶；供款人经健康检查委员会宣告为长期绝对无工作能力的子女；获赋予取得家庭津贴权利的供款人子女；获赋予取得家庭津贴权利的供款人的直系血亲；被等同为供款人配偶之人。

退休金相当于供款人在注销登记前一日的月薪酬，抚恤金则为退休金的70%。上述定期金不包括供款时间奖金。权利人也有权按适用法例的规定，取得相关津贴及福利。如在同一序列中有超过一名权利人，只要其中一人选择收取抚恤金，则该选择适用于其余的权利人。供款人或权利人应自注销登

---

❶　只适用于以美元报价的单位价格。

记日起计 90 日内作出选择；如供款人于注销登记日后死亡，则该期限自供款人死亡日起计。

四、第三支柱：非强制性中央公积金制度

第 7/2017 号法律《非强制性中央公积金制度》（简称"非强制央积金"），以及第 33/2017 号行政法规《非强制性中央公积金制度补充规定》于 2018 年 1 月 1 日生效，是双层式社会保障制度的第二层，旨在加强澳门居民的社会养老保障，以及对现行的社会保障制度做出补足。

非强制央积金分为分配制度及供款制度。分配制度是特区政府在财政年度预算执行情况允许下，向合资格的澳门居民做出鼓励性基本款项和预算盈余特别分配，由社会保障基金管理；而供款制度是制度的核心部分，形式是通过雇主及雇员共同供款，或居民以个人供款，并由合资格的基金管理实体管理，通过投资退休基金，为澳门居民养老生活提供更充裕的准备。一般情况下，年满 65 岁的账户拥有人方可申请提取其非强制央积金个人账户内的款项❶。

（1）立法依据。旨在加强澳门居民的社会养老保障，以及补足现行的社会保障制度，相关的《非强制性中央公积金制度》法律 2018 年 1 月 1 日起生效。计划同由社会保障基金负责执行。

简单来说，即鼓励和推动雇员及雇主（非强制性）以共同或个人方式参与供款计划，有关供款用以投资（经政府认可的退休基金）进行增值（类似香港的强积金计划）。

（2）保障对象。澳门行政区居民，包括年满 18 岁的居民以及未满 18 岁，但已根据第 4/2010 号法律第十条第一款（一）项的规定在社会保障制度登记者，即在社会保障基金依职权开立了非强制中央公积金个人账户。

（3）财政收入。主要来自制度的雇员、雇主的供款；政府所发放的款项。

（4）运作方式。澳门非强制性中央公积金制度运作方式见图 4-1。

---

❶ 澳门特别行政区社会保障基金. 非强制性中央公积金制度[EB/OL].（2021-03-13）[2021-12-19]. https://www.fss.gov.mo/zh-hans/rpc/rpc-intro.

《非强制性中央公积金制度》运作：

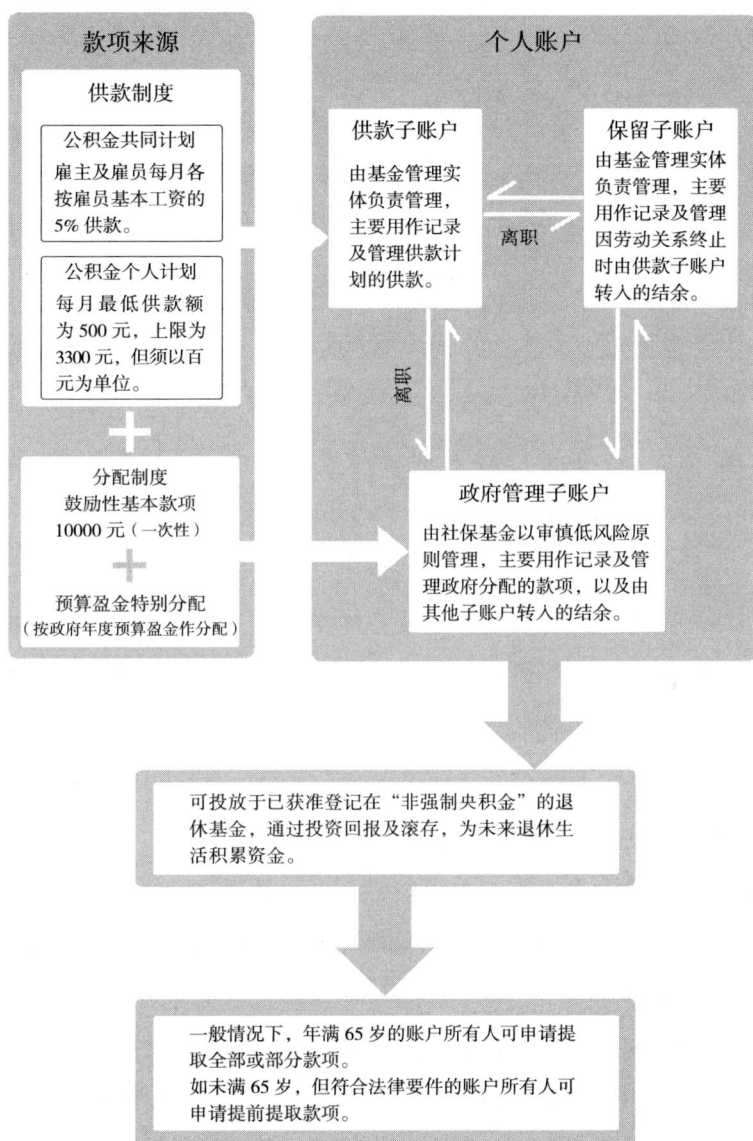

款项来源	个人账户

供款制度

公积金共同计划
雇主及雇员每月各
按雇员基本工资的
5%供款。

公积金个人计划
每月最低供款额
为 500 元，上限为
3300 元，但须以百
元为单位。

+

分配制度
鼓励性基本款项
10000 元（一次性）

+

预算盈金特别分配
（按政府年度预算盈金作分配）

供款子账户
由基金管理实体负责管理，主要用作记录及管理供款计划的供款。

离职

保留子账户
由基金管理实体负责管理，主要用作记录及管理因劳动关系终止时由供款子账户转入的结余。

离职

政府管理子账户
由社保基金以审慎低风险原则管理，主要用作记录及管理政府分配的款项，以及由其他子账户转入的结余。

可投放于已获准登记在"非强制央积金"的退休基金，通过投资回报及滚存，为未来退休生活积累资金。

一般情况下，年满 65 岁的账户所有人可申请提取全部或部分款项。
如未满 65 岁，但符合法律要件的账户所有人可申请提前提取款项。

*法律生效后，雇主可选择将私人退休金计划衔接到非强制性中央公积金制度。

图 4-1　澳门《非强制性中央公积金制度》运作方式❶

---

❶　资料来源：澳门社会保障基金。

由图 4-1 可见，澳门非强制央积金个人账户由政府管理子账户、供款子账户及保留子账户所组成：政府管理子账户由社会保障基金依职权为每一非强制央积金个人账户拥有人自动开立；供款子账户及保留子账户由基金管理实体开立。三个账户的关系由图 4-2 所示。

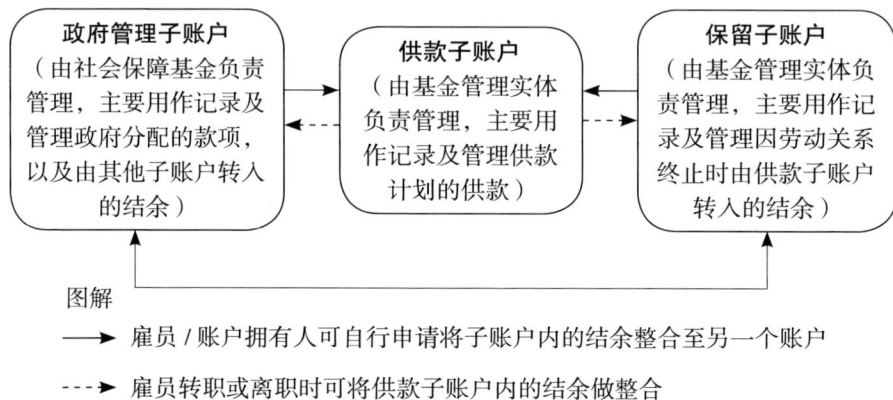

| 政府管理子账户
（由社会保障基金负责管理，主要用作记录及管理政府分配的款项，以及由其他子账户转入的结余） | 供款子账户
（由基金管理实体负责管理，主要用作记录及管理供款计划的供款） | 保留子账户
（由基金管理实体负责管理，主要用作记录及管理因劳动关系终止时由供款子账户转入的结余） |

图解

→ 雇员 / 账户拥有人可自行申请将子账户内的结余整合至另一个账户

---► 雇员转职或离职时可将供款子账户内的结余做整合

图 4-2　澳门非强制央积金三个账户之间的关系

其转移规则为：须转移整个子账户的结余；政府管理子账户每年只可转出及转入各一次，由社保基金批准；供款子账户及保留子账户的转移，没有次数限制，通知基金管理实体即可；劳动关系终止或公积金个人计划终止供款时，才可转移供款子账户的款项至保留子账户及政府管理子账户。

非强制央积金个人账户的特性为：

①非强制央积金个人账户具可携性，即供款子账户不会因劳动关系的终止而被结算，在一般情况下，非强制央积金个人账户拥有人须年满 65 岁才可提取账户内的款项。

②非强制央积金个人账户拥有人通过申请，可转移各子账户之间的款项。

③非强制央积金个人账户内的结余属不可查封及不可转移的。

（5）保费。公积金供款制度分为公积金共同计划和公积金个人计划。公积金共同计划由雇主自愿设立，雇员自愿参与，双方共同供款。为鼓励企业主动承担社会责任，完善雇员的养老保障，雇主向公积金共同计划做出的供款视为经营成本或从事业务的负担，从可课税利润中扣除；而在法律生效前三年内，雇主除可获得上述税务优惠，更可享有额外两倍的税务优惠。比如，假设雇员及雇主已参与非强制中央公积金，雇员甲每月基本工资为10000澳门元，雇主供款比例为5%，根据现行税务法例规定，雇主供款金额可享额外两倍的税务优惠。因此，雇主从可课税利润中可以扣除1500澳门元。

公积金共同计划由雇主及雇员共同缴纳，按月供款并以雇员当月的基本工资为计算基础。雇主及雇员每月按照雇员基本工资的5%供款。其中上限为33280澳门元，雇主及雇员可豁免超过的部分供款。如雇员基本工资低于7007澳门元，雇员可豁免供款，但雇主仍须供款。根据雇员的供款时间，规定了雇员在劳动关系终止时所获得雇主供款结余的比例见表4-39。

表4-39 公积金共同计划权益归属比例

供款时间（年）	权益归属比例（%）
＜ 3	0
3~4	30
4~5	40
5~6	50
6~7	60
7~8	70
8~9	80
9~10	90
≥ 10	100

至于公积金个人计划，则由澳门居民自愿设立与供款。而公积金个人计划则由雇员自己缴纳，每月最低供款额为500澳门元，上限为3300澳门元，但必须以百元为单位。

（6）请领资格。在一般情况下，个人账户的款项须年满65岁方可提取，以达到提高退休保障和生活质量的目的。未满65岁，属于以下情况也可以进行提取：因本人的严重疾病而需负担庞大的医疗开支；年满60岁且没有从事有报酬活动；基于人道或其他适当说明的理由；因配偶、任一亲等的直系血亲或姻亲的严重伤病而需负担庞大的医疗开支；正收取社会保障基金残疾金且已收取超过一年；正收取社会工作局的特别残疾津贴。

（7）给付金额。年满 65 岁或符合条件时，可申请领取全部或部分个人账户余额。

特别的是，《公积金个人账户》法律规定，每年在财政预算许可的情况下，澳门政府可向合资格账户拥有人的公积金个人账户进行"预算盈余特别分配"（即拨款），以及向首次获拨款资格的账户拥有人发放 1 万澳门元鼓励性基本款项（启动款项）。

社会保障基金表示，非强制性中央公积金制度政府管理子账户 2020 年度的利息收益已于 2021 年 1 月 14 日入账，年利率约 2.533%。政府管理子账户的利息收益以银行定期存款方式产生，以日计算，视账户拥有人政府管理子账户款项在收益计算期内每日的结余及可计息日数，每年获分配收益一次。若账户拥有人由 2010 年起合资格获预算盈余特别分配，且从未转出、转入或提取政府管理子账户的款项，则 2020 年获派息 2060 澳门元，累积拨款及利息收益合计 86910 澳门元。通过参与非强制央积金的公积金共同计划或公积金个人计划，居民也可把政府管理子账户的结余转移至供款子账户或保留子账户，用作投资增值 ❶。

五、第四支柱

（一）免费初级保健

中华人民共和国澳门特别行政区设立卫生中心是卫生局为达到世界卫生组织所倡议的"人人享有卫生保健"的目标而进行的。"公元 2000 年全民健康"的目标之一，是所有居民都可以在自己的居所附近享有免费或可负担的初级卫生保健。卫生中心正是为向全澳居民提供完善的初级卫生保健服务而设立的。自 1993 年下半年，黑沙环卫生中心落成启用后，以卫生中心为单位

---

❶ 澳门特别行政区社会保障基金. 非强制央积金政府管理子账户派发年度收益 年利率约2.533% [EB/OL].（2021−01−21）[2021−12−19]. https://www.fss.gov.mo/zh−hans/rpc/rpc−news?id=640.

的初级卫生保健网络系统已基本完成。从此，全澳门的居民都可以在自己的居所附近享有由卫生中心提供的初级卫生保健服务。

（1）服务性质。中华人民共和国澳门特别行政区卫生中心提供的服务：向个人和家庭提供个人卫生护理及基本药物；把需要专科护理的病人转介到医院并跟进其治疗情况；执行疫苗接种计划；计划和开展卫生教育活动；促进和监察与身心易受伤害或需援助者的健康情况，尤其是开展与母亲、儿童、在校人员、长者、残疾人及药物依赖者的健康有关的活动。

初级卫生保健致力于完善预防和治疗疾病及复康等工作。初级卫生保健并不是指低级的医疗服务。在治疗疾病时，工作人员不仅要考虑病人身体发生疾病的部位，也要考虑身体的其他部位；不仅要考虑病人的生理变化，也要考虑病人的心理反应；不仅要考虑病人本身，也要考虑病人的家庭和社会因素，以做出全面的处理。当病人转介到医院作专科治疗时，卫生中心仍会继续做进一步的跟进。初级卫生保健的工作，包括早期诊断和全面地治疗疾病、促进健康、预防疾病，以及帮助病人康复等。因此，以提供初级卫生保健为目的的卫生中心的服务对象并不限于病人，也包括健康的人。初级卫生保健的顺利推行，不仅需要卫生中心及其他初级卫生保健系统的支持，也需要居民本身的积极参与；不仅要卫生部门的支持，也需要其他部门和组织的配合。

（2）求诊程序及收费。首次使用卫生中心服务者，须携带个人身份证明文件，水费单或电费单（以便工作人员辨别使用者的正确个人资料，以及居住地址所属的卫生中心），前往居住地所属的卫生中心办理卫生局电脑资料卡（金卡）。在资料卡（金卡）手续办妥后，即可享用卫生中心所提供的一切服务。日后无论使用卫生中心何种服务，均须出示身份证明文件和卫生局电脑资料卡（金卡），以方便核对或查询资料。

澳门居民（须出示澳门居民身份证）于卫生局辖下的卫生中心接受初级卫生护理服务，均属免费。由卫生中心转介到仁伯爵综合医院进行辅助检查的澳门市民，也不须缴费。若是非本澳居民要使用卫生中心服务，则须按照卫生局订立的收费标准缴付费用。仁伯爵综合医院所提供的服务，除政府规定的特定人士外，均须缴付费用。

（二）65 岁以上居民的免费医疗

现时，澳门市民可以从政府、非营利和私人医疗机构得到政府所提供的医疗保障福利。政府提供的医疗服务，可分为初级卫生保健和医院医疗服务两种。卫生中心免费为澳门居民提供各类医疗保健服务。2020 年提供初级卫生护理服务的场所（包括卫生中心、私营诊所等）共 702 间，总求诊者有 324.9 万人次，按年减少 21.0%，其中政府医疗机构求诊者减少 12.8% 至 81.9 万人次，私营诊所求诊者也减少 23.4% 至 243.0 万人次；中医求诊者占总人次 32.1%（104.3 万人次），其次为全科（75.3 万人次）及口腔科 / 牙科（28.4 万人次）求诊者，分别占 23.2% 及 8.7%。在卫生中心登记的居民已有八成多，反映大部分居民都能够得到澳门的基本医疗保障[1]。

医院专科医疗服务方面，所有澳门居民可享有 30% 的医疗费用减免，也可经由卫生中心转介到仁伯爵综合医院进行免费的辅助检查；另外，部分特定人士，如 65 岁以上老人，小童，中小学生，孕产妇，精神病、传染病和癌症病人等可享有免费的医院医疗服务。2020 年澳门 4 间医院合计提供 1715 张住院病床，按年增加 87 张。全年住院病人按年减少 13.0% 至 5.4 万人次，平均留院 7.6 日，较 2019 年增加 0.2 日。由于住院病床数目增加，且住院病人留院总日数减少，住院病床使用率按年下跌 12.1% 至 66.2%，其中 84% 属全部免费，付费人次占 16%；与此同时，仁伯爵综合医院向有经济困难人士提供免费医疗及其他援助。

市民除在政府医疗系统得到免费的医疗服务外，政府还通过资助购买服务的形式，与非政府医疗机构的合作，2020 年医院门诊求诊者共 174.2 万人次，按年减少 15.0 万人次（-7.9%），主要是由于内科及儿科 / 新生儿科门诊分别减少 8.2 万人次（-26.4%）及 6.5 万人次（-46.7%）所致。按专科统

---

❶ 澳门特别行政区政府统计暨普查局. 2020年医疗统计[EB/OL].（2021-05-25）[2021-12-19]. https://www.dsec.gov.mo/Statistic/Social/HealthStatistics/2020年医疗统计.

计，医院门诊求诊者以物理治疗及康复科（23.2 万人次）为主，占 13.3%，其次为内科门诊（22.9 万人次）及中医门诊（19.1 万人次），分别占 13.2% 及 10.9%。急诊服务求诊者有 34.2 万人次，按年减少 30.0%；澳门半岛急诊服务求诊者有 27.8 万人次，减少 27.3%，岛急诊服务求诊者也减少 39.8% 至 6.4 万人次。2020 年进行了近 1.8 万台手术，按年减少 6.8%，其中眼科手术（2788 宗）按年减少 30.2%。

在政府的补助之下，市民又可以利用"医疗补贴计划"选择到私人医疗机构就医。2009 年开始推行面额为 500 澳门元的"医疗券"，旨在方便市民到私人医疗机构看诊。澳门特别行政区政府 2021 年度医疗补贴计划将于 2021 年 5 月 1 日启动，这项计划旨在扶助私人医疗发展，推广家庭医学制度，鼓励居民重视个人保健，借此加强公私营医疗合作及拓展小区医疗资源。计划于 2018 年推出优化方案，以电子方式发放医疗券，特区政府 2021 年度计划将继续以电子医疗券方式向每位受益人发放 600 澳门元补贴，使用期限为两年，即最迟须于 2023 年 4 月 30 日使用；另外，为确保医疗人员受惠，2021 年度医疗补贴计划维持仅限没有接受政府资助的医疗人员（包括西医、中医、牙医、治疗师及诊疗辅助技术员）参加。受益人无须打印医疗券，可持有效澳门永久性居民身份证到已加入 2021 年度医疗补贴计划的医疗人员执业场所就诊，通过医疗券系统缴付诊金。

卫生局提醒，受益人欲转移医疗券给合资格的父、母、子、女和配偶，仅可转移本人的 600 澳门元补贴金额，且仅限转移同年度医疗券金额，即 2021 年度医疗券转移入合资格亲属的 2021 年度医疗券金额内；转移方式十分简便，受益人可于各区自助服务机自行转移电子医疗券，也可于自助服务机登记手机号码后，通过卫生局网页或手机应用程序进行转移；如有需要，也可到设于中华广场二楼、黑沙环政府综合服务大楼及凼仔离岛综合服务中心的医疗补贴计划辅助中心由职员协助转移。若受益人曾在自助服务机内登记手机号码，且无更改，则无须在 2021 年度计划启动后再次进行登记。若转移时系统显示转移关系不符，年满 18 岁的居民可通过自助服务机内身份证明局的核实关系功能进行查询，了解存于该局内的亲属关系数据，并可于办公时间内前往身份证明局柜台办理确认关系手续。另外，居民如欲了解医疗券结余，可通过自助服务机查询或于自助服务机登记手机号码后，通过网页或手机应用程序查阅❶。

（三）长者公寓房屋

多年来，澳门的房屋政策一直实行"社屋为主、经屋为辅"的发展路线，有效解决许多中低收入及有特殊困难家庭的住屋问题，符合当时社会发展阶段的需要。但随着社会经济的快速发展和变迁，居民的收入水平普遍提高，主要的矛盾和要求已经发生重大的变化，这要求澳门特区政府必须继续坚持以人为本的施政理念，牢牢把握好新发展阶段的社会特征以及核心问题，积极完善施政、回应关切问题、保障和改善民生。

特区政府于《2021年财政年度施政报告》中提出具规划性和长远性的房屋政策蓝图，将不同类型的房屋划归为五个阶段的阶梯，期望可以照顾到社会中不同群体的住屋需求。其中，夹心阶层房屋和长者公寓的阶梯创设，标志着澳门的房屋政策已经破除"公屋救济"和"私楼自主"的二元对立，走向"适度普惠"的发展道路，反映特区政府以人为本施政理念得到更充分的贯彻、稀缺资源的分配更为公平合理。

施政报告提出会积极推进长者公寓兴建计划。长者公寓属房屋政策的第四阶梯，其定位高于社会房屋、经济房屋及夹心阶层房屋，但稍低于私人房屋，这决定了长者公寓具有准公共品的属性。作为准公共品，长者公寓的重要特征是不能转化为私权，由特区政府投入资源兴建，动态地让特定的社会群体租贷受益，惠及对象是居住唐楼、经济条件较差的长者。同时，长者公寓是非福利性的（非免费或零价格），需要按照市场经济、损益平衡、受益意愿的原则收取费用，即定价要与市场存在一定的挂钩关系，确保提供服务的高

---

❶ 澳门卫生局. 2021年度医疗补贴计划明日启动 推行电子医疗券 使用期维持两年[EB/OL].（2021-04-30）[2021-12-19]. https://www.ssm.gov.mo/docs/19234/19234_bd15580e4516405d9c333a379b8d8839_000.pdf.

质量发展，还须考虑受惠群体的收入及可负担能力，确保政策达到预期的社会效益。

澳门长者事务委员会 2020 年 5 月 28 日举行今年首次全体会议，听取"2016 至 2025 年长者服务十年行动计划""长者公寓"的初步方案、新冠肺炎疫情期间的长者服务工作报告，以及"避险中心"工作报告等。社会工作局表示，为落实"长者服务十年行动计划"，养老保障机制跨部门策导小组已按序开展多项措施，包括建立社保基金恒常性拨款机制、研究增加无障碍出租车数量等，未来还将制订"澳门特区老年健康生活专案"、设立家居护养服务中心及持续完善无障碍设置等。为改善居住于旧式楼宇、行动不便长者的生活素质，特区政府已开展筹建长者公寓的相关工作，目前已预留有关规划用地，未来长者公寓将设有医疗、康乐及社会服务设施[1]。

（四）颐老卡

颐老卡持有人可享受与社会工作局为此目的而签署协议的公共实体或私人实体所提供的优惠或便利。颐老卡设有实体卡及电子卡，两者具等同效力。

（1）保障对象。年满 65 岁或以上及持有澳门居民身份证的长者，均可申请颐老卡。

（2）费用。免费。

（3）颐老卡优惠。颐老卡可以在以下方面具有优惠：工艺 / 家私、中医 / 中医师 / 针灸师、公共事业机构、公共部门、牙医 / 牙科医师、百货公司 / 超级市场、西医、社团、花店、美容、家居生活、时装店 / 鞋店、书店 / 文具店、酒店 / 餐饮、旅游、理发、眼镜公司 / 珠宝钟表行、诊所 / 药房 / 参茸药行、跌打医师、照片冲印、运输、银行和医疗器材，可视不同店家打 5~95 折[2]。

---

[1] 大公湖南. 澳门探讨筹建"长者公寓"方案[EB/OL].（2020-05-30）[2021-12-21]. https://www.takunghn.com/s/49866.html.

[2] 澳门特别行政区政府社会工作局. 颐老卡简介[EB/OL].（2021-04-22）[2021-12-21]. https://www.ias.gov.mo/ch/swb-services/elderly-service/senior-citizens-card.

第五章　大湾区养老保险转移接续的现状

随着人口的迁移、户籍政策的放宽、城市化的不断推进，以及管理制度的不断深入，大陆人口的规模不断扩大，劳动力的流动也日益频繁。粤、港澳同源，在经济、社会、文化等方面有着高度的一致性。在目前的情况下，由于历史的原因，形成了不同的社会—经济体制。随着香港和澳门的回归，经济和人员往来的日益频繁，粤港澳的劳动力流动规模不断扩大。根据第七次人口普查资料，内地流动人口约为 3.8 亿；香港特区有 37.1 万人，澳门特区有 5.6 万人，台湾有 15.8 万人❶。这就需要通过大湾区现阶段养老保险制度的分析和比较，探索大湾区养老保险制度衔接续的可能，以促进大湾区劳动力的合理流动以及经济社会的互通和持续发展。

第一节　大陆地区养老保险接续现状

通过对大湾区养老保险的政策文本梳理，养老保险关系转移接续的相关政策有以下方面。

一、内地与港澳台之间养老保险转移接续的相关政策

早在 2005 年，劳动和社会保障部发布的《台湾香港澳门居民在内地就业管理规定》（2018 年 8 月已废止）已提出用人单位与聘雇的台、港、澳人员应当签订劳动合同，并按规定缴纳社会保险费，但实操层面上各地执行口径不一。2019 年 11 月 29 日，人力资源和社会保障部、国家医疗保障局联合发

---

❶ 国家统计局. 第七次全国人口普查公报（第八号）[EB/OL].（2021−05−11）[2021−12−30]. http://www.stats.gov.cn/ztjc/zdtjgz/zgrkpc/dqcrkpc/ggl/202105/t20210519_1817701.html.

布了《香港澳门台湾居民在内地（大陆）参加社会保险暂行办法》（人力资源和社会保障部、国家医保局令第 41 号，以下简称"41 号令"），自 2020 年 1 月 1 日起正式施行。

41 号令的发布，是对《中华人民共和国社会保险法》的进一步细化和完善，明确了在内地（大陆）居住、就业和就读的港澳台居民的参保要求和参保待遇，是国家在"一国两制"原则下，明确港澳台居民与内地居民享受同等权利、履行同等义务的体现。同时，对于已在港澳台参加当地社会保险并保留社保关系的港澳台居民，符合相关要求可不在内地参加养老和失业保险，充分考虑了港澳台居民实际情况和诉求，减轻企业和个人的负担。

（一）主要内容

41 号令对港澳台居民在内地参加社会保险作出了相关规定，主要内容及要点如表 5-1 所示。

表 5-1　适用对象及参保范围

人员	适用范围	定义	参保范围	是否强制
就业人员	一般雇员	在内地（大陆）依法注册或者登记的企业、事业单位、社会组织、有雇工的个体经济组织等用人单位依法聘用、招用的港澳台居民	职工基本养老保险、职工基本医疗保险、工伤保险、失业保险、生育保险	应当参加
	个体工商户	在内地（大陆）依法从事个体工商经营的港澳台居民	职工基本养老保险、职工基本医疗保险	可以参加
	灵活就业	在内地（大陆）灵活就业且办理港澳台居民居住证的港澳台居民		
未就业人员	未就业居民	在内地（大陆）居住且办理港澳台居民居住证的未就业港澳台居民	城乡居民基本养老保险、城乡居民基本医疗保险	可以参加
	大学生	在内地（大陆）就读的港澳台大学生	城乡居民基本医疗保险	按规定参加

其中，已在香港、澳门、台湾参加当地社会保险，并继续保留社会保险关系的港澳台居民，可以持相关授权机构出具的证明，不在内地（大陆）参

加基本养老保险和失业保险。目前广东的社保机构并未强制要求在内地（大陆）工作的港澳台居民参加社会保险。

（二）具体参保流程

根据 41 号令，港澳台居民具体的参保流程如表 5-2 所示。

表 5-2　港澳台居民具体的参保流程

参保地点	一般雇员	用人单位所在地
	个体工商户	注册地
	灵活就业及未就业居民	居住地
	大学生	高等教育机构所在地
登记材料	一般雇员	港澳居民来往内地通行证、港澳台居民居住证、劳动合同、聘用合同等证明材料
	个体工商经营及灵活就业	按照注册地（居住地）有关规定办理社会保险登记
登记流程	与内地（大陆）居民一致，登记后获得社会保障号码及社会保障卡	
社会保障号码	已取得居住证的港澳台居民，其社会保障号码为办理居住证时取得的公民身份号码；没有公民身份号码的港澳居民，由社会保险经办机构或者社会保障卡管理机构按照国家统一规定编制	

41 号令明确，港澳台居民在办理居住证时取得的公民身份号码作为其社会保障号码；没有公民身份号码的港澳居民的社会保障号码，由社会保险经办机构或者社会保障卡管理机构按照国家统一规定编制，而其并没有对未办理居住证的台湾居民的社会保障号码进行明确。台湾居民是否只有在办理居住证后才可以参保，有待进一步确认。

（三）享受待遇

（1）养老保险待遇。港澳台参保人员同内地（大陆）居民，在达到法定退休年龄时累计缴费满 15 年的，可领取相关养老保险待遇。41 号令为希望享受待遇但未缴足年限的港澳台居民提供了补缴方法：

①参加职工基本养老保险的港澳台居民达到法定退休年龄时，累计缴费不足 15 年的，可以延长缴费至满 15 年。

②社会保险法实施（2011 年 7 月 1 日）前参加职工基本养老保险、延长

缴费 5 年后仍不足 15 年的，可以一次性缴费至满 15 年。

③参加城乡居民基本养老保险达到待遇领取年龄时，累计缴费不足 15 年的，可以按照有关规定延长缴费或者补缴。

（2）医疗保险待遇。参加职工基本医疗保险的港澳台居民，达到法定退休年龄时累计缴费达到国家规定年限的，退休后不再缴纳基本医疗保险费，按照国家规定享受基本医疗保险待遇。未达到国家规定年限的，可以缴费至国家规定年限。退休人员享受基本医疗保险待遇的缴费年限按照各地规定执行。

参加城乡居民基本医疗保险的港澳台居民按照与所在统筹地区城乡居民同等标准缴费，并享受同等的基本医疗保险待遇。

需要注意的是，在境外就医所发生的医疗费用不纳入基本医疗保险基金支付范围。

（四）离开内地（大陆）社保关系处理

港澳台居民在达到规定的领取养老金条件前离开内地（大陆）的，可选择：

保留其社会保险个人账户，若再次来内地（大陆）就业、居住并继续缴费的，缴费年限累计计算；或经本人书面申请终止社会保险关系的，可以将其社会保险个人账户储存额一次性支付给本人。

具体跨统筹地区社保关系转移办法见表 5–3。

表 5–3　跨统筹地区社保关系转移

达到待遇领取条件时缴费年限	养老保险待遇领取地点
基本养老保险关系所在地累计缴费年限满 10 年	基本养老保险关系所在地
基本养老保险关系所在地累计缴费年限不满 10 年	上一个缴费年限满 10 年的参保地
在各参保地累计缴费年限均不满 10 年	其缴费年限最长的参保地
有多个缴费年限相同的最长参保地	其最后一个缴费年限最长的参保地

二、广东省与港澳台之间养老保险转移接续的相关政策

根据 2019 年 11 月 29 日，人力资源和社会保障部、国家医疗保障局联合发布的 41 号令，2019 年 12 月 20 日，广东省人力资源和社会保障厅发布了《关于进一步完善广东省港澳台居民养老保险措施的意见》，对进一步完善港澳台地区政策内容进行了明确：

（1）港澳台籍人员继续缴费。明确在广东省参加企业职工基本养老保险的香港、澳门、台湾居民，达到法定退休年龄时缴费不足 15 年，且在广东省累计缴费满 10 年的，可根据国办发〔2009〕66 号文规定，在广东省参照灵活就业人员缴费标准继续缴费至满 15 年；在各省缴费均不满 10 年，其缴费年限最长（并列最长取最后一个）的参保地在广东省的，可在广东省最后参保地继续缴费。《社会保险法》实施前参保、延长缴费 5 年后仍不足 15 年的，可以一次性缴费至 15 年。同时，对最后参保地在广东省，但在广东省累计缴费年限不是最长的人员，也可自愿选择在广东省最后参保地继续缴费。

（2）港澳台籍人员补缴养老保险费。明确在广东省工作的港澳台籍居民，于 2005 年 10 月《台湾香港澳门居民在内地就业管理规定》实施后与广东省用人单位曾存在劳动关系，期间有未参保缴费年限的，可按规定进行补缴。

（3）港澳台籍人员参加机关事业单位养老保险。明确符合《广东省人民政府关于贯彻落实〈国务院关于机关事业单位工作人员养老保险制度改革的决定〉的实施办法》（粤府〔2015〕129 号）参保条件的港澳台籍居民，应按规定参加机关事业单位养老保险，待符合条件时享受相应养老保险待遇。

（4）港澳台籍人员参加城乡居民养老保险。规定在广东省居住且办理了港澳台居民居住证的未就业港澳台籍人员，可在居住证所在地参加城乡居民养老保险，并可按规定享受相应的待遇和财政补贴。

（5）高层次人才建立企业年金。企业年金作为一种补充养老保险，可以

进一步提高职工的退休待遇水平。鼓励和支持用人单位为包括高层次人才在内的职工建立企业年金。在国家政策规定范围内，用人单位与职工一方可以在企业年金方案中约定向高层次人才倾斜的条款。

（6）港澳台籍高层次人才购买商业养老保险。规定港澳居民和台湾居民中按照《广东省人才优粤卡实施办法》持有优粤卡 A 卡或 B 卡的人员，以及入选省重大人才工程的人员，如未曾在内地参加职工基本养老保险的，允许用人单位使用财政资金为其购买任期内商业养老保险，进一步提高港澳台籍高层次人才的养老待遇水平。

对于灵活就业人员，2021 年 5 月 10 日，广东省人力资源和社会保障厅印发了《广东省灵活就业人员参加企业职工基本养老保险办法》。该办法明确规定，灵活就业人员指的是：无雇工的个体工商户；未在用人单位参加基本养老保险的非全日制从业人员；依托电子商务、网络约车、网络送餐、快递物流等新业态平台实现就业，且未与新业态平台企业建立劳动关系的新型就业形态从业人员；国家和广东省规定的其他灵活就业人员。港澳台籍灵活就业人员可享受广东户籍居民的同等待遇，允许其凭居住证或就业登记证明参保，将有望进一步提高港澳台籍灵活就业人员的参保积极性，这是广东进一步贯彻落实《粤港澳大湾区发展规划纲要》，推动大湾区社会保险发展衔接的重要举措。

按照该办法规定，广东的灵活就业人员参保的月缴费工资基数，在参保地企业职工基本养老保险的缴费工资基数上下限范围内，由其本人自行选择。据悉，当前广东省一至四类片区的月工资缴费基数下限分别为 3803 元、3376 元、3126 元、2924 元。灵活就业人员的基本养老保险缴费比例为 20%[1]。

同时，实施湾区"社保通"工程，开展社保卡金融功能综合应用试点，推动社保卡覆盖港澳地区。2021 年 9 月 23 日，"湾区社保服务通"工作推进会在珠海召开，学习贯彻国家关于粤港澳大湾区和横琴、前海两个合作区

---

❶ 中新社. 港澳籍灵活就业人员可凭居住证参加养老保险[EB/OL].（2021-05-12）[2021-12-30]. http://hmo.gd.gov.cn/hzcg/content/post_3285615.html.

方案精神，研究对接社会保障公共服务、推动民生融合发展的举措办法。会上，广州、深圳、佛山、东莞、惠州、中山、江门、肇庆等城市分别与澳门相关民间社团、银行机构签署了合作意向，粤澳社保合作全面启动。

2021年9月25日，广东省社会保险基金管理局印发了《关于做好"湾区社保服务通"的实施方案》，下一步将持续推动粤港澳社保经办服务标准化对接，助推国家"双区＋双合作区"决策部署落地，更好发挥服务港澳、保障民生作用。近年来，广东省加强跨境公共服务和社会保障的衔接，积极探索港澳社会保险在大湾区内跨境使用。

2021年9月29日，广东省社会保险基金管理局和国家税务总局广东省税务局印发《港澳台居民在广东省参加养老、工伤和失业保险办事指南》，出台了具体的办事指南，包括办理方式、办理材料，以及咨询电话等具体事务。其中办理方式包括线上办理方式，如用人单位通过广东省电子税务局、粤税通小程序就可以办理；而以个人身份办理则通过粤税通、粤省事小程序缴费。

三、内地人士在香港养老保险可携性

受聘于香港公司的海外人士，是否必须要参加强积金供款？可以分为两种情况来解释。

第一，海外人士受聘及受薪于香港公司，但在中国内地工作，无须申请工作签证及参加香港强积金计划。

第二，海外人士受聘及受薪于香港公司，同时长期驻港工作，则必须申请工作签证留港工作，获发准许在香港工作，获发准许在香港工作13个月或以下的工作签证的人士，可获得豁免而不受《强积金条例》管限。而获准许可在香港工作超过13个月的人士则不获得豁免。也就是说，假设一名海外雇员持有工作签证，又没有参加任何海外退休计划，他从第14个月起便不获豁免遵守《强积金条例》。因此，雇主需要在第13个月结束后的60日内，安排该名海外雇员参加强积金计划。

如某人获准在香港工作的签证有效期原本不多于 13 个月，但其后因续办签证而获准连续在香港工作共超过 13 个月，则他将从第 13 个月完结后不再获豁免。若某人所获发的工作签证已经期满，而他为另一份工作重新申请工作签证，则 13 个月的期限便会从新工作签证开始生效时重新计起。假如某海外雇员参加了海外退休计划，只要该计划是在香港以外地方注册或以香港以外地方为本籍，而该名海外雇员符合法例订明的豁免条件，便可自动获豁免遵守《强积金条例》。

以上所述的强积金豁免原则，海外人士如需到香港工作，则必须申请有关来港工作签证，且必须申请由香港入境事务处审批。请注意，如非进入香港工作的海外人士，则无须理会工作签证及强积金事宜。

《强制性公积金计划条例》自 2000 年 12 月开始推行，旨在为香港的就业人士提供退休保障。强积金是以雇佣为基础的退休保障制度，在香港工作的香港居民，无论是雇员或自雇人士，凡年满 18 岁至未满 65 岁，并通常在香港居住和工作，在雇佣合约下连续受雇不少于 60 日的人士，无论是全职还是兼职都必须参加强积金计划。而受到豁免参加强积金计划人士的类别，包括了以下几类：家务雇员；自雇小贩；受法定退休金计划或公积金计划保障的人士（如公务员及津贴或补助学校的教员）；获强积金豁免的职业退休计划成员；受海外退休计划保障或来港工作不超过 13 个月的海外雇员；驻港欧洲联盟属下的欧洲委员会办事处的雇员。

目前移民香港，适用最多的两项计划是"输入内地人才计划"（简称"专才"）和"优秀人才入境计划"（简称"优才"）。根据两项计划来香港的人士，对于强积金的缴纳，也有着各自不同的要求。

（1）专才。2003 年香港特区入境事务处推出专才计划，旨在吸引一些具有认可资历的内地优秀人才和专业人才来香港工作，这些人才必须具有香港缺乏或无法即时提供的专业知识和技能，通过申请香港工作签证的方式可以获得香港临时身份证。"专才"计划不设配额限制，每年将近万宗申请，成功率高达八成，但要求申请人在赴港前，必须有香港企业的聘用合同。因此，

"专才"申请人和雇主必须要共同缴纳强积金。

（2）优才。2006年香港政府为了吸引人才推出的计划，最开始的时候是每年1000个名额，现在增加到每年4000个名额。钢琴家郎朗就是"优才"计划的第一人。优才计划分为两类，一类是成就计分制优才，适合在国际上已经取得了一定成就的名人或者得过国际大奖的优秀人才，另一类是综合计分制优才，适合一般的普通人按照自己的条件打分即可。综合计分制通常在6个方面计分：包括年龄、学历、工作经验、人才清单、语文能力和家庭背景，满分是225分，80分即可上线，提交材料进行申请。申请通过可以得到香港政府发布的2年居民签证，到期后可以续签3年居民签证，再次到期后可以再续签3年居民签证。在香港生活满7年后，可以申请香港的永久居民身份证。

由于优才的评审并不以申请人在香港获得雇佣为前提，因此，大部分优才仍然保留了在内地的工作，就自然没有香港强缴纳公积金的记录。但部分优才出于续签居民签证的方便，也考虑同时在香港缴纳公积金，同时也是在未来养老金的一种投资❶。

四、内地人士在澳门养老保险可携性

内地赴澳务工人员可在横琴参加职工基本养老保险。内地赴澳务工人员可凭本人有效期内的澳门特别行政区外地雇员身份认别证以及身份证明材料，在横琴新区以灵活就业人员身份参加企业职工基本养老保险。助推粤港澳大湾区"社保通"取得进展。横琴片区成功办理了首笔内地赴澳门务工人员参保职工基本养老保险业务，并成功扣缴今年3月费用。这一创新举措将惠及十多万名内地赴澳门务工人员，将对补充澳门人力资源不足、支持澳门长期繁荣稳定和更好融入国家发展大局发挥积极作用。

到澳门的大陆劳动者人数占澳门外籍劳动者总数的2/3。不过，过去大陆（珠海市以外）到澳门打工的农民工，由于他们的工作关系在澳门，不能

---

❶　佳信海外服务集团. 香港优才、专才也要缴纳强积金吗？[EB/OL].（2018-11-23）[2021-12-21]. https://zhuanlan.zhihu.com/p/50677327.

通过珠海市的用人单位代扣、代缴基本养老保险，也不能作为珠海本地的灵活就业人员参加社保。

2019年10月，广东省人力资源和社会保障厅出台《关于支持珠海市横琴新区人社事业创新发展的意见》。在十项新政策中，包括支持横琴率先推进湾区"就业创业通"工程、支持率先推进湾区"社保通"工程、支持构建和谐劳动关系示范区❶。

第二节　中国香港养老保险转移接续现状

自1990年代后期开始，政府为长者福利引入可移植性选项，应与下列原因相关。首先，由于许多长者于年轻时从内地来港，他们或许会选择于退休时返回内地定居。其次，由于内地生活成本一般较低，福利如果可以跨境转携，长者便可以相同福利金额，在内地享有较佳的生活质量。最后，长者受助人如选择居于内地，便不可领取部分综援补助金和津贴，也不可享受房屋及医疗方面的实质服务，变相节省政府开支。根据1998年公布的一项专项研究，综援长者在内地养老的计划"显然可减轻政府的行政及财政责任"，并能纾缓政府在人口老化趋势下所面临的财政压力。

现时，只有综援计划及公共福利金计划下的长者福利可携至内地两个省份（即广东省及福建省），而残疾福利则仍未有可携安排。以下是长者福利可移植性的主要政策发展：

（1）综援长者广东及福建省养老计划。此计划自1997年4月起推出（当时的中文名称为"长者定居广东省续领综合社会保障援助计划"），让长者福利受助人可在广东定居，并能在综援计划下领取相同的每月标准金额和每年的长期个案补助金，但不能领取因应受助人在香港生活的需要而发放的其

---

❶ 新华社. 内地赴澳门务工人员可在珠海横琴参加职工基本养老保险[EB/OL].（2020−03−25）[2021−12−21]. http://www.chinatax.gov.cn/chinatax/c101589/c5146854/content.html.

他补助金和津贴。此计划的受助人还须符合其他规定，例如，须居港最少7年，以及须在港领取综援最少1年。不过，受助人在领取福利期间，无须居港。该计划的适用范围于2005年8月扩展至福建省。

如今，香港社会福利署委任了一间非政府机构（即香港国际社会服务社）协助推行此计划。其职责包括每年派人前往该两个省份进行家访，监察受助人的情况，并确定他们仍然合乎资格领取有关福利。

（2）广东及福建计划。香港特区政府于2013年10月在公共福利金计划下推出广东计划，为定居广东省的长者提供相同金额的免经济审查高龄津贴。在广东计划下，70岁或以上的长者领取高龄津贴无须接受经济审查（与本地受助人一样），而年龄介于65~69岁的长者，如通过经济审查，也可在广东计划下领取高龄津贴。

由2018年4月1日起，上述广东计划的安排将通过福建计划扩展至福建省（表5-4）。

表5-4　香港选定福利的可携性

项目	香港	内地			其他地方
		广东省	福建省	其他省份	
综援：长者个案	√	√	√	×	×
公共福利金计划：高龄津贴	√	√	√	×	×
公共福利金计划：伤残津贴	√	×	×	×	×
公共医疗服务	√	×	×	×	×

福利可携安排虽已实施20年，但对香港年长人口的吸引力却有限。以综援长者广东及福建省养老计划为例，受助人数已由2007年3月高峰时的3308人下降至2017年12月的1399人，占综援长者个案比例不足1%，累积跌幅高达58%。

同样地，广东计划自2013年推出以来，受助人数也持续呈现跌势，至2017年年底仅占公共福利金计划下长者个案的6%，已累跌6%至16149人（图5-1和图5-2）。

个案（个）

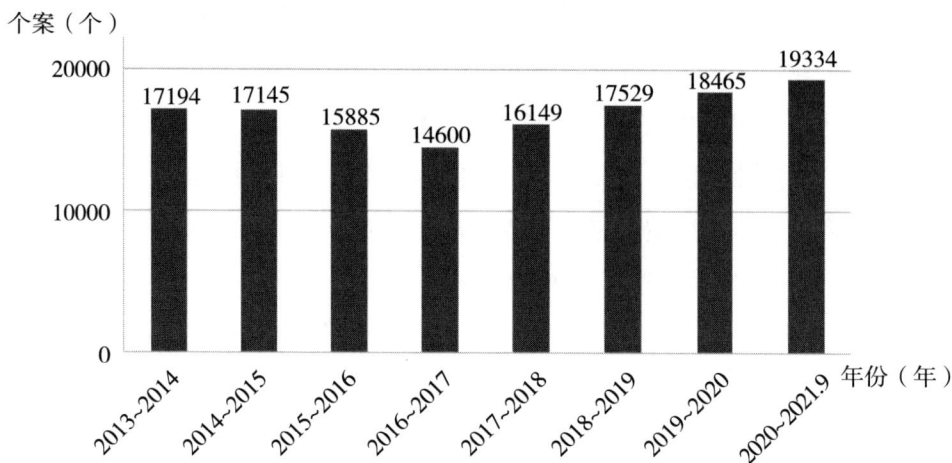

图 5-1　广东计划下的个案个数

比例（%）

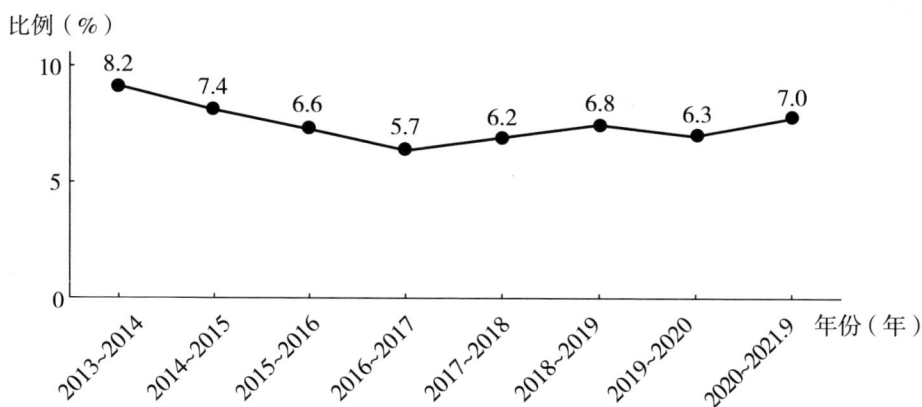

图 5-2　广东计划占高龄津贴个案的比例

　　大体而言，长者对于广东及福建的福利可携安排反应冷淡，应与下列因素相关。第一，选择于广东及福建省为内地定居地的香港长者比例，于 2007 年至 2011 年期间已由 91% 下跌至 81%。因此，福利可携安排的地域涵盖范围的局限性，引发关注。第二，由于综援长者广东及福建省养老计划的金额，不包括若干为长者基本生活所需而提供的补助金及特别津贴，参加该计划的长者实际收取的综援金额，可能较香港定居的相应金额低约三成（不包括因特别需要而发还的金额），这降低了有关计划的吸引力。第三，所有福利可携计划的受助长者，均须交还其原居公屋单位，但考虑他们日后或会迁回香港，他们未必愿意交还公屋单位。第四，综援长者广东及福建省养老计划、广东计划及福建计划下，每月发放的金额只会存入受助人在香港的银行账户，受助人须以高昂费用把款项汇入内地。第五，由于港人不能享用内地的公共医疗服务优惠，他们可能需要负担沉重的跨境医疗费用。由于长者一般需要经常就诊，他们宁可选择接近香港资助医疗设施的地方居住。

除了上述现金福利可携安排外，政府也已推出数项试验计划，协助本地长者在广东生活。其中包括 2014 年 6 月推出的广东院舍住宿照顾服务试验计划，在两间香港非政府机构分别在广东营办的两间养老院提供资助护理床位。具体包括由香港复康会在深圳营办的香港赛马会深圳复康会颐康院和由伸手助人协会在肇庆营办的香港赛马会伸手助人肇庆护老颐养院。其中，政府的资助已包括长者在院舍的食宿费用、护理服务和个人照顾费用，以及基本医疗费用。长者在入住后无须再支付这些费用。

此外，政府于 2015 年 10 月推出香港大学深圳医院（"港深医院"）长者医疗券（"医疗券"）试点计划，让合资格长者可以使用医疗券支付香港大学深圳医院指定科室提供的门诊医疗护理服务费用。跟香港的安排一样，长者可以使用医疗券在香港大学深圳医院接受预防性、治疗性及复康性服务。现在，每名 65 岁或以上的合资格香港长者，每年获发 2000 港元的医疗券金额，可以用于香港及香港大学深圳医院的合资格服务，该试点计划有助居于内地的长者于深圳获取所需的医疗服务。按年计，曾于港大深圳医院使用医疗券的长者的累计人数，2015~2019 年分别为 500 名、1200 名、2100 名、3400 名和 4400 名。每年的医疗券申领金额方面，2015~2019 年分别约为 54 万、147 万、185 万、349 万和 421 万港元，涉及总金额约为 1000 多万港元。

香港大学深圳医院曾就医疗券在该院的使用情况进行意见调查。根据该院 2019 年发表的报告，试点计划受到好评，在 384 名受访长者中，有 92% 对在香港大学深圳医院通过试点计划以医疗券支付的服务表示满意或非常满意。

第三节　中国澳门养老保险转移接续现状

2018 年 8 月，国务院办公厅下发《港澳台居民证申领发放办法》，港澳台居民前往内地（大陆）居住半年以上，符合有合法稳定就业、合法稳定住所、连续就读条件之一的，根据本人意愿，可以依照本办法的规定申请领取居住证。未满 16 周岁的港澳台居民，可以由监护人代为申请领取居住证。2018 年 9 月 1 日，广东省实施了港澳台居民居住证制度，为澳门居民在内地学习、创业、就业、生活提供便利，也给予他们更多参与国家发展的机会。为配合国家的统一部署和香港政策措施，特区政府在推进粤港澳大湾区建设的框架下，积极发展自身优势，做好政策对接工作，深化区域合作机制，从不同层面探讨和推动澳门居民在内地生活、创业和就业的便利措施和服务。事实上，澳门特区政府一直以来均致力于为在内地生活的澳门居民提供便利措施，同时应对大湾区建设的需要开展了多项针对性措施，具体包括：

一、回内地定居计划

凡是年满 65 岁及长期无工作能力的澳门社会工作局援助金受益人，如果选择返回中国内地生活，可以继续收取社会工作局所发放的经济援助。该经济援助的目的是澳门政府通过向因社会、健康及其他需要特别援助的因素而处于或陷入经济贫乏状况的个人及家庭提供社会援助，确保其生活上的基本需要能得到满足。该经济援助金分为一般援助金、偶发性援助金和特别援助金。其中，一般援助金是向处于经济贫乏状况者提供的一项经济援助；偶发性援助金是发放给因发生突发事故或遇有特别需要而经济陷入贫乏状况或经济状况恶化的个人及家庭；特别援助金是向有特定需要的个人及家庭发放的，其所获发放的特别援助金并不会计入其个人及家庭的总收入。

申请资格包括：持有澳门特别行政区居民身份证；最近 18 个月连续居住在澳门特别行政区；经社会工作局审核确认处于经济贫乏状况（见表 4-32）；除家庭局外无持有其他不动产；所拥有的银行存款和现金总数不超过所订立

的数值（见表 4-33）。

二、养老保障制度

根据澳门第 4/2010 号法律《社会保障制度》和第 7/2017 号法律《非强制性中央公积金制度》，目前在内地工作、学习、生活的澳门居民，已可依法进行澳门双层式社会保障制度供款，以累算权益和在符合条件时享受澳门的社会保障，并可享累积权益和相应的给付津贴。

而有关居民也可根据 2020 年实施的《香港澳门台湾居民在内地（大陆）参加社会保险暂行办法》，参加内地多项社会保险，并依法享受相应的社会保险待遇。计划所需费用中的财政补贴部分由当地政府承担，余下个人缴费部分由个人缴纳。此外，居民若无意两地双重参保，也可凭澳门社会保障制度的供款记录证明，向内地申请豁免参加基本养老保险和失业保险，以避免双重参保的问题。

为非强制中央公积金的预算盈余特别分配制度制订各种豁免情况，包括升读大学、就医、公务、外派工作、负担在澳门家人主要生活费而在外地工作、因病长居内地、年满 65 岁的长者长居内地，容许身处澳门不足 183 日的澳门居民，有依据的重新获得政府的拨款，让居住在内地的澳门居民，尤其是长者，在领取养老金、残疾金及提取非强制中央公积金政府拨款方面，均不会受到影响。

推行港澳在生证明协查合作计划、银行转账养老金、残疾金及非强制中央公积金政府拨款至内地生活的受领人内地银行账户等措施，方便合乎条件的澳门居民继续收取有关款项。2017 年，广东省与澳门签订《广东省与澳门特别行政区领取养老金人员在生证明协查办法》，要求广东省各级社会保险经办机构协同办理澳门居民的在生证明，受益人只需要协同有效的澳门居民身份证亲临有关经办机构，就会获得由经办机构签发的在生证明。

三、横琴港澳深度合作区

澳门受制于土地资源不足，无法大力发展养老产业，因此澳门大部分老人希望到内地跨区养老。面对如此巨大的需求，与澳门一步之遥的珠海，早在多年前就已经成为澳门居民跨境养老的首选地。

2020年以来，广东省积极推进珠海澳门社保跨境合作试点，珠海市社保中心与澳门街坊会联合总会、澳门工会联合总会、民众建澳联盟、中国银行澳门分行和工银澳门签订社保业务合作协议，借助这些部门在澳门社会服务面广、服务能力强等优势，为澳门居民提供"多点办、就近办、方便办"的跨境社保服务，为粤港澳社保服务区域融合发展积累了大量经验。截至2021年8月底，澳门居民在珠海市参加居民养老保险有30702人，参加企业职工基本养老保险有8232人，分别比2020年年底增长707%和31%；已经享受养老待遇并按月领取养老金有1762人❶。

2021年9月，中共中央、国务院先后印发《横琴粤澳深度合作区建设总体方案》和《全面深化前海深港现代服务业合作区改革开放方案》，设定阶段性目标，推动方案的落实，让公共服务和社会保障体系在2024年实现与澳门有序衔接、2029年将更加完善、2035年高效运转，共同做好建设及发展横琴粤澳深度合作区的工作。广东省人社部门会同税务部门迅速出台了港澳居民在广东参加养老、工伤和失业保险的办事指南，为港澳居民在广东参加企业职工基本养老保险、城乡居民养老保险和工伤保险、失业保险提供明确的办理途径和流程，把国家针对港澳居民出台的惠民政策转化为具体的社保服务实践，打通了政策落地"最后一公里"。

《横琴粤澳深度合作区建设总体方案》明确指出加快推进"澳门新街坊"项目，对接澳门教育、医疗、社会服务等民生公共服务和社会保障体系，有效拓展澳门居民的优质生活空间。"澳门新街坊"项目是珠澳两地携手合作

---

❶ 珠海特区报.珠海市人力资源和社会保障局局长潘伟明：努力把惠澳利民的民生实事干实办好[EB/OL].（2021-11-12）[2021-12-21]. http://www.hengqin.gov.cn/macao_zh_hans/hzqgl/dtyw/xwbb/content/post_3021882.html.

的重要综合民生项目，集居住、教育、医疗等功能于一体，包括住宅及社区服务配套、商业、学校和公园等。入住的澳门居民可直接享受澳门的教育、医疗等社会福利，以助力拓展澳门居民的居住空间，并为在大湾区内工作生活的澳门居民创造便利条件。项目目前由澳门都市更新股份有限公司负责建设。

医疗方面，"澳门新街坊"卫生站参考现行卫生局资助的非营利机构提供西医门诊服务的模式运作，主要为在横琴居住和生活的澳门居民提供一般慢性疾病西医门诊服务，以及普通西医门诊服务。

教育方面，正按现时规划资料，学校土地面积约 20000 平方米。教育部门已在三基金合并为新的教育范畴基金的行政法规草案内增设了条文，为在"澳门新街坊"项目下将开办的学校提供资助创设条件；同时积极推动"澳门新街坊"内教育设施的设立。

社会服务设施方面，将设立家庭社区服务中心和长者服务中心，以利于支援及巩固个人及家庭，强化家庭功能，提升家庭生活质量，也为长者提供多元化、贴心的个案支援服务，拓宽长者的生活圈子，培养长者的兴趣，使长者愉快地在社区内生活。有关设施需要同时遵照横琴当地的法律要求，以及澳门相关的法律法规。

四、完善医保政策

（一）将澳门居民纳入珠海医保范围

自 2019 年 7 月 1 日起，珠海市开展常住横琴的澳门居民参加珠海市基本医疗保险试点，常住横琴（含横琴、保税区、洪湾一体化区域）的澳门居民，可凭居住证或房产证、租房合同等参加珠海市基本医疗保险，按规定享受珠海市同等医疗保险报销待遇。2019 年 12 月底，经珠海市政府同意，珠海市医保局印发《关于贯彻落实香港澳门台湾居民在珠海市参加基本医疗保险有关问题的通知》（珠医保〔2019〕64 号），规定在珠海就业及就读的港澳台居民已纳入珠海医保的基础上，自 2020 年 1 月 1 日起，全市范围内持居住证的非就业港澳台居民也可在珠海市参加基本医疗保险，在珠海市定点医疗机构就医并享受珠海市医疗保险待遇，且参加珠海市医疗保险后不影响其在港澳台地区享受的相关医疗待遇。

（二）优化澳门居民参保就医获得感

为提升澳门居民参加珠海市医疗保险的获得感，珠海市不断优化参保及就医服务，在横琴实现参保、缴费、办理社会保障卡、选定门诊统筹定点等业务集中办理，为港澳台居民提供即时发卡便民服务。此外，配合卫健部门完善横琴医疗卫生服务，珠海市人民医院横琴医院于 2019 年 12 月 5 日正式启用，该院按照澳门黑沙环社区卫生中心标志进行了优化改造、设立开放式挂号，设立了老年人优先服务窗口和医疗服务绿色通道。该院还为签订门诊统筹（家庭医生服务协议）的澳门居民参保人提供 14 项免费的国家基本公卫服务和部分免费治疗项目体验，让居住在横琴的澳门居民不出岛即能享受到三级甲等医院的高水平医疗服务。

（三）探索澳门—珠海医保互通

2015 年以来珠海逐步实现了参保人在省内和全国异地就医直接结算，参保人按照流程登记备案后可纳入全国异地就医直接结算平台实现"一站式"结算。根据《社会保险法》规定，在境外就医的医疗费用不纳入基本医疗保险基金支付范围，因此依据现行法律框架珠海市目前没有制定出台跨境异地就医结算相关政策。珠海医保部门将继续积极配合澳门和有关部门探索开展医疗保险资源对接共享，为澳门居民提供更好的医疗保障服务。

第六章　大湾区养老保险可携性影响因素分析

第一节　养老保险可携性基础

养老保险可携性及关系转移接续关系着劳动者权益的维护，影响着劳动力的合理流动。养老保险可携性低会削弱劳动者流动性，从而影响地区的劳动者市场效率，进而影响经济转型、工作配对的合适性，以及区域经济融合，而工作不稳定的劳动者所享有的养老保险更会大幅减少，所以不少地区都着手提升养老保险的可携性。建立可携带性需要关注一些共同的属性。

一、身份管理基础设施

身份管理基础设施是一个基本要求，它确保信息、社会保险和福利归属于有关的人，而不是其他任何人。在所有情况下，社会保护的提供需要有能力确认接受者的身份，这可以保证福利惠及目标人员，同时通过消除欺诈（骗保）行为和尽量减少错误来保护系统的完整性。

身份管理所涉及的内容远不止发布一个独特的标识符——它还需要维护信息和重新确认生活状态的能力。一个关键的问题是谁来定义信息源。例如，死亡的信息来源有很多：医院、警察、各辖区的机构等。如果有差异，谁有最后的发言权。因此，不同机构，如广东省与澳门行政区签订的在生证明，就是不同地区的机构协同管理流动劳动者的身份证明。

二、发送、接收和积累信息的共同定义和标准

努力为数据元素制定共同的定义和标准是一个重要的要求，以实现数据交换的自动化，并支持开发能够"相互对话"的接口。国际社会保障协会已

经领导了一项倡议，开发共同的条款、共同的定义和协议，定义要交换的数据元素。这项工作正在进行中，对于确保在不相应增加工作量和风险的情况下支持越来越多的可移植性是至关重要的。

利益相关者之间的信息交流的可靠性意味着它不仅必须是准确的，还必须没有被篡改过，并且是有价值的、已发送并已收到的。这一点非常重要，因为对确认养老金领取者生活状态的查询的答复可以用来延长或终止支付。因此，这些信息交流必须被记录下来，以可经受审查和可靠的方式。分布式账本（也称区块链）等新技术在这方面提供了强大的潜力，是国际社会保障协会创新实验室的主题。

例如，设想某人的工作生涯涉及许多雇主或自营职业的类型。在不同的就业类型中，信息必须具有可移植性。这个人将有累积的权利，这些权利将决定将支取的公共养老金的数额。退休后，这个人搬到另一个国家，在那里继续支取养老金，直到个人死亡。继续支取的条件是有办法核实个人是否活着，这通常被称为养老金领取者的"生活状态"。这对于确保该系统的准确性和完整性至关重要。一些国家要求受益人向领事馆报告，其他国家要求签署声明，还有一些国家使用生物识别技术来提供这种保险。后者的优点是完全在数字领域进行，可以嵌入信息系统并实现自动化。

三、个人信息的保护

也许最复杂的问题是个人信息的保护。任何时候，只要个人信息可以通过一个独特的标识符被访问，就会有被滥用的风险。必须在信息共享和提供服务之间达成平衡。2018 年，欧盟在内部实施了《通用数据保护条例》，是在欧盟法律中对所有欧盟个人关于数据保护和隐私的规范，涉及欧洲境外的个人数据出口。提出了数据保护的八大原则：

（1）取得限制（collection limitation principle）：个人数据的收集应存在适当的限制，进而以合法且公平的方式取得，并且通过适当的方法知会数据来源或者主体，再进一步取得同意。

（2）数据品质（data quality principle）：个人数据应与其使用目的相关，并且在必要的范围内，确保数据的准确性以及完整性，并随时更新。

（3）目的明确（purpose specification principle）：数据取得的目的应于收集数据时就清楚说明，并且在使用数据时，如果没有通知来源主体，不得应用在和当初目的不相关的用途上。

（4）使用限制（use limitation principle）：除非经数据主体或法律授权，否则不得将个人数据用于原始或者特定目的以外的目的。

（5）安全防护（security safeguards principle）：个人数据应受到合理的安全保护措施的保障，以防止丢失或未经授权的访问、破坏、使用、修改或披露数据等风险。

（6）开放原则（openness principle）：关于个人数据开发、应用方法，应有一个通用的开放政策去规范。并且数据主体可以轻松地取得关于其本身数据的细节，如数据使用者的身份以及目的等。

（7）个体参与（individual participation principle）：数据主体拥有数据的使用权，也有数据的拒绝被使用权。此外也能够质疑数据的正确性，并做出合理的处置（删除、修改等）。

（8）责任原则（accountability principle）：数据持有者应对上述原则负责。

四、法律权威

收集、维护、储存和访问与个人有关信息的法律权力需要合作，以清楚地概述信息共享的好处、所需的最低限度的信息和一个全面的计划，表明如何在每一个步骤中保护它。一个好的方法是将这种类型的授权规定作为监管数据使用的总括性立法的一部分，包括提及一个具有调查权力的独立监督机构，由该机构公开报告挑战、做法和投诉。针对大湾区养老协同问题，加快推进跨境养老服务合作立法，把握跨境合作过程中不同群体特殊利益与跨境贸易、资源分配之间的关系，以法治形式织牢跨境养老服务合作的"安全网"。在粤港澳跨境养老服务合作基础上，由国家发改委、商务部和民政部牵头研究跨境养老服务贸易合作办法。

五、业务连续性和网络安全

业务连续性是指在发生危机时继续提供服务的能力。换句话说，它是衡量社会保护机制复原力的一个标准。新冠肺炎疫情暴发以来，由于经济停滞和金融市场的波动，许多国家原本可以延迟退休的劳动者被迫提前申请养老金。根据美国社会安全统计局的数据，在新冠肺炎疫情上升期间的 2~3 月，申请领取社会安全保障金的 65 岁以下人群数量上升了 10%，其原因可能是出于家庭现金流开支的需要、健康状况的改变，或者对未来不确定性看法增加。提前支取养老金的直接后果就是这部分人群未来每年的社会安全保障金都将被打折扣，对其来说不一定是一个最优的选择。而对于第二支柱职业养老金和第三支柱私人养老金来说，虽然在新冠肺炎疫情期间，美国的股市波动巨大（见图 6-1），但以 401K 计划为代表的第二支柱以及以 IRA 为代表的第三支柱私人养老金计划短期承受压力之后很快恢复到了正常水平。这主要归功于 401K 自动缴费和默认投资选项的制度安排以及养老金投资顾问对稳定投资者的情绪和信心所发挥的作用。

图 6-1　美国标普 500 指数走势

网络威胁迫使所有的数据处理在每一步都得到充分保护。它需要不断投资于系统的维护和部署最新的数据保护技术。近年来，国家对数据安全与个人信息保护进行了前瞻性战略部署，开展了系统性的顶层设计。《中华人民共和国数据安全法》于 2021 年 9 月 1 日正式施行，旨在维护国家安全和社会公共利益，保障数据安全，其关于"数据"的定义，是指任何以电子或者其他方式对信息的记录。《中华人民共和国个人信息保护法》于 2021 年 11 月 1 日正式施行，更侧重于个人权益，是为了维护公民个人的隐私、人格、人身、财产等利益，其关于"个人信息"的定义，是指以电子或者其他方式记录的与已识别或者可识别的自然人有关的各种信息，不包括匿名化处理后的信息。

第二节　养老保险可携性影响因素的实证分析

《粤港澳大湾区发展规划》于 2019 年颁布时，政府就立志要在大湾区"打造人才高地"，推动人才自由流动，实施更加积极、开放、有效的人才引进政策。规划的颁布标志着粤港澳人才将在大湾区集聚，形成人才聚集效应。2019 年，根据香港有关媒体所发表的《跨境旅行调查报告》，香港居民平均每日往来香港与内地的人次为 31.98 万，其中 14.4% 前往内地工作，最主要的工作城市是深圳与广州❶。进入"大湾区时代"，这种交流与合作将进一步加强，越来越多的港澳人才将在大湾区就业。

如何营造根据吸引力的人才环境，社会保障便携性问题不可忽视。其中最受社会广泛关注的一个问题就是养老保险，因为养老保险的给付，具有长期累积的效果，一般而言，对于养老金的领取者，都会有领取资格条件和最低缴费年限的规定，同时给付水平也与缴费年限相关。如果养老保险在湾区内不可积累，则转移的劳动者很容易无法积累到足够的缴费年限，从而影响养老金的给付，这种情况一定程度上会影响家庭和个人的养老保障。实际上，一方面，国家鼓励港澳老年人来大湾区内地城市养老，建设健康养老示范基

---

❶　香港旅游发展局. 旅游业数据[EB/OL]. （2021−10−12）[2021−12−30]. https://www.discoverhongkong.com/tc/hktb/newsroom/tourism−statistics.html.

地；另一方面，也必须要重点考虑以下问题：为什么提出养老金便携性很多年，仍未解决这一问题？对于劳动者来说，到底什么是影响养老便携性最重要的因素？因此，本文针对大湾区养老现状，对影响养老金便携性的因素，进行深入探讨，确定劳动者对养老金便携性的偏好，从而为政府下一步建立三地养老保险交流协作平台，起到一定作用。

一、文献梳理和相关假设

现阶段，对于养老保险便携性，国外通用的定义是指受雇者在对雇主进行转换时，仍可继续保持相同的年金权（pension right），不至于因为转换雇主而损失其原来的服务年限以及所应取得的给付权益（Cleary，2008）。换句话说，受雇者在转换前制度的给付资源需转移给转换后的制度，其前后的服务期间所需的给付费用可以合并计算。至于养老保险给付的便携性，通常会通过三种方式转移：

（1）通过给付的可携性，即通过既得受益权的设计，在未来年龄符合养老给付条件时，可享有养老金给付的领取权。

（2）通过年限的可携性，将劳动者原先参加社会保险的年限，合并计入以后参加另一个社会保险的年限。

（3）通过年金资产的积累性，将已积累的年金转移到新加入的社会保险制度，累积养老金权益（Humphreys，1997）。

针对大湾区养老保险的便携性，现阶段学者们的探讨重心主要体现在以下两个方面：

一方面，主要研究港澳劳动者在内地的工作和生活情况。如果劳动者与公司签订了劳动合同，除非存在签订社会保障互惠协定的情况，否则都必须缴纳社会保险，但是缴纳满 15 年后，领取养老金福利却受到一定的限制。张彩霞和庆艳华（2020）基于发展区域养老服务的社会背景、政策支持和实践探索进行描述，总结了大湾区各个城市发展养老服务的特点和优势；蔡越美和吕嘉慧（2021）认为社区养老是未来大湾区智慧养老模式的主要方式；谢华清（2020）分析了港澳居民在内地特别是深圳就业时遇到的与内地居民不同的限制。

另一方面，研究焦点集中在对养老保险制度的纵横向对比上。如席恒教授团队在 2012 年就两岸四地的养老保险可携性专门提出过报告，并提出三种设计方案，但是由于操作性不强，并未在实践中起到效果。吴忠帅（2018）主要研究如何解决跨境就业人员的退休保障衔接问题。通过分析粤港澳三地退休保障制度的同质性和异质性，提出了趋同方案的总体框架；陈怡霓（2020）从理论的角度对粤港澳的养老保险制度进行了细致的比较研究，提出加快粤港澳大湾区卫生健康与养老服务合作的目标；陈晓（2021）的研究领域更广，对粤港澳的社会保障制度进行宏观比较，提出构建更为完善的广东社会保障体系。

综上所述，学者提出养老保险模式不同是影响养老保险便携性最大的问题，港澳地区主要采用的是个人账户制，随着个人工作转换能随时携带走，其给付权益不受影响，但是中国内地采用的是社会统筹＋个人账户模式，领取养老金时要求最低的申领年限，并且养老金也与当地上一年度的社会平均工资戚戚相关。目前的研究特点如下：

（1）研究重点主要放在宏观政策的研究，忽略微观劳动者具体感受程度。

（2）对港澳人员参加养老保险遇到的困难缺乏研究。所以本文通过调查问题的方式来进行了解，从劳动者的角度出发，基于粤港澳大湾区养老金现状情况下，重点分析影响养老金便携性的核心因素。

本研究的整体假设是，养老保险的可携性涉及多个层次内容，包括养老保险行政费用、养老信息的可衔接性、养老金计划本身、个体因素，以及经济因素的函数。每个变量与养老金可携性的关系如下：

（1）养老保险行政费用。指的是转换养老保险制度过程中发生的福利转移成本。该变量是基于交易成本经济学，包括与信息搜索相关的成本，与谈判和达成协议相关的议价和费用。所以养老金便携性成本涉及多个成本内容，它不但包括养老计划转移损失的成本，还包括转移者自己搜寻信息以及承担相应后果的成本。Forteza（2012）认为如果转移人收集养老金信息的成本大于加入养老金的益处，或者从更好的养老金计划转移到更差的养老金计划，则转移人的养老保险转移甚至会出现损失。所以本文将假设 1 设定为养老保险行政费用与养老保险携带性偏好存在着负相关关系。

（2）养老信息的可衔接性。在劳动者进行转移时，各种关于养老金计划的信息可能会影响劳动者做出选择。因此，该变量值越大表示劳动者能够知道不同养老计划的差异，越能依据相关信息判断哪个养老保险计划最优。该变量的理论基础是消费者选择理论，根据不同养老计划带给劳动者的预期效用进行选择，因此，假设 2 为养老信息的可衔接性与可携性偏好之间存在着正相关关系。

（3）养老金计划。养老金计划本身的设计是影响养老金便携性的核心因素，也是转换者感知最明显的因素。养老金计划的核心要素包括养老制度的模式、养老金计算方式、养老金投资策略、养老金供款率等。虽然这些因素会影响劳动者的养老金偏好，不过以上因素对养老金便携性的具体影响程度有多大，还需要进一步验证，所以假设 3 定为养老金便携性偏好与养老金计划之间具有正相关关系。

（4）个体相关因素。相关研究认为，转移者个体的选择自由、职业流动性和职业重点都与个体选择的养老保险计划偏好相关，从而进一步影响养老保险便携性。Cocco & Lopes（2019）认为，转移者根据收入或资产选择养老金计划，当获得更多收入时，成员往往转向缴费率更高的养老金计划。所以假设 4 设定为养老金便携性偏好与个体因素之间具有正相关关系。

（5）经济因素。由于粤港澳三地之间的经济规模以及发展成熟程度具有一定的差异性，但是大湾区一体化的提出正是要逐步缩小经济差异。可能影响养老保险可携性的经济因素包括各地的通货膨胀率的差异、汇率的变化、各地利率水平的波动与劳动效率等因素。养老保险便携性方案的提出为各地的转移者提供了更好的选择。假设 5 设定为经济因素与养老保险便携性偏好之间具有正相关关系。

二、研究方法和数据说明

为了了解养老保险便携性的影响因素，研究团队主要对在内地工作的港澳就业者以及政府管理部门、企业主管和相关专家进行了问卷调研和深度访谈。由于调查样本不易取得，研究团队深入与广州市人力资源和社会保障局进行沟通交流，对申报"大湾区青年就业计划生活补助"的企业进行调研，该计划于 2021 年 1 月 8 日推出，鼓励香港青年人到广东工作和发展事业，对来内地工作的香港年轻人给予每月不低于 18000 港元的工资，并且广东省再给予每月 1000 元人民币的生活补贴。广州地区有 93 家企业申报，该项目提供超过 600 个职位空缺。研究团队共提供了 120 份调查问卷，但仅返回了 111 份，在返回的问卷中，有 10 份问卷存在明显错误，1 份问卷填写不完整。所以本次的调研得到 100 份完整的研究样本。

在进行推断分析之前，从问卷的效度以及信度的角度进行数据分析。首先，对数据总体以及各个变量的 Cronbach α 数值进行剖析，具体结果见表 6-1。

表 6-1　可靠性结果

研究的变量	项目问题数（个）	Cronbach α 数值
养老保险行政费用	4	0.733
养老信息的可衔接性	4	0.657
养老金计划	3	0.745
个体相关因素	3	0.725
经济因素	4	0.714
养老保险便携性	4	0.639
总体	22	0.827

由表 6-1 可见，Cronbach α 系数值范围为 0.639~0.745。Clark 和 Watson（1995）称，Cronbach α 系数的原始值为 0.6~0.7，就可以确认其信度。因此，可以得出结论，各变量之间是内部一致的。

为了确保回归分析的结果是可信的，检测相关结果的多重共线性情况，该结果见表 6-2。每个变量的方差膨胀因子（VIF）范围为 1.025~1.344，小于可接受的 10.0。而容忍度指标的结果为 0.744~0.975，大于能接受的最小水平 0.1。因此，没有证据表明研究变量之间存在着多重共线性。

表 6-2　多重共线性结果

变量	共线性指标	
	容忍度	VIF
养老保险行政费用	0.975	1.051
养老信息的可衔接性	0.952	1.025
养老金计划	0.795	1.258
个体相关因素	0.775	1.291
经济因素	0.744	1.344

三、研究结论

（一）描述性统计

首先，对调查的数据进行人口信息、行业信息和变量信息的描述。具体的结果见表 6-3 和表 6-4。

从表 6-3 可见，大多数受访者都在 25 岁以下，其次是 26~35 岁。这些结果表明，大多数调查样本是企业的基层员工，受大湾区青年激励计划的影响来内地工作。同样由于受访者大多数年龄较轻，因此，在缴纳养老保险的年限上都不长。从受访对象的性别情况来看，受访者多数为男性，而且从事的行业多为制造业和信息传输、软件和信息技术服务业。

表 6-3　人口、行业统计信息

项目	内容	人数（人）	比例（%）
受访者年龄（岁）	<25	57	57.0
	26~35	26	26.0
	36~45	13	13.0
	>46	4	4.0

续表

项目	内容	人数（人）	比例（％）
受访者性别	男性	66	66.0
	女性	34	34.0
养老金缴费年限（年）	<5	71	71.0
	6~10	16	16.0
	11~15	11	11.0
	>15	2	2.0
行业类别	制造业	31	31.0
	批发和零售	7	7.0
	信息传输、软件和信息技术服务业	43	43.0
	金融业	8	8.0
	房地产业	4	4.0
	居民服务、修理和其他服务	7	7.0

一方面，变量的描述性统计见表 6-4。根据表 6-4，平均得分最高的是经济因素（JJ），平均值是 14.19，其次是交易成本，即养老保险行政费用（XZH），平均值为 12.6。另一方面，养老金计划（GKL）与个体相关因素（GT）接近，平均分得分最低的是养老信息的可衔接性（KXJ）。因变量养老保险便携性上的平均得分为 13.96，标准差为 3.94。因此，表 6-4 的描述性结果表示，最为重要的影响因素就是交易成本变量以及经济因素。

表 6-4　变量的描述性统计

变量	均值	标准差	最小值	最大值
养老保险行政费用（XZH）	12.6100	3.86095	4.00	20.00
养老信息的可衔接性（KXJ）	11.7700	3.51865	4.00	20.00
养老金计划（GKL）	11.9300	2.96190	3.00	15.00
个体相关因素（GT）	11.8600	3.15915	3.00	15.00
经济因素（JJ）	14.1900	3.62565	4.00	20.00
养老保险便携性（BX）	13.9600	3.94129	4.00	20.00

本研究提出了 5 个假设，这些假设被当作自变量加入模型中，由于研

究前期已经检测过数据的多重共线性和可靠性，在回归时直接采用多元回归模型：

$$BX = \alpha + \beta_1 XZH + \beta_2 KXJ + \beta_3 GKL + \beta_4 GT + \beta_5 JJ$$

其中，各变量的含义见表 6-4 变量的描述性统计。回归方程将 BX（养老保险的便携性）作为因变量，将 XZH，KXJ，GKL，GT 和 JJ 作为自变量。模型的回归结果如表 6-5~ 表 6-7 所示。从表 6-5 的相关数量中的结果体现了方差分析和模型摘要的情况，模式摘要结果反映出模型存在统计学意义，$F(5,94)=10.761$，$p<0.001$，并且占养老保险便携性总方差的约 33%（$R^2=0.364$，调整后的 $R^2=0.330$）。养老保险便携的偏好性可由养老保险行政费用、养老信息的可衔接性、养老金计划、个体相关因素和经济因素变量解释并获得预测。

表 6-5 模型摘要与 ANOVA 结果

模型	R	R^2	调整的 R^2	标准差	更改统计量				
					R^2 更改	F 更改	$df1$	$df2$	显著性 F 更改
1	0.603[a]	0.364	0.330	3.22558	0.364	10.761	5	94	0.000

注：a 预测变量：（常数项）、养老保险行政费用、养老信息的可衔接性、养老金计划、个体相关因素和经济因素。

表 6-6 ANOVA

模型	平方和	df（自由度）	均方	F	显著性
回归	559.826	5	111.966	10.761	0.000[a]
残差	978.011	94	10.404		
合计	1537.840	99			

注：a 预测变量：（常数项）、养老保险行政费用、养老信息的可衔接性、养老金计划、个体相关因素和经济因素。

表 6-7 报告了模型的回归结果，包括模型的非标化系数和其标准误、标化系数、t 值及其显著性、Pearson 相关系数、部分相关系数的平方以及计算出的结构系数。计算结构系数是因为 Nathans，Oswald & Nimon（2012）提

出其可衡量独立变量对因变量的直接影响，而与其他自变量的相关性无关；Courville & Thompson（2018）也提出结构系数在回归结果解释的重要性，因为其减少了误解的可能性。

表 6-7　标准回归结果

模型	非标准化系数		标准化系数	t	显著性	Pearson r	sr^2	rs
	B	标准误	β					
常数	1.254	2.110		0.594	0.554			
养老保险行政费用	−0.017	0.085	−0.016	−0.195	0.846	0.057	0.000	0.095
养老信息的可衔接性	0.116	0.094	0.104	1.232	0.221	0.171	0.010	0.284
养老金计划	0.277	0.123	0.208**	2.253	0.027	0.400	0.034	0.663
个体相关因素	0.418	0.117	0.335***	3.586	0.001	0.508	0.087	0.842
经济因素	0.232	0.104	0.213**	2.236	0.028	0.440	0.034	0.730

注：因变量是养老保险便携性。R^2=0.364，调整后的 R^2=0.330。sr^2 是部分相关（半相关）系数的平方。rs 是结构系数，由因变量和自变量之间的 Pearson 相关系数 r 除以模型的多重相关系数得到。***p<0.01，**p<0.05。

表 6-7 的结果表明，个体相关因素在回归模型中最重要，然后是经济因素和养老金计划因素。基于多元回归的自变量与相关因素之间存在相关性的情况，对于自变量与因变量方差之间的解释度量度，本文采取半相关系数的平方 sr^2 来解释，结果反映出因变量方差变化受自变量方差变化影响，而且属于唯一解释部分，从表 6-7 的数据可知，在养老保险可携性方差中，个体相关因素方差变化的占比约为 9%；经济因素和养老金计划各占养老金可携性方差的约 3%。而养老保险行政费用的方差变化对因变量方差变化的影响最小，因为其结果趋近于 0，并且结构系数（0.095）也接近于零，说明在该因素对养老金便携性几乎没有影响。

结构系数 rs 的结果与半相关系数的平方结果相同，个体相关因素（0.842）、经济因素（0.730）和养老金计划（0.663）对养老保险携带性偏好起到非常重要的作用。

（二）结果分析

在假设方面，本书提出了 5 个假设，下面加以一一分析：

假设 1 是养老保险行政费用与养老保险携带性偏好存在着负相关关系，即行政成本的增加将抑制养老保险携带性偏好，Mhango（2012）认为，引入养老保险便携性计划会增加雇员、雇主和监管机构的成本。但是，本研究在 5% 的显著性水平上不支持这一假设（$p=0.846$）。虽然研究结果与上述结果不一致，但 Rietjens（2018）的研究结果与本文一致。这种不一致的原因可能是，现阶段大部分文献从理解的角度来分析，认为一旦增加养老保险行政费用，将导致劳动者携带性偏好明显下降，但是 Rietjens 发现员工在养老金计划的成本方面是不理性的。

假设 2 是养老信息的可衔接性与可携性偏好之间为正相关关系。本研究的结果是在 5% 的显著性水平下不支持这一假设（$p=0.221$）。尽管现阶段大多数研究都指出这一因素具有十分重要的作用，因为缺乏信息会造成不确定性和知识差距，本研究也认可该变量的重要性。但是，调研数据却显示，当前养老信息的可衔接性似乎不是影响劳动者转移偏好的重要因素。之所以出现这一情况，可能与现阶段大湾区缺乏实现社会福利全面转移的情况有关。大部分受访者不存在养老计划的选择问题，因此认为信息问题并不重要。

假设 3 是养老金计划与因变量之间存在着负相关关系。研究结果在 5% 的显著性水平上支持了这一假设（$p=0.027$）。与之前 Rietjens 的研究结果相同，养老金计划的提高会降低转移者的便携性偏好。如果转移者发现养老金计划更有利，他们会积极地支持养老金的便携性转移。

假设 4 是个体相关因素对养老保险的便携性偏好之间存在着正相关。研究结果在 1% 的显著性水平上支持了这一假设（$p=0.001$）。这些发现与 Cocco & Lopes（2017）的研究结果一致，其认为在选择养老金计划时，劳动者的收入和资产都至关重要。对这一假设可能的解释是，劳动者可以将养老保险的转移计划视为一个机会，让他们选择最佳退休计划，并通过工作流动性专注于职业生涯。

假设 5 是经济因素与因变量之间存在着负相关关系。这一假设检验了经济因素对养老保险便携性偏好的重要性。这项研究在 5% 的显著性水平上支持了这一假设（$p=0.028$）。该调查结果支持 Forteza（2018）的研究，认为经济因素对于养老保险便携性计划是不可少的，影响转移者养老保险偏好的经济因素可能包括各地的通货膨胀、汇率、利率、劳动效率等经济因素。

四、结论与启示

实现大湾区区域经济发展的内在必备条件是人才的顺畅流动程度。港澳人才能否在大湾区正常跨境参加社会保险，享受社会保险待遇，直接影响人才流动，这是现阶段所面临的一个急需解决的问题。为了实现这一目标，本研究检测了五个因素，即养老保险行政费用、养老信息的可衔接性、养老金计划本身、个体相关因素和经济因素。通过采取多元回归分析方法，深入分析 100 名受访者的样本数据情况，发现三个因素对养老保险可携性偏好有着重大影响：养老金计划、个体相关因素和经济因素。

从这一结果来看，可以得出三个结论：首先，为了实现有效的养老保险便携性偏好，需要制定对养老金计划有益的政策，因为如果劳动者看到养老金计划的转移有利于自身，他们会全力支持。其次，个体自身相关因素对养老保险便携性偏好也非常重要，他需要发现养老保险计划的转变能对其职业发展更好，工作从一地转移到另一地更有利，顺畅流动无后顾之忧。最后，有效的养老保险便携系统需要经济因素的支持。因此，在考虑养老保险便携系统时，需要政府考虑到通货膨胀、汇率、利率、劳动效率等经济因素。

在养老保险给付的可携性问题上，虽然粤港澳的劳动者、企业部门、相关专家和管理部门都有自己的见解和看法，但是都认为应该尽快设计养老保险延续的机制来维护劳动者的权益。在设计衔接制度时，都承认由于存在着政治、经济、养老保险体制的不同，有很大程度的困难，但是核心是养老保障权利义务对等的公平与正义原则，得到一致首肯。鉴于此，对粤港澳养老保险的便携性，提出以下几点原则性建议方向：

在养老保险模式上，采用"各自账户、各自保留、分段计算、分段给付、各自负责"的方式。首先，对于港澳地区的个人账户模式，本质上具有可携带性，但是养老金的运用基本上还是政府在集中统筹管理，因此在劳动者流动时，最好采用"各自账户、各自保留"的方式。其次，对于广东省实行的社会保险制度模式，采用的是"社会统筹＋个人账户"模式，尤其是社会统筹账户占养老金计划的主要部分，这部分无法转移，只能在短期采用"分段计算、分段给付、各自负责"的原则，但从长期考虑，最好签署粤港澳的养老保险互惠协定。

在可携性的落实上，最好尽快签署粤港澳的养老保险互惠协定，建立社会保险交流协作平台。在国际养老保险的便携性上，既可以采用"分段计算、分段给付"的原则，也可以采用"相互认证、责任摊付、最终地发放"的方式，但是都需要尽快建立粤港澳社会保险交流协作平台，就具体操作方面，充分协商，交换意见，以便日后的顺利执行。

第三节　养老保险可携性制约因素分析

一、大湾区养老保险制度的差异性

粤港澳大湾区在养老保险制度方面具有一定的同构性，香港的强积金制度，尽管是一种形式上的储蓄，但其功能却相当于一种退休或基本的养老金，因此澳门目前的养老体制改革，在结构上也符合国际公认的基本模式。然而，就粤港澳大湾区的养老保险的具体实施而言，粤港澳大湾区在养老保险的模式、覆盖面、资金来源、筹资模式、给付模式、基金管理和投资回报上存在着明显的差别。

（1）养老保险的模式。现在国际上普遍采用的养老保险模式大致分为四种：投保资助型模式、福利型养老模式、强制"储蓄型"养老保险模式、国家统筹养老保险模式。粤港澳大湾区在养老保险大的模式上具有一定的区别，内地的养老保险主要是投保资助型养老模式，香港地区的养老保险主要是强制"储蓄型"养老模式，而澳门的养老保险主要是福利型养老模式，因此，粤港澳大湾区养老保险的设计理念可能完全不相同，因此未来在衔接上存在一定的困难。

（2）养老保险的覆盖面。根据习近平总书记的党的十九大报告，截至2020年，中国内地建成了世界上规模最大的社会保障体系，基本养老保险覆盖近10亿人，其中城镇职工养老保险参保人数为3.8亿人，而城乡居民养老保险的参保人数为6.2亿人。但是第二支柱的自愿性企业年金保险，参加人数却较少，截至2019年末，参加企业年金的职工只有2548万人，占职工基本养老保险参保人数的6.7%，连10%的人数都不到❶。香港的强积金覆盖面相对不高，因为只给在职的劳动者提供，而对未就业的劳动者来说，就没有任何养老保障。澳门地区由于实行福利养老保险制度，所以养老保险覆盖面也非常广。

（3）基金来源、筹资模式以及给付模式的比较。如粤港澳大湾区具体的给付水平差异较大，又各自面临着人口老龄化、基金运行的平衡性等问题，实施的效果也呈现一定的差异性。基金来源方面，主要有个人、雇主和国家，但不同的制度这三种所负担的比重是不同的，强调个人责任的个人负担的比例大一些，强调国家责任的国家和企业支付的比重多一些。筹资模式主要有完全积累制和现收现付制，如内地实行是社会统筹与个人账户相结合的部分积累方式，香港地区则施行的是完全积累的个人账户制，而澳门地区则主要看缴费年限，实行社会统筹的积累方式。

（4）基金管理以及投资收益的方式。在内地，采用两条管理主线并行，

---

❶　中华人民共和国人力资源和社会保障部. 2019 年度人力资源和社会保障事业发展统计公报[EB/OL].（2020−06−05）[2021−12−30]. http://www.mohrss.gov.cn/wap/fw/rssj/202006/W020200608534647988832.pdf.

各级政府下属的社会保障职能部门承担了政策制定、保费征收、基金管理、投资运用、养老金发放、争端处理等多项职能。而香港则采用的是民营公积金模式，把基金完全交由私人机构运作，政府只负责监管。澳门地区则是由澳门社会保障基金负责执行社会保障范畴的各项政策措施及管理有关资源，社会保障基金是澳门特别行政区的政府部门，属行政及财政自治实体，隶属社会文化司。

二、大湾区养老保险制度衔接制约因素

各地养老保险制度衔接问题相当复杂。制定完善衔接机制，既是大湾区劳动者的期盼，也是大湾区学界探讨养老保险制度的美好愿景。因此，充分研究大湾区养老保险的制度差异，分析大湾区养老保险制度衔接的制约因素，是实现大湾区养老保险衔接的必要过程。

（一）法律与管理制度不同

大湾区的养老保障体系因其自身的历史发展状况以及法制等原因，存在着一定程度的差异性，从而造成在居住地和工作场所双重缴费。目前，退休福利可携性是不被允许的，因为各地的退休金安排、汇率制度和支付水平都有很大的差别，在外地工作的人回到原籍地，退休金的收入替换率与他们原来的生活水平之间必然存在着一定的差距，只按一个地方的养老金标准来支付养老金是不合适的。建议参考地区间的物价指数差距及劳动者的供款占收入比例等订定适当的收入替代率，或加强讨论有关劳动者的选择权（选择原居地或工作地的养老保障体制）。另外，各地区退休年龄不同将导致退休后得到养老金的待遇水平不同。这些情况都造成养老保险制度衔接的问题相当复杂。

（二）行政费用

大湾区的行政管理费用和行政管理费用也会限制社保账户的衔接，就像香港的强积金，各种行政管理费不但会对受益人的实际利益产生很大的影响，而且会阻碍不同经营主体之间的沟通。因此，今后的社会保障制度应当尽可

能地降低账户转移所需的各项行政开支。

（三）经济发展水平

目前四地经济发展水平差距较大，导致粤港澳养老保险关系转移方面存在较大困难。根据香港经贸发展局的研究，2020 年粤港澳大湾区各地区的主要经济指标如表 6-8 所示。

表 6-8　粤港澳大湾区各地区主要经济指标（2020 年）[1]

地区	土地面积（平方公里）	人口（万）	GDP（亿美元）	人均GDP（美元）	第三产业占GDP比重（%）	出口（亿美元）	实际利用外商直接投资（亿美元）
粤港澳大湾区	56098	8617	16688.6	19367	66.2	11071.8	1037.4
香港	1110	747	3465.9	46325	93.43	5063.2	744.63
澳门	33	68	243.3	35714	95.73	13.5	67.63
广州	7434	1868	3627.3	19422	72.5	786.9	71.6
深圳	1997	1756	4011.7	22846	62.1	2460.7	86.8
佛山	3798	950	1568.2	16509	42.1	599	6.7
东莞	2460	1047	1399.1	13367	45.9	1200.7	11.5
惠州	11347	604	612.1	10129	44.3	244.7	8.1
中山	1784	442	456.9	10342	48.3	263.2	5.9
江门	9507	480	464.1	9672	49.8	163.2	8.2

（四）供款率与税务制度

粤港澳大湾区的社会养老保障供款主体和供款率也存在较大的差别。其中，内地及澳门政府是供款者，与雇主及员工共同担负捐款义务，而香港则以雇主及员工为主。而在个人供款方面，内地为个人所得的 8%（职工保险），香港为 5%（强积金），澳门地区为固定供款金额 30 澳门元（澳门社会保障制度）；在雇主供款方面，大陆为 20%，香港为 5%，澳门雇主也为固定供

---

[1]　香港贸发局经贸研究. 粤港澳大湾区统计数字[EB/OL].（2021-06-05）[2021-12-30]. https://research.hktdc.com/sc/article/MzYzMDE5NzQ5.

款金额 60 澳门元（澳门社会保障制度）。

不同地区的税收差异，导致了养老保障体系之间的相互联系。对于养老金的征税、课税的多少、税收的减免，都有不同的规定。不同的税务认识和税务系统会威胁到保险利益，并会影响到将来的退休金数额。在一些地方，养老金被视为一种收入，那么应该向养老保险供款、投资收益，还是已发放的养老金征收税项，无论如何，政府在其上征收收入税，变相对养老金打折扣，致使各地税后的待遇出现差异。也有可能由于各地税制不同，人员从一地流动到另一地，将导致养老金纳税后的待遇，以及跨境流动时出现重复征税，或者根本不需征税的情况。这就牵涉地区间在税制上的协调。然而，各个地区的社会、经济情况不一，税务上的安排未必能够在地区间采取统一处理；而且，税收制度的改革关乎民生利益，不止是简单的技术和法律层面问题，而是政治问题，牵涉错综复杂的利益问题，若不妥善处理的话，将影响社会稳定。当然，如果税制改革得到妥善的处理，社会也可能给予正面的响应。

（五）汇率

退休金可以用任何货币来支付，但是在这方面，汇率问题是一个很大的障碍，同时也是各个区域之间的养老保障体系的一个关键问题。目前，粤港澳大湾区实施了三种不同的货币和汇率体系。中国的养老保障体系在长期的筹资过程中，其所需要承担的外汇风险也会随之增加，这一点要比中国的养老金体系更加复杂。例如，近年人民币保持升值的趋势，在港澳台工作后选择返回内地养老的退休人士难免遭遇退休金大幅贬值的情况，可见各地货币汇率的浮动在养老保险制度的衔接上额外添加了汇率风险。如果汇率风险的问题没有得到妥善的安排及处理，劳动者会对在地区间流动心存顾虑。

（六）医疗阻碍

广东的港澳居民因粤港澳的医疗制度不兼容而感到就医不方便，大部分生活在广东的港澳同胞只能回港澳求医。尽管广东目前认可了港澳医师资格，但是广东的港澳医师仍面临很多问题，其中最重要的原因就是资质准入体系的差异，这使大湾区的医疗人员资格认证和跨区域执业变得更加困难。

综上所述，在妨碍原工作地与现工作地的退休关系中，经济发展水平、医疗制度、法律管理制度、汇率制度、供款率与税收制度、行政费用等都是影响其转移接续的重要因素。

第七章　大湾区养老保障可携性探讨

Holzmann，Koettl & Chernetsky（2013）指出，退休保障可携性应达到三个目标[1]：

目标 1：流动劳动者不会有退休给付上的不利益对待

劳动者于不同的就业国之间流动或返回本国，不应获得比留在同一国家的劳动者较差的退休待遇。

目标 2：就业国及本国的财政公平

不应因为退休保障可携性的规定或缺乏而增加其中一个国家的社会保障机构的财政负担，而另一个国家的机构则享有增益的情况。

目标 3：有效率的制度

退休保障可携性的规定或缺乏不应造成相关机构官僚架构上的负担以及应该让流动劳动者更容易办理相关行政程序。

Holzmann & Koettl（2013）认为，缺乏退休保障可携性会对个人劳动市场的决定以及应对经济及社会因素造成的风险的能力造成负面影响。相反，某些学者认为退休保障可携性对于劳动者决定工作地点的影响不大。先不论哪一方的学说是正确的，缺乏地区之间的合作确实会损害流动劳动者的退休保障。以下会探讨粤港澳跨区流动的劳动者于各支柱中会面临的退休保障问题。

---

❶ HOLZMANN R, KOETTL J, CHERNETSKY D. Portability Regimes of Pension and Health Care Benefits for International Migrants—An Analysis of Issues and Good Practices（SP Discussion Paper, No.0519）. Washington, D.C.: Social Protection, Human Development Network, The World Bank, 2013: 19.

第一节　大湾区第零支柱养老保险可携性探讨

此支柱的可携性是难以甚至是不可能实现的。一方面，此支柱的社会政策有可能牵涉低收入户，而且通常基于需求性及户籍原则，所以一般会被排除于可携性之外。另一方面，此类社会福利牵涉到税收问题，令可携性更难以实现。

但是，此支柱的退休保障可携性对于在粤港澳工作的劳动者来说并非大问题，因为津贴发放的考虑是基于居民身份而非工作地点。获取津贴的权利不会因劳动者流动而损失。此支柱并不存在损失的情况，因为海外工作的劳动者仍能享受与本地劳动者一样的待遇。

比如，香港的综合社会保障援助计划，申请者只要是香港永久居民，并且在香港居住超过 7 年，年龄达到 65 岁以上，其移居到广东省或福建省都可以继续领取综援金，鼓励香港长者在内地养老；另外，香港第零支柱的另一个项目公共福利金下面，也设有广东计划，该计划同样规定，受惠人无须每年居住在香港，居住在广东省同样可以领取全年津贴。所以，对于香港的老年人来说，移居广东省完全不影响其第零支柱福利的领取。

同样，澳门政府同样规定凡是年满 65 岁及长期无工作能力的澳门社会工作局援助金受益人，如果选择返回中国内地生活，也可以继续收取社会工作局所发放的经济援助。并且在 2017 年，广东省还与澳门签订《广东省与澳门特别行政区领取养老金人员在生证明协查办法》，澳门居民的在生证明甚至可以通过广东省各级社会保险经办机构协同办理。因此，无论是香港还是澳门的长者，其第零支柱的福利在广东省并不受影响。

第二节　大湾区第一支柱养老保险可携性探讨

第一支柱的退休制度可携性是较难但仍有机会实现的。各个地区的退休制度及法规不一，而制订双边及多边协议可以帮助构建在社会保障上的合作。

通过协调，协约方可以在维持本身的制度及法规不变的情况下，共同执行双方的社会保障制度。若本国及就业国之间有签订社会保障协议，劳动者即使离国工作也可维持获得应有福利的权利。Holzmann & Wels（2018）认为，双边协议及多边协议是令强制性职业退休保障更公平、更有效率的工具❶。

即使一方已经制订自己一套的双边协议框架，也未必能全套用至所有另一方的身上，所以双方独立协商仍是不可或缺的。甲方与乙方所订定的双边协议，可能与甲方及丙方之间所签订的有极大的差异。多边协议的优点为多方间制订共同的标准与法规，以及提供平等待遇给从不同地区而来的劳动者。这样可以避免于同一地区工作的劳动者，因户籍及双边协议的不同，而获得不一样的权利及待遇。然而，多边协议不只需要协商，更需要多方之间的高度合作，因此比起双边协议更难做到。

双边协议的订定需要更少的时间及程序，因为要达到双方同意比起多方同意更为容易。而且一些特别的需求或情况也能列入考虑范围。此外，双边协议在处理特例的时候有更大的灵活性。例如，美国的累计协议中包括一项规定，在双方国家均同意的情况下，允许协约国的相关机构对某些特殊情况作出一般原则外的规定。而获得双方同意比多国同意更为容易，因此，双边协议是社会保障协调中最常用的工具。而本书会以双边协议作为基础，以讨论退休保障可携性及于粤港澳大湾区实践的可行性。

互惠原则是社会保障协议的基础。互惠为每个协约国家引用同一样的机制以令更多流动劳动者受惠于社会保障制度。虽然要达成协约并不容易，但协约可以帮助制定一个框架以促进退休保障权利的可携性，以及执行相同的税务处理。Vonk（2018）（指出），制定协议应达五个目标❷：公平对待；

❶ HOLZMANN R, WELS J. The Portability of Social Rights of the United Kingdom with the European Union: Facts, Issues, and Prospects[J]. European Journal of Social Security, 2018, 20(4): 325−340.

❷ VONK G. Sailing the Seven Seas: A Schematic Overview of Mechanisms That can be Used to Strengthen the Social Security Protection of Persons Moving in and out of the EU[J]. European Journal of Social Security, 2018, 20(2): 204−216.

决定适用法规；给付请求权的确保；于境外发放给付（给付出口）；行政协助。

而下列所讨论的以双边协议实现退休保障可携性，将会根据以上五个目标作分析。

（一）公平对待

某些地区的社会保障是基于户籍原则。而有了这户籍限制，于他地工作的流动劳动者则不符合领取就业地给付的资格或只能获得一个比本地劳动者较差的给付。而此户籍限制可以利用社会保障协议来解决。通过协议，就业地应给予协约地户籍的劳动者与本地劳动者相同的待遇，这样可以保障户籍非本地劳动者于就业地的社会保障权利。然而，为容许原本被排除在外的户籍非本地劳动者纳入社会保障制度，可能会需要法律的条例。虽然通过协议达到公平对待是可行的，但是不容易。

除不提供社会保障给户籍非本地劳动者外，有些地区甚至不愿意与劳动者输出地协商或签订社会保障协议。在此情况下，本地就有责任至少为于外地工作的本地户籍劳动者提供最基本的保障。根据整理，在缺乏相关社会保障协议下，单边的权利保障，主要是借由下列的方式：

（1）在社会安全参与资格与给付权益上，流动劳动者与本地劳动者的待遇平等。

（2）要求跨境流动劳动者向户籍所属政府社会保障制度负担保险费。

（3）到境外就业的劳动者可自愿加保。

（4）到境外就业的劳动者可追溯出境期间保费的负担。

（5）对流动劳动者有利的资格期间。

（6）境外的投保期间列入计算，使流动劳动者享有给付的机会。

澳门的社会保障体系，以第一层次的养老保障为主要保障，并非世行首创，而是一种全民保障的模式，该系统建议所有22岁以上的永久居民参加。即使如此，目前的制度中的第一级保障机制仍然没有解决纵向的不平等，反而有可能产生"累退性"的问题。这一层次的保险资金来源主要是由参加计划者提供的，这种筹资方式忽视了高收入和低收入人群的特点：首先，高收入群体接受教育的时间更长，进入劳动力市场的时间更晚，供款年期也更短；其次，高收入群体的期望寿命更长，因为他们可以得到更好的医疗保健和相关资讯，在这种养老保险模式下，他们会得到更多的退休金。因此，澳门的退休金制度并未考虑到高、低收入阶层的差异，这一特征显然与第一层次的保障原则背道而驰。

而在香港，普通高龄津贴的对象是 65~69 岁且收入及资产并没有超过规定限额的老年人，高额、高龄津贴则是针对所有 70 岁以上的老年人，但无须资产审查，两种津贴都统一发放 1475 港元。香港特别行政区行政长官曾荫权原本打算设立一个针对 70 岁及以上申请高龄津贴的人士的审核制度，因为人口日益老化，而且资金有限，必须考虑向最贫穷的人划拨资源。事实上，这可以看作一种兼顾垂直和世代平等的措施，但业界普遍认为，这是不公正的，因为新制中的 70 岁及以上老人，不符合申请综援条件，高龄津贴是其经济来源之一，如果实行审查制度，无疑是剥夺了未来的老年人一部分的经济来源，但目前享受高龄津贴的老人，仍然可以继续享受这项权利。此外，这一举动也被视为违背了"敬老"的初衷，对有一定经济实力的老人是不公正的。因为这两个理由都被认为违背了平等的原则，所以这个方案最终被搁置❶。

此外，业界和学术界指出香港欠缺了世界银行所提出的第一支柱的随收随支的、以公营为基础的养老金保障。当前香港的养老保障主要是靠强制性公积金和职业退休计划，由劳资双方供款，从这个意义上来说，如今的老年人、家庭主妇、失业者和残疾人士是不受保障的。

（二）决定适用法规

退休保障可携性有很多细节需要考虑，其中一个就是决定流动劳动者应该适用哪一个地区的法规。流动劳动者只应该适用一个地区的法规以避免双重覆盖，同时要保障劳动者至少适用一个地区的法规以避免双重不覆盖的问

---

❶ 陈慧丹，郭瑜. 港澳养老金制度比较研究[EB/OL].（2021-06-05）[2021-12-31]. https://www.ipm.edu.mo/cntfiles/upload/docs/research/common/1country_2systems/2011_8/147.pdf.

题。而这引起要如何决定劳动者适用哪一个地区的退休制度的问题。社会保障协议可以帮助制定一套准则以决定两个制度中，劳动者应该适用哪一个法律。另外，协议也可帮助填补覆盖漏洞以防止双重不覆盖的问题。

最简单的方法为直接豁免流动劳动者参加就业国的退休制度并继续受本国的保障，如《中华人民共和国与德意志联邦共和国社会保险协议》。即如已具有本国的参保资格者，可免除于就业国参保的义务。此方法可解决因国际劳动者流动所产生的缺乏退休保障的问题，但却引起另一个公平性的问题，尤其是对于在较好退休福利国家工作的劳动者。一个更普遍的原则为流动劳动者应该适用及只适用就业国的退休制度，如美国与德国的累计协议。此方法较为公平，但需要更多的协商，如投保年限等项目，以避免造成携带性损失。

另外，也可以根据劳动者于就业地停留的时间长短以决定应该适用哪一个地区的退休制度。若劳动者只于就业地停留一段短暂的时间则可以豁免参加就业地的退休制度，如香港对外籍劳动者的豁免期限为 13 个月。然而，何谓"短暂"根本没有一个统一的标准，每个地区所订定的时间都有可能不一样，所以需要共同协商出一个协约双方都同意的时间。但 Stephenson & Hufbauer（2017）表示，政府大多不愿意用一个精确的时间以订定何谓"短暂"。

虽然退休保障可携性的目的是避免携带性损失，但防止携带性增益也同样重要。然而这并不代表劳动者不能于其他地区获得更好的待遇。会发生携带性增益通常是因为退休保障双重覆盖下所产生的给付重叠。给付不重叠的一般原则为劳动者离境工作不应获得额外的给付。若其中一个地区，假设为就业地，已经给予劳动者与本地居民一样的福利，则其中一个地区应该撤回福利以避免给付重叠。

外派员工应该适用哪一地的法规，在作出决定上会与一般劳动者有所差异。通常，外派员工应该继续受本地的社会保障覆盖而同时豁免于就业地的制度覆盖。根据美国及德国累计协议的规定，德国劳动者于美国受雇及工作应适用美国的制度。但此地缘原则不适用于外派员工，而适用外派劳动者原则（detached-worker rule）。外派劳动者原则为劳动者短暂性转换工作地但仍然受雇于同一个雇主，则继续受派遣地的制度覆盖。

虽然外派劳动者仍能受到本地的覆盖，但通常会附带一个工作限期。所以协约双方需要共同协商出一个双方同意的外派劳动者豁免限期。如美国及德国的累计协议中的外派劳动者豁免限期为 5 年。即被外派至美国的德国劳动者若于美国工作超过 5 年期限，则应参加美国的退休制度。

在广东工作的澳门劳动者，同时有澳门及广东的保障覆盖，所以可以享有携带性增益。而要避免此问题，最简单的方法为豁免澳门劳动者参加广东的劳动者保险。目前，中国的社会保障是有豁免规定的，如果港澳劳动者已参加本地养老保险，可以不参加内地的城镇职工养老保险（但视地区规定有所不同）。而另一个可行性为设置豁免期限，即澳门劳动者于广东工作时间短于豁免期限可继续受到澳门的保障，否则就必须参加广东的劳动者保险。而根据研究，一般社会保障协议是以 5 年为豁免期限，必要时也可延长。最好还是通过双边协议以订立一套澳门及广东均同意的应用标准。而广东的外派劳动者被排除在澳门社会保障制度之外，因此不会遇到双重覆盖或双重不覆盖的问题。

广东及香港的外派劳动者均受到本地的保障，而且同时受到工作地的制度覆盖。香港劳动者被派至广东工作，可以同时参加香港强积金及广东城镇职工保险。此情况下劳动者可以同时受到第一支柱及第二支柱的覆盖。然而，被外派至香港的广东劳动者则有双重覆盖的问题。因为外派劳动者受城镇职工养老保险，但同时又受香港强积金的覆盖。这种情况下将产生双重覆盖的问题，而这情况可以通过豁免参加工作地的退休保障来解决，即豁免参加香港的强积金。此外，也可以设置豁免期限，即劳动者于香港工作超过规定期限应豁免参加劳动者退休金制度。

香港现在只提供第二支柱的职业性退休保障。而这带出一个问题：退休制度覆盖是否应将第一支柱及第二支柱分开独立看待。若作整体考虑，广东流动劳动者受香港强积金覆盖，而香港劳动者则受职工保险覆盖。此情况下并不会发生双重不覆盖的问题。但广东劳动者同时受强积金及国民年金的覆盖，因而产生双重覆盖的问题，解决方法为豁免劳动者参加非职业性保障的国民年金。

另外，退休制度若是不分支柱而作整体看待，被外派至广东的香港劳动者则有双重覆盖的问题。解决方法为视劳动者于广东工作的时间，决定豁免参加强积金或是职工保险。

（三）给付请求权的确保

劳动者通常需要达到某条件以取得一个地区的社会保障给付。而其中一项条件为投保年限。若劳动者参加两个或以上地区的退休制度，则有可能因为投保年限不足而失去一个或多个，甚至全部曾参保保障的给付，即劳动者没有足够的投保年限以达到领取给付的要求。

由于需要考虑各地之间的制度差别，比较现实的做法是互相承认养老保险年限，然后利用通算机制以累计投保年限。通算保险年限为两个地区的投保年限累计，劳动者可于曾工作的地区，满足请领给付所规定的投保年限的条件。

但通算年限并非将两地之间的投保年限直接相加或转移至另一地区。劳动者的投保年限仍然会保留于实际投保的地区，但若劳动者因年限问题而失去领取给付资格，则可以把两地的年限累计以帮助劳动者达到请领的年限规定。当劳动者合乎领取资格时，各地则会按规定各自独立发放给付，即甲方发放甲方的给付，而乙方发放乙方的给付。但累计年限只用于帮助劳动者达到请领给付条件，并不会用于计算退休金金额。另外，若劳动者已经达到双方退休制度的请领条件，而且合乎领取正常退休金的资格，则不会产生通算年限的情况。

此外，也可设置允许年限通算的前提，如最低投保年限。根据美国与德国累计协议，劳动者须于美国获得至少一年半的资保年限，以允许累计于德国的投保年限。同样，劳动者须于德国获得至少 18 个月的投保年限以允许累计美国的年限。

而累计年限通常会辅以分摊原则以计算给付金额。如果有年限通算以帮助领取给付而非完全符合资格，应扣减部分的给付金额以反应累计年限帮助的程度。理论上应该只发给部分给付，而给付金额的计算则基于劳动者在给付地所获得的年限比例。而计算的方式有三种：

（1）比例计算法。实际给付金额为原始给付金额乘以一个比例数值，而该数值为在给付地所获得的投保年限与累计其他地区所获得的投保年限的比例。例如，一个劳动者于甲地获得 2 年投保年限以及从乙地获得 3 年的投保年限，但两地均设领取给付的条件为必须最少有 5 年投保年限。而在社会保障协议的帮助下，通算年限可以使劳动者符合两地给付的领取资格。但从甲地所领取的给付应为原始金额的 2/5，而乙地则为 3/5。

（2）直接计算法。即是每个地区按照本地法律或法规所规定的方式计算给金额。例如，广东的劳动者保险老年一次金，给付金额为被保险人的保险年限合计每满一年，按其平均月投保薪资发给一个月。

（3）年限合并（integration）。年限合并为所有协约方的投保年限总合，然后由其中一个地区支付全额给付。给付地通常为本地而其他地区则不须再发给任何给付。然而，此方法需要本地及就业地双方均应用类似的方式以计算给付金额，并且有约等的劳动者流动量，以维持双方在给付负担上的平衡。否则，大量劳动者输出地则需要背上更重的给付负担。

社会保障协议中要决定以比例计算或直接计算的方法计算给付，主要是视给付地本身法规所规定的给付计算方式。虽然签订协议，但并不代表所有协约方都必须使用同一种计算方式。相反，只要双方同意，甲方应用比例计算法而乙方用直接计算法也是可行的。此外，年限统合的计算方式于社会保障协议中较为少见，因为此方式对退休给付缺乏一个清晰明确的负担。例如，地区间的劳动者流动量并不是固定的，而且可能因为全球经济或劳动者法规的修订而变动。然而，劳动者流动量却对于政府需要负担的退休给付有着重大的影响，所以年限统合的计算方法并不常用。

另外，有些地区会视退休给付为收入而进行征税。假如本地及工作地均对退休给付征税，劳动者则会面临双重征税的问题。国际劳工组织建议双方应该制定协议以防止对流动劳动者的收入双重征税。制定协议可以规定只有一方进行征税，通常为居住地，以避免双重征税对劳动者应获得的给付金额有所影响。

澳门流动劳动者在广东工作并投保超过 15 年，则在达到退休年龄后，可以领取退休金，因此，最低投保年限为 15 年。但是，对于工作在两地的澳门劳动者，可能存在着在澳门工作 4 年，而在广东省工作 11 年，既没有达到澳门最低投保 5 年的限制，在广东也没有达到工作 15 年的最低要求，因此，该劳动者既不能领取澳门的养老金，又不能领取广东的养老金。但是，如果累计其投保年限，可以发现其工作年龄有 15 年，是可以达到领取养老金的资格的。因此，年限通算只适用于帮助劳动者达到规定领取给付的资格，而非用于计算给付金额。若劳动者已达到领取给付的资格，则不会有年限累计的情况发生。此外，给付金额应该要被扣减以反映另一制度投保年限的帮助程度。

而香港劳动者在广东工作会有一样的问题，如果达不到 15 年的最低缴费年限，则意味着无法领取到养老金。而广东劳动者在香港工作的期间仍能参加城镇职工养老保险，因为继续缴纳，所以不会有投保年限上的问题，但是存在强制缴纳强积金双重覆盖的问题。若广东政府和香港政府同意，而此问题同样可以通过通算年限解决。同样，应用比例计算或直接计算以调整给付金额。但事实上，职工养老保险与强积金的性质和结构有着巨大的差别，而要将强积金的投保年限累计以达职工养老保险的请领资格是不公平的。因此，虽然两个制度的年限累计是可行的，但是不建议。

强积金是确定缴费制而且对请领给付不设投保年限的限制。强积金可以完全携带而且不需要年限累计。相反，广东的职工养老保险制度要求被保险人有 15 年或以上投保年限才可申请月领退休金，而且实施的是统筹账户与个人账户的结合。

（四）于境外发放给付（给付出口）

由就业地直接转移劳动者的退休给付至本地并由本地发放给付的方式是很难达成的。因为此支柱的退休金通常是采用随收随付制（pay as you go），而且给付资金都是没有储备（unfunded）或非完全储备（not fully funded）的。给付原是劳动者退休才发放，而非劳动者转换工作的时间，因此在没有资金储备的退休制度下，给付资金于劳动者转换工作时是尚未准备好的，所以要转移退休给付是可行却很难执行的。加上给付是有机会按月发放于劳动者，而一次性给付会对政府造成重大的经济负担。

另外，有些地区的给付是按月发放至受益人死亡为止。假如转移的退休金给付金额是用平均寿命计算，劳动者活得比预计平均寿命长就会发生转移至另一个地区的退休给付不足额的情况，而劳动者活得比预计平均寿命短则会发生退休金多付的情况。由于不能事先知道劳动者的剩余寿命为多少，因此劳动者能获得的给付总额于退休时是仍未能确定的。而这情况使退休给付于政府层面转移更为困难。

由就业地直接转移劳动者已缴付的保费至本地并由本地发放给付的方式也不可行。因为各地所规定的保费金额及给付金额不一样，而且有可能牵涉外币兑换率的问题，导致国家之间的供款转移产生公平性的问题。而事实上，如今没有任何社会保障协议是以就业地转移供款至劳动者本地的方式以实现给付出口。

各国各自发放给付，并于个人层面转移给付比政府层面转移更为容易。由于全球化及科技发展，退休给付要跨国携带并不困难。实际上，如今很多地区都允许给付直接支付至境外的银行户口。只是有可能给付领取的时间稍有差异。例如，澳大利亚与德国的双边协议规定，澳大利亚的给付为每两星期发放一次至本地银行或每四星期一次以欧元形式发放至德国的银行账户。虽然有些地区仍然规定，给付只能支付至本地银行户口，但事实上个人账户上的跨境汇款也非常方便。劳动者很容易把全部的退休给付转移至退休地的银行户口，甚至可以在家中用网络完成汇款的动作。

然而，某些地区会对非协约地设置给付出口限制，例如，美国禁止给付出口至古巴、朝鲜等国家。另外有些国家，如德国，给付至非协约国家，则会扣减给付金额。其实订定协议的目的并非要以保费或给付金额于政府层面上转移以实现给付出口，而是防止对给付出口设置限制，从而使给付可以由各给付发给机构直接支付至受益人。

除老年一次金外，澳门及广东的退休给付均为按月支付直至受益人死亡。劳动者的剩余寿命于退休时是不能确定的，所以不建议于政府层面上转移退休给付。另外，广东及澳门的供款及给付计算方式差异性很大，所以政府层面上转移供款，然后由接收供款政府发于给付的方式也同样不建议。

劳动者保险给付可以直接发于至境外的银行账户。这对没有广东银行账户或退休后于境外居住的劳动者来说是非常有用的，但国际汇款所需的费用由受益人支付。然而，澳门的养老金只限支付至澳门本地银行账户。而订定双边协议可以使养老金直接支付至广东的银行账户。但这并不是必须的，因为澳门没有对广东设置给付出口限制，劳动者仍可以自己进行国际汇款的动作。此外，两地均没有对退休给付进行征税，所以不需要考虑税务豁免问题。

广东的给付是允许直接支付至境外银行账户的。但在香港，强积金的支付并不是由强制性公积金计划管理局负责的。而是受益人向管理其账户的受托人独立申请的。而受托人须在 30 日内以支票或银行转账方式支付受益人其账户内的累算权益。所以给付能否直接支付至国外的银行账户，要视受托人的规定。但无论可否，广东与香港之间都没有设置给付出口的限制，所以劳动者可以自行转移强积金金额。

（五）行政协助

行政协助并不是必须的，因为缺乏行政协助也不会导致携带性损失，但却可帮助减少给付出口的阻碍。此外，协约方之间提供共同行政协助可为劳动者带来方便。但若在各地政府之上建立一个高层次的、统一的决策和行政管理机构，则实属困难，所以较为可行的方法为基于各地现有的相关机构或部门，在平等互惠的方式下提供行政协助。而此方法需要协约方之间建立流动劳动者资料的统计及数据交换机制。

行政协助可应用至劳动者退休后于本地申请退休给付时，同时要求进行其他地区申请给付的动作。而当然，这需要双方（多方）的合作，而且基于协议，如美国及德国的累计协议。劳动者退休后于美国居住可于美国社会安全局（U.S. Social Security Office）申请美国的退休给付，同时要求进行德国给付的申请，而申请之后会自动发送至德国并进行处理。反之，劳动者于德国居住则可于德国的相关机构或驻德的美国领事馆进行两国的退休给付申请。这样劳动者无须亲自回去就业国也可申请两国的退休给付。

但这只限于申请协助转移至协约地的相关机构，核准给付与否仍视给付地的规定。例如，劳动者年满 60 岁，符合甲地的请领资格并申请给付，其申请资料也会发送至乙地，但若乙地的请领资格为 65 岁，则乙地给付会于劳动者年满 65 岁时开始发放。

除了申请外，行政协助也可应用于提供生存证明。月领退休给付通常要求受益人在一定的时间间隔内向相关机构提供生存证明。随着服务的整合，劳动者不需每年穿梭于就业地与本地间以证明其尚在生的事实，而只需向其中一个地区提供证明。这对劳动者，尤其曾于很多地区工作的劳动者来说，可以节省时间及金钱。目前澳门长者的在生证明已经可以由广东省社会保险机构协同办理，但是香港地区目前没有与广东省开展相关的合作。

劳动者于境外居住，可以通过邮寄或网络进行申请老年给付的动作。但澳门养老金的申请必须由受益人亲身前往社会保障基金申请。此规定对于境外居住的受益人尤其麻烦，因为受益人必须为此申请而回澳。而通过双边协议，养老金的申请可允许于广东进行，而非只限澳门。此外，两地的申请手续也可以作统合，这样劳动者可以于其中一地同时申请两地给付，例如，在广东进行申请并同时自动完成澳门的申请。这样的统合申请可以通过澳门的社会保障基金或广东的劳动者保险局进行，视劳动者居住于广东或澳门。

广东与香港的退休年龄不同，因此申请退休的时间也未必一样，因此不建议允许两地的申请于其中一个地方同时进行。相反，两地的申请最好是分开进行。因为强积金的提取年龄为 65 岁，但并非强制性必须马上提取累算权益。当市场表现欠佳时，与其以较低的单位价格领取强积金，倒不如把累算权益保留在账户内。提取累算权益的时间会对金额有所影响，所以建议两地的申请独立进行。

另外，要统合申请的服务地点也是不可能的。因为强积金的提取并不是由强制性公积金计划管理局负责的，而是由各个受托人独立进行支付的。所以要在政府层面上统合两地的行政服务是很困难的。事实上，广东及香港均没有硬性规定，受益人必须亲自前往相关机构做出申请。这表示劳动者即使身处境外也能申请给付，所以即使两地间缺乏行政服务统合，问题也不大。

第三节　大湾区第二支柱养老保险可携性探讨

此支柱的制度覆盖要在地区之间携带是非常困难的，因为保费缴纳只能在企业位于或注册的国家进行。例如，不可能因为企业于广东雇用香港劳动者，即要求位于广东的企业为香港的强积金做出供款。由雇主负担供款是基于地缘原则的，因此劳动者很难受到本地的制度覆盖，除非劳动者是被外派至境外工作并与本地的企业保有雇佣关系。所以劳动者能否享有此支柱的退休保障，只能视乎就业地的规定。

虽然制度覆盖很难携带，但退休给付相对容易。此支柱为确定缴费制而劳动者的退休给付为累计供款加上投资盈亏。退休金等于劳动者个人账户结余而且可以完全统合。另外，此支柱通常不会设置投保年限的限制，因而有更强的可携性。所以劳动者可以自由地在本地以外的地方转换工作而无须担心会造成退休给付的损失。

此支柱的政府层面上的给付转移较为可行，因为比起待遇确定型，确定缴费制可以更加确定给付的金额。确定缴费制下的劳动者退休金为供款加上利息或亏损，并不会得到比这更多的给付。另外，退休金携带甚至可以在缺乏双边协议的情况下于个人层面上进行。此支柱的给付是可以转移的，但就业地与本地之间的货币不一，会引起货币兑换及国际汇款手续费等问题，最终导致退休金减少。

虽然确定缴费制下，退休金是可以携带的，但 Fornero & Wilke（2020）认为，多方之间仍需要合作以实现公平及方便管理❶，例如，供款及给付的税务问题——选择退休地点诱因；累计金额年金化；处理再分配的问题。

澳门公积金个人账户于 2012 年 10 月 15 日生效。设立公积金个人账户旨在处理由公帑向澳门居民做出的拨款，以加强及提升居民尤其是长者的社会保障和生活素质；以及有助于将来在澳门社会保障体系内建立中央公积金制度。将来或许会改设成如香港强积金或新加坡公积金等制度。然而至今只是一个处理向澳门居民做出的拨款的一个账户，而非退休制度的一环。所以澳门没有第二支柱的退休保障，所有劳动者，无论本地还是外地，均是零覆盖。

香港强积金的覆盖相对较广，因为所有本地劳动者都强制参加。于香港工作的外地户籍劳动者也强制参加，但可留港的工作签证低于 13 个月者则可获豁免。若之后工作许可获得延长，则从第 13 个月后起的第一天不再豁免。换句话说，非香港户籍劳动者于香港的工作许可一开始即为 13 个月以上者，属强积金覆盖范围。但若工作许可一开始为 13 个月以下并在之后得到延长，劳动者即失去前 13 个月的强积金覆盖。内地的企业年金没有对参保人的户籍做出限制，但此年金的设立并不是强制性的，而且设置企业年金的比例不高。截至 2019 年末，参加企业年金的职工只有 2548 万人，占职工基本养老保险参保人数的 6.7%，连 10% 的人数都不到❷。而具体到广东省，根据广东省人力资源和社会保障厅的数据，截至 2019 年年末，广东省参加城镇职工基本养老保险的人数为 4049.27 万人（除离退休人数），但是参加企业年金职工账户总

❶ FORNERO E, WILKE C B. Pension Policy in Europe and the United States—Towards a New Public-private Pension Mix[J]. Politica economica, 2020, 36(1): 35-62.

❷ 中华人民共和国人力资源和社会保障部. 2019 年度人力资源和社会保障事业发展统计公报[EB/OL]. （2020-05-09）[2021-12-30]. http://www.mohrss.gov.cn/wap/fw/rssj/202006/W020200608534647988832.pdf.

数为 134.061 万人，占职工总数的 3.31%[1]。由此可见，广东省的企业年金覆盖率并不高。内地企业年金的覆盖并非取决于劳动者的来源国家，而是基于劳动者在什么企业工作。

第二支柱为确定缴费制，通常都没有对投保年限做出限制，因此不会引起因投保年限不足而不能请领给付的问题。无论劳动者缴纳保险多少年，均能取回个人账户内的金额。比起待遇确定型，确定缴费制下劳动者个人要承担更大的责任及更高的投资风险。例如，香港的强积金，是由民营机构进行投资，政府只负责监管，而劳动者则需要自行选择投资计划及承受风险。在经济低迷的情况下，如 2008 年的金融海啸及欧债危机，有可能会产生负投资回报。在 2011 年，强积金的投资回报为 −8.41%，平均每名劳动者损失 1.3 万港元。在 2021 年新冠肺炎疫情期间，强积金在第三季度的累计总投资亏损约为 550 亿元，相当于每名投资者亏损约 1.2 万港元，这是自新冠肺炎疫情开始以来最大的季度亏损，香港 450 万名强积金账户持有人的平均账户结余将下降至约 25.9 万港元[2]。

此外，第二支柱也有兑换率的问题，以及可能发生不足额保险的情况。此外，劳动者于境外或其他非退休金发放地领取退休金，国际汇款是不可避免的。可是，国际汇款通常需要收取手续费，这会对退休金金额有所扣减。

退休金征税也是可携性的问题之一。若劳动者领取退休金的地方与退休地不同，劳动者则有可能被双重征税。而双重征税协议一般是规定由居住地区征税，从而可以避免双重征税的问题。不过粤港澳地区均没有对退休金进行征税。

---

[1] 广东省人力资源和社会保障厅. 2019 年度广东省直社会保险信息披露[EB/OL].（2020−06−15）[2021−12−30]. http://hrss.gd.gov.cn/gkmlpt/content/2/2991/post_2991736.html.

[2] 大公报. MPF投资回报差 打工仔季蚀1.2万[EB/OL].（2021−09−29）[2021−12−30]. http://www.takungpao.com/finance/236131/2021/0929/637480.html.

第四节　大湾区第三支柱养老保险可携性探讨

第三支柱为个人自愿性储蓄，而比起第一、第二支柱，此支柱的携带性更高。此支柱没有年限或覆盖的问题，而携带则单纯为于就业地及本地的金钱转账。因此只会牵涉到资金流动的问题，如兑换率及国际汇款手续费等。

党的十九届五中全会指出，要发展多层次、多支柱养老保险体系，规范发展第三支柱养老保险，积极应对人口老龄化战略。中国目前已初步建立由政府、企业和个人共同参与，以基本养老保险为基础，企业年金、职业年金为补充，个人储蓄性养老保险和商业养老保险为第三支柱的养老保险体系，但多层次、多支柱之间的规模发展极不均衡，基本养老规模独大，第三支柱规模较小，在养老保险体系中难以发挥应有的作用。目前，中国的第三支柱发展主要分为以下5个方面：

（一）个人储蓄型养老保险的发展

《国务院关于企业职工养老保险制度改革的决定》提出"逐步建立起基本养老保险与企业补充养老保险和职工个人储蓄性养老保险相结合的制度"。这一提法被认为是中国第一次在文件中明确多层次养老保险制度体系的概念。2011年，《关于印发中国老龄事业发展"十二五"规划的通知》提出，支持商业银行开展个人储蓄型养老保险业务。

（二）住房反向抵押养老保险的发展

为了贯彻落实《国务院关于加快发展养老服务业的若干意见》文件的精神，2014年6月，保监会颁布《关于开展老年人住房反向抵押养老保险试点的指导意见》，鼓励保险公司开展反向抵押养老保险的试点与申请，试点城市为北京、上海、广州、武汉。2016年7月试点期限延长至2018年7月，试点范围扩大到各直辖市、省会城市、计划单列市，以及江苏省、浙江省、山东省和广东省的部分地级市。2018年8月，《关于扩大老年人住房反向抵押养老保险开展范围的试点》进一步将该项业务扩展到全国范围。但2014~2018年4年期间，全国仅有幸福人寿一家保险公司开展这项业务，其产品"幸福房来宝"签约客户仅有 201 单（141 户），已承保 139 单（99 户）❶。这两年，该项目也没有多大的改观，但为了满足这部分小众的社会需求，为老年人多提供一个养老保险产品选择，及时推向全国是保险业服务于民生的责任。

（三）个人税收递延型养老保险发展

2009 年 4 月 29 日，《关于推进上海加快发展现代服务业和先进制造业建设国际金融中心和国际航运中心的意见》提出上海应鼓励个人购买商业养老保险，适时开展个人税收递延型养老保险产品试点。2017 年 6 月 21 日，《关于加快发展商业养老保险的若干意见》正式开启个人税收递延型商业养老保险试点工作。2018 年 4 月，《关于开展个人税收递延型商业养老保险试点的通知》规定，自 2018 年 5 月 1 日起，在上海、福建省（含厦门市）和苏州工业园区试点实施个人税收递延型商业养老保险。这标志着税收政策支持商业养老保险的起步。截至 2020 年 4 月底，共有 23 家保险公司参与试点，19 家公司出单，累计实现保费收入 3 亿元，参保人数 4.76 万人❷。个人税收递延型商业养老保险试点进展平稳，但总体规模不大，市场普遍反映政策吸引力不足。

（四）长期护理保险的发展

从各国实践看，长期护理保险既有政策性保险性质，又有商业保险属性。2016 年 6 月，《关于开展长期护理保险制度试点的指导意见》对开展长期护理保险试点工作提出了原则性要求，明确上海等 15 个试点城市，是国家层面推进长期护理保险制度的启动。2020 年 9 月，国家医疗保障局印发《关于扩大长期护理保险制度试点的指导意见》，被誉为"社保第六险"的长期护理保险成为一个社会热点，吸引大众的关注，参与长期护理保险试点的城市扩充到 49 个。

---

❶ 21世纪经济报道. 保险版"以房养老"扩围全国盈利困境难解仅139人投保[EB/OL].（2018-08-09）[2021-12-30]. https://m.21jingji.com/article/20180809/5a3e0071ba90a36e0022b52d566640fa.html.

❷ 经济日报. 保费收入和参保人数远低于市场预期——税延养老险为何叫好不叫座[EB/OL].（2020-07-06）[2021-12-30]. http://www.xinhuanet.com/2020-07/06/c_1126199314.htm.

所谓"长期护理保险"，主要是当被保险人丧失生活自理能力、年老患病或身故时，可以获得生活照料和医疗护理方面的服务或经济补偿。目前在国内，长期护理保险主要分为两类：一类是各地医保局等政府相关部门经办的社会保障，例如，北京石景山区长期护理保险项目，资金主要来源于政府财政或社会互助共济，由政府委托商业保险公司或养老服务机构开展失能人员护理服务。另一类是商业性质的长期护理保险，由个人向商业保险公司投保付费，当满足保险理赔责任时，用保险公司的理赔费用进行服务购买或者直接由保险公司合作养老机构提供护理服务。

而具体到广东省，广州既是全国首批试点城市，也是广东省唯一试点城市，已取得一定成绩：2017年至今，长护险已覆盖803.1万名参保职工，累计为1.6万名参保人提供了相关服务，其中60岁以上的退休人员占到享受人群的96.4%，80岁以上占76.8%。截至2020年8月31日，广州有长护定点机构194家，基金累计支付5.73亿元，人均每月支付2662.88元[1]。2020年5月1日起，广州长护险政策得到"升级"，新的补充政策出炉，参保人在住院期间即可向所在医疗机构提出长护评估申请，实现医保待遇和长护险待遇的无缝衔接。

在长护险之外，目前，广州正推进商业补充健康保险试点。在2020年11月，广州市"穗岁康"商业补充健康保险试点项目也进行了公开招标。该试点将充分发挥市场机制作用和商业健康保险补充作用，实现社会医疗保险与商业健康保险的有效衔接。2021年1月1日，酝酿多时的广州医保"穗岁康"商业补充健康保险试点启动，正式开始待遇核付。一千两百多万广州参保人可使用医保个人账户余额缴纳保费参保，还可以用来为家人投保，不限投保年龄、不限既往症，每年每人180元的标准投保缴费，保额达到百万元。与市场上的普通商业健康保险不同，"穗岁康"投保、理赔都没有年龄和既

---

[1] 南方新闻. 社保"第六险"来了！广州长护险已惠及超800万人[EB/OL]．（2020-09-29）[2021-12-30]. https://news.dayoo.com/guangzhou/202009/29/139995_53587403.htm?from=groupmessage.

往症限制，待遇更全面；保障范围更广，包括医保政策范围内个人负担医疗费用，并扩展了医保目录范围外合规的自费医疗费用。也就是说，穗岁康虽然保费提高了一些，但同时保障水平较高，受益的人群范围也较广。

珠海、佛山、深圳都有政府指导模式的商业补充健康保险推行，相比之下，穗岁康有四点创新突破：一是大病自费药费普惠保障。对于大病患者在住院和门诊治疗发生的自费药品费用，不限定病种范围、自费药品品种，可有效解决大病患者特别是罕见病患者群体的医疗需求。二是引导防治结合促健康。对于每月微信运动计步日均步数达到一定条件的人员予以续保保费 9 折优惠，投保人可按规定享受 5 种指定病种筛查待遇。三是支持创新医药产业发展。对于经承保公司审核通过的指定创新药物，在门诊药品费用补助标准上给予倾斜。四是共保体承办运营模式。公开招标选定的 4 家商业保险公司组成共保体进行承办运营，可以有效整合各商保公司资源，提供优质服务。

（五）专属商业养老保险的发展

2021 年 5 月，《关于开展专属养老保险试点的通知》允许 6 家保险公司自 2021 年 6 月 1 日起在浙江和重庆市开展为期一年的专属商业养老保险试点工作。专属商业养老保险是指以养老保障为目的，领取年龄在 60 周岁以上的个人养老年金保险产品，可服务新产业、新业态从业人员和各种灵活就业人员的养老。

作为中国银保监会批准的试点公司，中国人保寿险于 2021 年 7 月 12 日正式启动"人保寿险福寿年年专属商业养老保险产品"（简称"福寿年年"）试点销售。"福寿年年"是一款以养老保障为目的并采取账户式管理的养老年金保险产品。它缴费灵活，支持趸交、定期追加保费和不定期追加保费，定期追加保费支持年交或月交；养老年金领取类型为保证返还账户价值终身领取、固定期限 10（或 15、20、25）年领取；专属设立个人账户管理，并根据养老金需要切换所需的稳健型账户管理和进取型账户管理。除养老年金外，"福寿年年"还提供重度失能保险金、身故保险金保障，呵护养老，体现关爱，传承财富，延续保障。

　　总体来说，储蓄账户，指第二、第三支柱，要达到退休金完全可携性并不困难。但待遇确定型下的给付以及第零支柱，则较难实现完全可携性。尤其第零支柱涉及再分配的问题，使可携性的实行更没那么简单。

　　没有储蓄或非完全储备制度比起完全储蓄制度，退休给付更难达至完全可携性。完全储备制度下，因为给付资金已经准备好，所以退休金的转移并不困难。相反，因为给付资金于劳动者转换工作时仍未准备，所以没有储蓄或非完全储备制度下退休金的转移并不容易。

第八章　完善大湾区养老保险可携性建议

第一节　大湾区养老保险可携性优势

人口老龄化是全球趋势，而此现象引起社会各界对退休保障的关注。此外，跨国劳动者流动人数因全球化而急速增加。而劳动者跨国流动对于跨国界的退休保障带来新的挑战。国际组织如国际劳工组织及联合国均对流动劳动者的基本人权及公平待遇表示高度关注。

许多流动劳动者要面对本地及就业地的退休保障制度双重不覆盖的问题。此外，虽然有些流动劳动者能获得就业地的退休制度覆盖，但本地与就业地的投保年限是不能累积起来的。此情况会引起因投保年限不足而不符合请领给付资格的问题，最终导致退休给付额度上的损失。此外，也有些流动劳动者是同时被本地及就业地的制度覆盖的，因而产生双重覆盖问题。

粤港澳大湾区的养老保险制度相比国际间的流动劳动者存在一定的优势：

（1）同属于中华人民共和国国土，即使由于历史等原因存在制度的不同，但是可以由中央政府出面，建立统一社会保障协调机构进行调节，因此，《广东省国民经济发展和社会发展的第十四个五年规划和2035年远景目标纲要》提出，深化穗港澳技能人才交流合作，推动粤港澳大湾区规则衔接融合，深化人力资源和社会保障领域机制体制改革。

（2）语言、文化、生活习惯和饮食习惯相似。因为同是中国人，无论是香港还是澳门长者来到相近的广东省生活，不存在像去西方养老会遇到语言或饮食等问题，非常容易交到朋友并享受老年生活。同时，由于香港物价指数长期位于全球前列，尤其是租金指数位列亚洲第一，而广东省除了广州、深圳作为一线城市物价略高，其他城市物价水平相对较低，因此，港澳居民来广东养老可以花更少的钱，享受更好的生活。

（3）粤港澳交通互联，"1小时交通圈"已逐步实现。2020年8月，国家发展和改革委员会批复《粤港澳大湾城际铁路建设规划》，进一步加大城际铁路的铺设，将大湾区内高铁、普速铁路、市域（郊）铁路等轨道网络连接起来，目标是构建大湾区主要城市间1小时通达、主要城市至广东省内地级城市2小时通达、主要城市至相邻省会城市3小时通达的交通圈。打开粤港澳大湾区版图，已通车的港珠澳大桥、广深港高铁，与在建的深中通道、深江铁路通道等，架起横向"黄金走廊"；通车多年的广深纵横交错的路网，把大湾区城市连接在一起，"大湾区主要城市间1小时通达"的目标逐渐实现。

（4）经济和贸易自由化，资本市场流动频繁。巨大的内需潜力是粤港澳大湾区建设的突出优势。作为当前中国外向度最高的经济区域和对外开放的重要窗口，粤港澳大湾区正面临着"世界经济不确定不稳定因素增多，保护主义倾向抬头"等重大外部挑战。从中长期来看，抓住巨大内需潜力释放的重大机遇，形成国际竞争的主动，是有效应对经济全球化新变局的"最大底气"。

第二节　建立统一的养老保险云中央数据库

保障流动劳动者的权益不仅是允许其参加退休保障制度，还应该确保劳动者受到与本地劳动者一样的对待。通过订定社会保障协议，劳动者即使离境工作也可以维持获取退休保障的权利。社会保障可携性，特别是退休保障，不只对劳动者有利，对政府、对经济发展也是有益处的。因为此举可以帮助减少老年贫穷人口数量，从而减轻政府负担老年人士社会福利的压力。

随着粤港澳大湾区一体化的建设，广东省人力资源和社会保障部积极推进"湾区社保通建设"，推动粤港澳经办规则衔接，实施同等政策标准，支持港澳居民在粤灵活就业，保障在粤工作生活的港澳居民在参保缴费、领取待遇、延缴趸缴等方面享受社会保险同等"市民待遇"。根据2021年11月，国家人力资源和社会保障部公布的数据显示，截至2021年10月，港澳居民在内地参加基本养老保险达16万人，参加工伤保险超8万人，参加失业保险超7万人。同时，对于香港长者在内地的就医问题，至今已有超过6000名符合特区政府有关条件的香港长者使用医疗券在广东港资医院门诊直接就医，费用由香港特区政府卫生署与医院直接结算。

考虑到转移基金在目前尚不成熟，因此可以在不转移基金的前提下，粤港澳相互承认养老保险缴费年限，各地建立保险基金；当劳动者在三地流动时，只携带养老保险关系而不携带养老保险基金，参保人养老金由各地养老保险缴费所形成的制度待遇累加而成，以当地社会平均工资为依据进行分段发放。劳动者流动时随身携带养老保险关系，养老保险待遇由各地根据各自平均养老保险待遇与劳动者贡献的制度缴费年限相乘而得。如果具体到各项建议上，包括以下几点：

一、实施"一号通"战略

在创新中国养老保险转移接续模式的过程中，需要建立统一的养老保险中央数据库。对此，我们对各协调区的养老保险数据进行统一管理，直接使用云中央数据库系统对参保人的所有养老保险缴费信息进行登记、录入、管理、上传和下载。

人力资源和社会保障部门主要负责数据库的管理，对数据库进行维护。其他不同区域协调区域内的相关部门相当于组织的用户。每个协调区只有一个云中央数据库系统登录账号，用于录入参保人信息，比参保人权限更高级。养老保险数据库在使用过程中，须要保证被保险人的个人用户是唯一的。这样，参保人只须保存云端中央数据库的养老保险缴费账户，即可自由移动，无须经过各种连接手续。该模式对促进中国劳动力市场的自由发展具有积极意义。

二、按统筹地区管理和自动结算养老保险

在新的养老保险转移和连接过程中，必须通过远程中央数据库对各个协调区的养老保险进行管理和结算。参保者需要登录系统进行注册、录入、管理，同时上传和下载各种资料。不同统筹地区的养老保险基金，无论是参保人个人账户还是统筹账户，均无须随劳动者流动，仍由各统筹地区最高管理部门管理。在这种新型的养老保险转移中，被保险人辞职后，原单位停止向该地区缴纳被保险人的养老保险。数据库可直接自动结算统筹区域内参保人缴纳的养老保险金额。并且可以实时查询参保人的缴费金额，确保参保人准确了解自己的养老保险金额。

新的养老保险划转对接模式，参保人在流动过程中无须划转养老基金。此外，被保险人的个人账户和整体账户无须进行转移。参保人达到退休年龄后，无论是个人账户还是集合账户，均可直接登录系统提取养老金。在计算参保人养老金的过程中，我们需要用到以下公式：

$$\sum_{i=1}^{n} (a_i + b_i)(1 + c_i)$$

其中，i 代表总体规划区域的数量，a_i 代表个人账户在 i 统筹区域内可提取的养老基金；b_i 代表可以在 i 规划区提取的汇集账户的养老基金；c_i 代表第 i 个规划区的养老金回报率。

在实际领取和领取养老保险的过程中，可以参考以下例子。A 是某流动劳动者，他在甲地缴纳了 3 年的养老保险，每月个人缴纳 800 元，公司缴纳 800 元。甲养老保险费用为 5.76 万元，养老保险费率为 5%。他在乙地缴纳的养老保险期限为一年，每月个人缴纳 600 元，公司缴纳 600 元，乙地缴纳的养老保险费为 14400 元，养老保险费率为 6%。他又在丙地缴纳养老保险期限 8 年，每月个人缴纳 1200 元，公司缴纳 1200 元。丙地缴纳的养老保险费为 23.04 万元，养老基金收益率为 5%。用上述公式计算 A 可提取养老保险费用，结果为：A 达到退休年龄后，上述三个方面可提取的养老保险金额总和为 317664 元（图 8-1）。

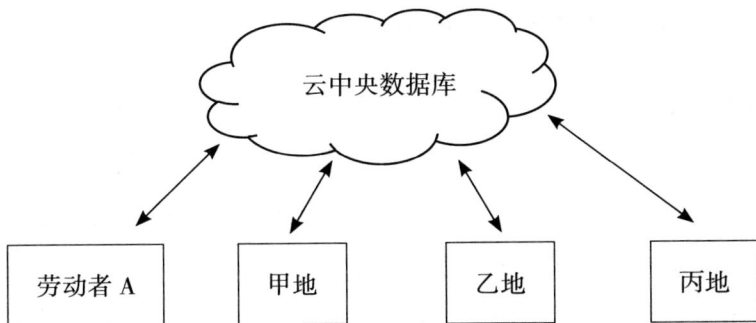

图 8-1　一个养老保险转移和延续的模型

第三节　扩大养老保险福利可携性范围

目前港澳长者只有部分福利可携，而且仅限于广东省和福建省，为了长者能更好地定居，尤其是携带医疗福利转移，建议进一步扩大养老保险的福利可携性范围，具体包括：

一、扩大医疗券的应用范围

目前，香港医疗券在香港大学深圳医院运作比较顺畅，使用人数由 2015 年 12 月的 1090 人次，截至 2019 年 12 月，提升到超过 1.8 万人次❶，且有逐年上升趋势，显示长者医疗券在内地的需求非常大。香港应研究将医疗券的应用范围扩大至住院服务及日间手术程序等，并将适用地点扩展至广东省及澳门主要医院及诊所。由于应用范围和地点都扩大了，故政府也应研究相应提高医疗券面额，让更多长者受惠。而澳门的医疗券只能在澳门岛内使用，应更进一步扩大使用范围。

---

❶　深圳市卫生健康委员会. 民心桥——深港联手，医者仁心[EB/OL].（2020-05-14）[2021-11-02]. http://www.sz.gov.cn/slhwz/zzft/content/post_9227859.html.

二、扩大长者社区服务券应用地点

香港社会福利署于 2013 年 9 月，推出"长者小区照顾服务券试验计划"，采用钱跟人走的资助模式，让合资格长者根据个人需要，选择合适的社区照顾服务。目前符合资格的长者，必须在社会福利署养老服务统一评估机制下，被评为身体机能中度或严重缺损，并在长期护理服务中央轮候册轮候小区照顾服务或院舍照顾服务，而尚未接受任何院舍照顾服务或资助小区照顾服务。政府可研究将计划扩至大湾区内养老的长者。而澳门目前尚未有该长者社区服务券。

三、扩大伤残津贴领取范围

香港伤残津贴可分为普通伤残津贴及高额伤残津贴，是香港社会福利署为严重残疾的香港居民，每月提供的现金津贴，以应付因严重残疾而导致的特别需要。伤残津贴的申请人无须供款及接受经济状况调查。自 2021 年 2 月 1 日起，普通伤残津贴的每月金额为 1885 港元，而高额伤残津贴的每月金额为 3770 港元。此外，年龄在 12~64 岁并符合资格领取普通伤残津贴或高额伤残津贴的申请人，每月可获发交通补助金（每月 305 港元），以鼓励他们多外出参加活动，从而促进他们融入社会。补助金会连同津贴金一并发放给符合资格的伤残津贴申请人。而目前香港的伤残津贴是无法携带到内地的，希望香港政府能为伤残津贴推出福利跨境可移植性安排，让年满 65 岁的合资格伤残长者更安心地选择长期到内地定居，而不用担心回港领取津贴的麻烦。

为体现澳门特别行政区对残疾人士的关怀，澳门社会工作局根据"残疾津贴及免费卫生护理服务的制度"法律，向符合资格的澳门特区永久性居民发放残疾津贴。残疾津贴每年发放一次，分为两个级别：普通残疾津贴（每年 9000 澳门元）及特别残疾津贴（每年 18000 澳门元）。同样，澳门的残疾津贴也不能携带到内地。

四、加强协助养老团体

（一）协助社会福利机构扩建内地养老院

期望香港社会福利署放宽为鼓励社福机构扩建而设的"私人土地作福利用途特别计划"，扩至内地项目，以协助社福机构在内地扩建，吸引港人入住的养老院。例如，目前香港复康会在深圳盐田设有养老院"颐康院"，目前运作情况理想，入住率有九成，当中香港长者占六成，据悉，复康会有扩建的计划。如果新政策能落实，相信能更有助社会福利机构在大湾区内展开更多类似项目，令更多长者受惠。

同时，澳门政府 2015 年也计划在横琴购买土地兴建高端养老院，面积较大，离口岸约 5 分钟车程，还会设医院、学校甚至社区，将会按市面价格出售，不过至今未公布相关进展。而珠海横琴早前发布自贸区建设方案，指将加快推进"澳门新街坊"项目。据悉，"澳门新街坊"初步选址在距离莲花口岸 5 分钟车程以内的地点，占地约 20 万平方米，是集养老、居住、教育、医疗等配套于一体的综合服务项目。

（二）协助养老院处理法规问题

现在香港社会福利团体在内地面临法律身份问题，它们须按国内民办福利机构的注册法规以无限责任公司身份注册，因为一旦采取有限公司注册，则难以享受民办福利机构能获得的相关税务优惠。建议特区政府和广东省加强协商，给予营办养老服务的团体合适的法律身份，令它们在内地更容易开展服务。

澳门人口老龄化，老人院严重不足，土地资源又有限，多名澳区全国人大代表、政协委员均支持在邻近澳门的横琴开展养老服务，可惜一波多折，至今尚未决定。其中相对具资金、实力的镜湖慈善会有意在横琴"中医药科技产业园"设立"养生护理院"，但因对方不接受留宿服务类项目而"搁浅"，虽项目未完全被否决，但该矛盾不解决则开办无期。还有人大代表建议两地政府主导，推动合办养老服务 ❶。目前粤珠澳三地政府合作，粤珠方在横琴

---

❶　澳门日报. 养生护理院拟设横琴搁浅[EB/OL].（2015-02-03）[2021-01-06]. https://www.cyberctm.com/zh_TW/news/detail/604906#.YdZGLf5ByPo.

提供土地，澳方负责兴建养老设施的费用，而考虑探访的需要，土地的位置宜靠近横琴口岸。日后当养老设施落成，珠海及澳门的居民都可以享用设施，而当中的比例划分，服务使用比例等就由粤珠澳三方共同商议决定。

（三）扶助私人养老院

除了非营利团体，不少私营机构也有意在内地开办高质量的养老院。《粤港澳大湾区发展规划纲要》提出，"支持港澳投资者在珠三角九市按规定以独资、合资或合作等方式兴办养老等社会服务机构"。可见，中央也非常重视有关议题。政府可在行政及法规上，予以支持，协助有经验的私营机构发展。也可研究将部分对本地长者养老的资助，例如，社会福利署于2017年推出的"长者院舍住宿照顾服务券试验计划"，扩阔应用范围至整个大湾区。

（四）兴建长者养老小镇

研究鼓励及协助相关有经验的机构，在内地大湾区城市兴建长者养老小镇，内里兴建低密度的长者公寓，以及适合长者的娱乐生活设施，如悠闲公园等。同时应兴建港式或世界优质的医疗机构，令香港长者安心居住。若有必要，香港政府应考虑直接参与整个养老小镇的项目。

广东省民政厅数据显示，广东省全省领取高龄老人津（补）贴人数超过270万人，成为全国高龄津（补）贴制度覆盖面最广、受益老年人数最多的省份之一。截至2020年9月底，全省共有注册登记养老机构1834个、养老床位48.27万张。全省社区居家养老服务设施达12752个，每个地级市以上的城区都至少建立了一家功能较完善的居家养老服务示范中心。此外，广东省在全国居家和社区养老服务改革试点方面成效显著，广州、深圳、珠海、惠州、云浮五市列入中央财政支持试点地区，广州试点绩效考核被评为全国5个优秀试点地区之一❶。

---

❶ 羊城晚报网络版. 广东深化粤港澳养老服务合作 打通健康养老"最后一公里"[EB/OL]. （2020-12-16）[2022-01-06]. http://hmo.gd.gov.cn/ygahz/content/post_3151070.html.

第四节　推动大湾区智能养老服务

智能养老是养老服务和创新科技的结合，日益被视为重要策略，提倡透过科技的介入，协助满足高龄人口的需要。全球许多地方已开始研究、开发及推行一些既可提高养老服务效率，又能促进长者积极健康生活的科技方案。

能养老的发展能为长者带来不少好处，同时改善他们的身心健康。智能养老有以下几种形式：

（1）辅助科技，协助改善长者的生活质量（如设有传感器的警报系统）及遥距监察长者的健康状况，以支持长者在家中独立安全地生活。

（2）强化机能的科技，如为高龄人士而设的计算机化治疗训练仪器及机械人训练设备。

（3）简单易用的通信科技，方便长者与家人及照顾者直接遥距沟通，从而加强长者的社交网络。

智能养老也会令整体社会受益，它可以提供技术支持（如扶抱及转移行动不便人士的科技），协助护理者照顾活动能力较弱的长者，减轻他们的体力负担。智能养老还可改善养老服务的效率，以及纾解相关的人手压力，从而降低养老服务的整体成本，纾缓公共财政的负担。

越来越多国家运用科技应对人口老龄化所带来的挑战。这些地方推出了全国性计划或策略，提倡将创科应用于养老服务。尽管所专注的应用范畴各有不同，这些全国性措施针对长者服务优先需要，牵头发展相关科技供社会广泛采用。举例而言，日本在 2013 年推出为期 5 年的促进开发及引入护理机械人计划（Project to Promote the Development and Introduction of Robotic Devices for Nursing Care），研发价格可负担的助手型机器人。这些机器人能为长者提供提举对象、移动、如厕、沐浴等生活上的辅助，也有监护认知障碍症患者的辅助。截至 2018 年，日本政府共拨款 23.9 亿日元，补贴企业开发人工智能、感应器、人工肌肉及骨骼等的照护机器人设备。

在英国，随着养老服务需求不断增加，遥距病人监护科技日益被视为解决方案。当地推出了一项名为："科技提升护理服务"（Technology Enabled Care Services）的计划，以鼓励采用遥距护理科技，如遥距照顾（telecare）和遥距医疗（telehealth），协助长者独立、安全地在家生活，同时可减轻长者家人的压力。发展遥距护理科技的地方政府，可通过"更佳护理服务基金"（Better Care Fund）获得资助，该基金是为了提升医疗及社会护理服务而设立的。

挪威也于2013年推出名为"国家发展及推行福利科技计划（National Programme for the Development and Implementation of Welfare Technology）"的全国性措施，鼓励各市政府在2020年把福利科技（welfare technology）定为照护服务的主要部分。在该计划下，多个项目正进行试验，例如，把定位科技用于追踪认知障碍症患者和电子配药机等。

加拿大和欧盟也设有专项计划，特别为护老相关的创新及研究项目提供资助。加拿大成立了由联邦政府资助的全国性研究网络AGE-WELL，为与长者及照顾者有关的创新研究项目或商业化项目提供资助。AGE-WELL是独立机构，联合学术界、公营机构、商界及社会各界，进行以科技促进健康老龄化方面的研究。在欧洲，欧盟制订了积极及辅助生活计划（Active and Assisted Living Programme），资助成员国进行公私营合作项目，研发创新的信息及通信科技（ICT）产品、服务和系统，以切合在家养老、小区养老及长者就业需要。

目前的养老服务以人手密集型为主，对创新科技方面的应用仍然落后，以致影响养老服务的质量。若香港可在大湾区开办优质医院及养老设施，并将最新颖的科技应用在养老服务方面，将可令不少长者在内地享用与香港一样，甚至更优质的医疗服务，因而对回乡养老更加放心。建议有关部委推出相关的政策，以及推出财政优惠等，以协助及鼓励港澳团体在粤港澳大湾区建立智慧养老小区，发展推动跨境养老的智慧养老服务和配套。具体包括鼓励铺设家居智能网络系统、推动远程医疗保健系统并配合香港推行的电子健康纪录互通系统，以方便长者在小区内获得由医护或专业人员提供的定期身体检查，并发展智能化长者生活账户以方便长者查询个人各类生活和医疗等服务的使用情况。

第五节　提升大湾区医疗及养老服务

长者养老与医疗是分不开的，因此想要长者安心养老，必须加强大湾区医疗建设，具体包括：

一、加强大湾区医疗合作

香港大学与深圳市自 2012 年起，合办香港大学深圳医院，引进香港乃至国际的现代化管理模式和先进的医疗技术，通过改革创新和资源互补，为市民提供优质的医疗服务。目前床位有近 2000 张，日均门诊量 8000~10000 人次，已于 2017 年底正式成为国家三级甲等综合医院。而在 2016 年的深圳市全市医院满意度调查结果中，香港大学深圳医院病人满意度为深圳市属综合性公立医院第一名。这证明港式医院的实力已受到国家认可及病人接受，其发展模式及经验值得在内地进一步推广。建议内地省市参考香港大学深圳医院的模式，让包括香港在内地区的比较优质的医院在内地主要城市建设合营医院，由内地与香港及其他国家地区的医疗专家组成团队，共同提供优质医疗服务。短期而言，可先在最多香港人聚居的珠三角城市，如中山、珠海、广州等地兴建港式医院。待条件成熟后，再进一步推广至其他城市。同时，应用同样模式开设合办诊所，把合办服务范畴从住院服务扩展至普通门诊、专科门诊及日间医疗程序服务等（如即日出院的手术服务），以满足病人不同的需要，并研究大湾区及国际优质的医疗机构成立联合医学院，以共同培养高水平的医护人才。

港澳可以自行制订严格医疗标准，并设立认证制度，与符合标准的内地优质医院建立合作伙伴关系，让在当地养老的港澳人可以更放心地到这些有港澳标准认证的医院就医。

二、提供更多养老床位

研究优化现时的"广东院舍住宿照顾服务试验计划"以提升吸引力,并在广东省各主要城市内增加更多优质养老床位和院舍,以及在各主要大湾区城市的优质养老院舍提供政府买位服务,在短时间内增加养老床位。目前深圳盐田,由香港复康会兴建的颐康院,以及位于肇庆,由伸手助人协会营办的护老颐养院,都有为香港政府提供买位服务。两院共提供 600 个床位,部分将由香港政府买下,再供轮候册上的长者选择入住。香港政府应将买位服务考虑扩大至非港资优质养老院舍。

三、跨境救护车服务

目前内地救护车不得越过边界直接到港澳,在内地居住的香港长者召唤了当地救护车到就近关口后,必须换为港澳的救护车前往医院,到了急症室后才再按长者的病情依缓急次序就医,这样来来回回非常折腾。根据消防处资料,每年救护车到过境口岸移送病人到医管局医院为五千多宗,每日超过 15 宗。特区政府应与内地商讨,设立跨境救护车互通机制,容许两地救护车可以跨境直接接载长者,无须在边境口岸接驳。大湾区应就交通规例及发牌制度等问题进行磋商,通过非政府机构专门营办跨境救护车服务,并于特定口岸设立专营救护车通道,使有需要的长者可直接到指定医院接受紧急医疗服务。应探索完善深港澳跨境转诊转介机制,搭建"跨区域救护车互通,一车直达医院"的无障碍转诊绿色通道,为粤港澳人士提供一站式跨区域的救护转诊服务。

四、建立异地医疗费用报销机制

目前港澳人可在本地享有公立医院的补贴服务,但在港澳以外的大湾区城市就医,由于不能如当地市民般享受政府补贴,因而需要付出相对较多的费用。期望港澳政府参考本地公立医院的人均补贴比例，与大湾区内其他城市协调，建立异地医疗费用报销机制，令长者在港澳以外地方就诊时，可在指定认证的优质医院同样享有港澳的医疗福利。推进第三方国际医疗保险结算平台建设，试点运行港澳人士在粤就医"一站式"商业医疗保险结算服务，增加在粤国际商业保险定点医疗机构数量。

五、发展遥距医疗

随着科技发展，外国近年兴起"互联网诊症"。不同医院透过互联网及信息科技等先进技术，形成一个完善而统一的遥距医疗平台。病人无须亲身到诊所，安坐家中或到指定地点即可接受指定医疗机构的诊疗服务，为区内的市民提供更多便利和优质的医疗服务。政府应尽快协助发展遥距医疗体系，以养老院舍为试点，逐步扩展至居家养老服务，为在境外居住的港澳长者提供低成本、高效益的优质医疗服务。

总而言之，在中国养老保险转移对接过程中，需要准确把握存在的各种问题，利用大数据技术实现一号流量、分段管理、自动结算，集体领取智能养老保险转接方式。这样，参保人就可以突破地域限制和退休时间限制，及时领取应得的养老金。而且，这对于推动中国养老保险制度创新和人才流动也具有重要意义。此外，创新的养老保险转移延续制度可以促进中国劳动力市场的开放，具有很强的可操作性。

参考文献

[1]席恒教授研究团队.两岸三地养老保险可携性研究报告[R].两岸三地养老保险研究团队，2012.

[2]曹建云.粤港澳大湾区建设对跨境养老的影响研究——基于福利可携性视角[J].华南理工大学学报：社会科学版，2020，22（1）：12-21.

[3]潘冰心，胡乔文，陈功.粤港澳大湾区跨境养老服务提升的质性研究[J].第四届北京大学老龄健康博士生论坛论文集，2019.

[4]陈晓.粤港澳大湾区背景下医养结合模式发展困境与对策研究——以中山市为例[J].行政事业资产与财务，2021.

[5]陈洁，王润良.粤港养老业协同发展研究[J].广州大学学报：社会科学版，2018，17（8）：51-56.

[6]丁雪萌，孙健.我国养老服务劳动力供给的宏观影响因素分析[J].江汉学术，2021，40（2）：16.

[7]陈晓.粤港澳大湾区背景下医养结合模式发展困境与对策研究——以中山市为例[J].行政事业资产与财务，2021.

[8]田新朝.跨境养老服务：粤港澳大湾区的协同合作[J].开放导报，2017（5）：109-112.

[9]陈沁.粤港澳大湾区构建中的养老保障政策协调研究[D].广州：广州大学，2019.

[10]苏炜杰.粤港澳大湾区养老服务业协同发展研究[J].港澳研究，2021.

[11]席恒，翟绍果.养老保险可携性研究：现状，问题与趋势[J].社会保障研究（北京），2013（1）：75-84.

[12]翁仁木.解决跨国劳动力养老保险权益可携性问题的国际经验借鉴[J].西北人口，2010（6）：54-58.

[13]马云超，席恒.作为一种劳动关系的养老保险关系：可携性与制度安排[J].

西北大学学报：哲学社会科学版，2016，46（6）：135–143.

[14]马云超.交易费用视角下中国养老保险流动性损失研究[J].社会保障评论，2019（1）：141–147.

[15]翁仁木.我国养老保险权益可携性问题研究[D].北京：中国人民大学，2011.

[16]Wong Y C.两岸四地养老保险可携性政策研究：香港研究报告[J]. 2013.

[17]刘传江，程建林.养老保险"便携性损失"与农民工养老保障制度研究[J].中国人口科学，2008（4）：61–67.

[18]汤兆云，陈岩.从三支柱到五支柱：中国社会养老模式的未来选择[J].广东社会科学，2015（4）：180–187.

[19]路锦非，王桂新.养老金权益流动性：西方脉络，中国图景与政策实践[J].复旦学报：社会科学版，2019，61（5）：167–174.

[20]吴伟东，帅昌哲.粤港澳大湾区的退休保障衔接方案研究[J].收藏，2018（4）：66–74.

[21]汤兆云.我国社会养老保险制度的改革——基于世界银行"五支柱"模式[J].江苏社会科学，2014（2）：83–91.

[22]李芝.我国推行"五支柱养老金制度"分析[J].社会保障研究，2009（3）：52–56.

[23]李连芬，刘德伟.我国养老金"多支柱"模式存在的问题及改革方向[J].财经科学，2011（3）：108–116.

[24]汤兆云，张赛群.德国、美国、韩国和中国台湾老年年金制度的改革及其启示[J].国外社会科学，2014（4）.

[25]张国栋，左停.福利还是权利：养老保险"重复参保"现象研究[J].社会科学战线，2015（11）：214–220.

[26]汤兆云.社会保障调节收入再分配效应现状及其影响因素[J].武汉科技大学学报：社会科学版，2021，24（1）：53–59.

[27]黄丽鸣."五支柱社保模式"对养老保险模式生命周期的影响[J].上海商业，2013（8）：22–24.

[28]郑秉文.第三支柱商业养老保险顶层设计：税收的作用及其深远意义[J].中国人民大学学报，2016（1）：2-11.

[29]汤兆云.城乡居民多支柱社会养老保险模式的构建[J].社会科学家，2018（1）：80-84.

[30]孙洁.养老保险第三支柱建设研究[J].中国特色社会主义研究，2021（5）：43-52.

[31]董克用，孙博.从多层次到多支柱：养老保障体系改革再思考[J].公共管理学报，2011，8（1）：1-9.

[32]缪艳娟.我国三支柱养老保险体系的重构[J].扬州大学学报：人文社会科学版，2012（1）：33-38.

[33]孙宏.第三支柱的多国比较及对我国的启示[J].中国人力资源社会保障，2017（12）：34-35.

[34]王雯，李迎雪.第三支柱养老保险开启"加速度"[J].金融博览（财富），2021.

[35]李晓晟.基于税收优惠的我国个税递延型养老保险研究[J].金融理论与实践，2011（10）：97-98.

[36]许栩.个税递延型养老保险方案设计公平性问题刍议[J].上海保险，2011（2）：11-15.

[37]李玉春.个税递延型养老保险优化居民福利问题研究[D].蚌埠：安徽财经大学，2020.

[38]申明祎.个税递延型商业养老保险税收优惠额度的研究[D].昆明：云南财经大学，2020.

[39]熊鹭.个税递延养老保险的思考[J].金融纵横，2019（9）：20-25.

[40]危素玉.我国个人商业养老保险的税优政策研究——基于个税递延型商业养老保险试点[J].金融理论与实践，2018（8）：108-112.

[41]金双华，杨艺.欧盟国家养老保险制度对收入分配调节作用研究[J].经济社会体制比较，2021（1）：33-39.

[42]张伟新.西班牙·美国·欧盟养老新模式[J].中国老年，2017（19）：44.

[43]郝慧超.国外养老保险关系转接模式探究——以欧盟和美国为例[J].现代经济信息，2017（9）：107.

[44]郝慧超.京津冀流动劳动力养老保险关系转移接续研究[D].保定：河北大学，2018.

[45]曹阳.我国境内就业的外国劳动者养老保险权益保障研究[J].法制与经济，2019（3）：101-102.

[46]杜娜.构建基于NSCD名义账户制的养老保险关系转移接续模式研究[D].青岛：青岛大学，2018.

[47]刘亚娜，董琦圆，谭晓婷.京津冀养老政策差异与协同——基于"十三五"老龄事业发展和养老体系建设规划的政策文本分析[J].收藏，2019（3）：189-202.

[48]李玉玲，胡宏伟.京津冀养老服务协同发展研究——基于SWOT框架的分析[J].收藏，2019，25（5）：123-128.

[49]赵志强，张蕾.京津冀养老服务协同发展背景下"互联网+养老"模式探析[J].中国集体经济，2019（3）：157-159.

[50]韩兆柱，邢蕊.基于整体性治理的京津冀养老服务协同发展路径研究[J].中共天津市委党校学报，2019（1）：71-78.

[51]GUSTMAN A L, STEINMEIER T L. Pension Portability and Labor Mobility: Evidence from the Survey of Income and Program Participation[J]. Journal of Public Economics, 1993, 50(3): 299-323.

[52]LIN J. Labor Mobility without Pension Portability: Migrant workers' Endangered Pension Entitlement in China[J]. Asian Social Work and Policy Review, 2015, 9(3): 269-281.

[53]HOLZMANN R. Taxing Pensions of an Internationally Mobile Labor Force: Portability Issues and Taxation Options[R]. CESifo Working paper, 2016.

[54]HOLZMANN R, KOETTL J. Portability of Pension, Health, and Other Social

Benefits: Facts, Concepts, and Issues[J]. CESifo Economic Studies, 2015, 61(2): 377–415.

[55]HOLZMANN R, WERDING M. Portability of Social Benefits: Research on a Critical Topic in Globalization[J]. CESifo Economic Studies, 2015, 61(2): 335–345.

[56]GENSER B, HOLZMANN R. Frontloaded Income Taxation of Old−Age Pensions: For Efficiency and Fairness in a World of International Labor Mobility[J]. CESifo Economic Studies, 2021, 67(1): 61–77.

[57]GENSER B, HOLZMANN R. Frontloaded Income Taxation of Old−Age Pensions: For Efficiency and Fairness in a World of International Labor Mobility[J]. CESifo Economic Studies, 2021, 67(1): 61–77.

[58]ANDRIETTI V, HILDEBRAND V A. Evaluating Pension Portability Reforms: The Tax Reform Act of 1986 as a Natural Experiment Abstract[J]. Economic Inquiry, 2016, 54(3): 1402–1424.

[59]ALMAKAEVA A, KOSTENKO V. Portability of Pension Rights in the EurAsEC Countries and the European Union[J]. Journal of Economic Sociology, 2014, 15(4): 53–67.

[60]GENSER B, HOLZMANN R. The Taxation of Internationally Portable Pensions: An Introduction to Fiscal Issues and Policy Options[J]. CESifo DICE report, 2016, 14(1): 24–29.

[61]GENSER B, HOLZMANN R. National Pension Policy and Globalization: A New Approach to Strive for Efficient Portability and Equitable Taxation[R]. Department of Economics, University of Konstanz, 2019.

[62]CHALU H, MBWILE P. Portability of Pension Benefits in Tanzania[J]. The African Review, 2019, 46(1): 159–184.

[63]BORG K, MINTO A, van MEERTEN H. The EU's Regulatory Commitment to a European Harmonized Pension Product (PEPP): The Portability of Pension Rights

vis-à-vis the Free Movement of Capital[J]. Journal of Financial Regulation, 2019, 5(2): 150–178.

[64]HOLZMANN R, WELS J. The Cross-border Portability of Social Security Benefits: Status and Progress?[J]. International Social Security Review, 2020, 73(1): 65–97.

[65]CAO J, FANG H. Study on the Welfare Portability of Cross-border Eldercare Services in Guangdong-Hong Kong-Macao Greater Bay Area[C]//2019 16th International Conference on Service Systems and Service Management (ICSSSM). IEEE, 2019: 1–6.

[66]MÜLLER A. Functional Integration of China's Social Protection: Recent and Long-term Trends of Institutional Change in Health and Pension Insurance[J]. Asian Survey, 2017, 57(6): 1110–1134.

[67]GENSER B, GENSER B. Pensions in a Globalizing World: How Do (N) DC and (N) DB Schemes Fare and Compare on Portability and Taxation?[M]. World Bank, 2019.

[68]COUSINS M. Review of Ke Meng, China's Pension Reforms: Political Institutions, Skill Formation and Pension Policy in China, Routledge, 2019[J]. 2019.

[69]HOOGHIEMSTRA S N. European Union-Pan-European Personal Pension Products—Will the Proposed European Tax Recommendation Work?[J]. European taxation, 2018, 58(10): 453–462.

[70]LA S D. Portability[M]//Handbook on Social Protection Systems. Edward Elgar Publishing, 2021.

[71]FORNERO E, WILKE C B. Pension Policy in Europe and the United States—Towards a New Public-private Pension Mix[J]. Politica Economica, 2020, 36(1): 35–62.

[72]ANDERSON K M. Financialisation Meets Collectivisation: Occupational Pensions in Denmark, the Netherlands and Sweden[J]. Journal of European Public Policy, 2019, 26(4): 617–636.

[73]ESTRADA G, PARK D, CASTILLEJOS–PETALCORIN C, et al. Why Does Asia Need Well–functioning Pension Systems?[M]//Routledge Handbook of Sustainable Development in Asia. Routledge, 2018: 394–411.

[74]WILLIAMS S. Want to Avoid Legal Jeopardy? Adopt Solutions That Enable Portability for Small Accounts[J]. Benefits Quarterly, 2021, 37(2): 6–16.

[75]XUEMENG D, JIAN S U N. Analysis of the Macro Factors Affecting the Supply of Labor Services for the Aged in China[J]. Jianghan Academic, 2021, 40(2): 16.

[76]CASTELLINO O, FORNERO E, WILKE C B. Pension Policy in Europe and the United States—Towards a New Public–Private Pension Mix[J]. Politica Economica, 2020.

[77]ALDEMAN C, ROTHERHAM A J. Teacher Pension Plans: How They Work, and How They Affect Recruitment, Retention, and Equity[J]. Bellwether Education Partners, 2019.

[78]YANG Y. The Politics of Inclusion and Exclusion: Chinese Dual–pension Regimes in the Era of Labor Migration and Labor Informalization[J]. Politics & Society, 2021, 49(2): 147–180.

[79]SOL M D, ROCCA M. Free Movement of Workers in the EU and Occupational Pensions: Conflicting Priorities? Between Case Law and Legislative Interventions[J]. European Journal of Social Security, 2017, 19(2): 141–157.